Studienbuch
Betreuungsrecht

Studienbuch
Betreuungsrecht

- **Rechtliche Grundlagen**
- **Fälle mit Lösungen**

von
Prof. Dr. Tobias Fröschle,
Professor für Familienrecht und freiwillige Gerichtsbarkeit
an der Universität Siegen sowie u.a. Dozent beim Weinsberger Forum

4. aktualisierte Auflage

Reguvis

Bundesanzeiger Verlag

Bibliografische Information der Deutschen Nationalbibliothek
Die Deutsche Nationalbibliothek verzeichnet diese Publikation in der Deutschen National-
bibliografie; detaillierte bibliografische Daten sind im Internet über http://dnb.d-nb.de abrufbar.

Eine Marke der Bundesanzeiger Verlag GmbH · Amsterdamer Straße 192 · 50735 Köln
www.reguvis.de

Beratung und Bestellung:
Tel.: +49 (0) 221 97668-229
Fax: +49 (0) 221 97668-236
E-Mail: familie-betreuung@bundesanzeiger.de

Weitere Informationen finden Sie auch unter www.bt-portal.de.

ISBN (Print): 978-3-8462-1032-1
ISBN (E-Book): 978-3-8462-1033-8

© 2019 Bundesanzeiger Verlag GmbH, Köln

Herstellung: Günter Fabritius
Satz: Cicero Computer GmbH, Bonn
Druck und buchbinderische Verarbeitung: Medienhaus Plump GmbH, Rheinbreitbach
Titelabbildung: © Harald Richter – shotshop.com

Printed in Germany

Vorwort

Das vorliegende Buch wendet sich an alle, die sich mit dem Betreuungsrecht befassen müssen oder wollen. Es ist sowohl für Studierende unterschiedlicher Fachrichtungen – Soziale Arbeit, Rechtspflege, Pflegemanagement – als auch für Menschen gedacht, die sich auf eine neue Aufgabe im Bereich der Rechtlichen Betreuung vorbereiten wollen.

Entstanden ist es aus dem Unterrichtsmaterial, das ich an der Universität Siegen verwende.

Die nun vorliegende 4. Auflage berücksichtigt die Gesetzgebung bis Mai 2019. Mitberücksichtigt sind die durch das Gesetz zur Anpassung der Betreuer- und Vormündervergütung vom 22. Juni 2019 (BGBl. I S. 866) erfolgten Änderungen, die mit Wirkung ab dem 27. Juli 2019 in Kraft getreten sind.

Für die tatkräftige und wertvolle Unterstützung bei der Überarbeitung des Fallmaterials für die 4. Auflage bin ich Katharina Pelkmann und Annika Deske zum Dank verpflichtet.

Siegen, im August 2019

Prof. Dr. Tobias Fröschle

Inhaltsverzeichnis

Teil 1:
Kurzlehrbuch zum Betreuungsrecht

Teil 2:
Fälle zum Betreuungsrecht

Teil 3:
Lösungen

Abkürzungen

Allgemeine Abkürzungen

Abs.	Absatz
a.F.	alte Fassung
AG	Amtsgericht
AktG	Aktiengesetz
Alt.	Alternative
AMG	Gesetz über den Verkehr mit Arzneimitteln
AO	Abgabenordnung
ApoG	Apothekengesetz
Art.	Artikel
Az.	Aktenzeichen
BayObLG	Bayerisches Oberstes Landesgericht
Beck-OK	Beck'scher Online Kommentar
BeurkG	Beurkundungsgesetz
BFH	Bundesfinanzhof
BFHE	Entscheidungen des Bundesfinanzhofes
BGB	Bürgerliches Gesetzbuch
BGBl	Bundesgesetzblatt
BGH(Z)	Bundesgerichtshof in Zivilsachen (amtliche Entscheidungssammlung: Band, Seite)
BGT	Betreuungsgerichtstag e.V.
BLAG	Bund-Länder-Arbeitsgruppe „Betreuungsrecht"
BMG	Bundesmeldegesetz
BRAO	Bundesrechtsanwaltsordnung
BtÄndG	Betreuungsrechtsänderungsgesetz
BtBG	Gesetz über die Wahrnehmung behördlicher Aufgaben bei der Betreuung Volljähriger – Betreuungsbehördengesetz
BT-Drucks.	Bundestags-Drucksache
BtG	Betreuungsgesetz
BtKomm	Praxiskommentar Betreuungsrecht
BTMan	Betreuungsmanagement – Fachzeitschrift (Jahr, Seite)
BtPrax	Betreuungsrechtliche Praxis – Fachzeitschrift (Jahr, Seite)
BVerfG(E)	Bundesverfassungsgericht (amtliche Entscheidungssammlung, Band, Seite)
BWG	Bundeswahlgesetz
BW-PolG	Polizeigesetz Baden-Württemberg
ca.	Circa
d.h.	das heißt
Dipl.	Diplom
DNotZ	Deutsche Notar-Zeitschrift – Fachzeitschrift (Jahr, Seite)

EuGRZ	Europäische Grundrechte-Zeitschrift – Fachzeitschrift (Jahr, Seite)
f./ff.	folgende/fortfolgende
FamFG	Gesetz über das Verfahren in Familiensachen und in Angelegenheiten der freiwilligen Gerichtsbarkeit.
FamGKG	Gesetz über die Gerichtskosten in Familiensachen
FamRZ	Zeitschrift für das gesamte Familienrecht (Jahr, Seite)
FBG	Friedhofs- und Bestattungsgesetz des Landes Hessen
FG	Finanzgericht
FGG	Gesetz über die Angelegenheiten freiwilliger Gerichtsbarkeit
FGPrax	Praxis der freiwilligen Gerichtsbarkeit – Fachzeitschrift (Jahr, Seite)
GBO	Grundbuchordnung
GG	Grundgesetz
Ggf.	gegebenenfalls
GmbHG	Gesetz betreffend die Gesellschaften mit beschränkter Haftung
GVG	Gerichtsverfassungsgesetz
HeimG	Heimgesetz
HK-BUR	Heidelberger Kommentar zum Betreuungs- und Unterbringungsrecht
h.M.	herrschende Meinung
Hrsg.	Herausgeber
i.d.R.	in der Regel
i.H.v.	in Höhe von
i.S.v.	im Sinne von
i.V.m	in Verbindung mit
JVEG	Justizvergütungs- und -entschädigungsesetz
JZ	Juristenzeitung (Jahr, Seite)
KG	Kammergericht (Berlin)
KV	Kassenärztliche Vereinigung
LBtG	Gesetz zur Ausführung des Betreuungsgesetzes (Landesbetreuungsgesetz)
LS	Leitsatz
LG	Landgericht
LSG	Landessozialgericht
lt.	laut
MDK	Medizinischer Dienst der Krankenversicherung
m.E.	meines Erachtens
MünchKomm	Münchener Kommentar
m.w.N.	mit weiteren Nachweisen
n.F.	neue Fassung
NJOZ	Neue juristische online Zeitschrift – Fachzeitschrift (Jahr, Seite)
NJW	Neue Juristische Wochenschrift – Fachzeitschrift (Jahr, Seite)
NJW-FER	NJW-Entscheidungsdienst Familien- und Erbrecht

NJW-RR	Neue Juristische Wochenschrift – Rechtsprechungs-Report (Jahr, Seite)
Nr.	Nummer
NZM	Neue Zeitschrift für Miet- und Wohnungsrecht – Fachzeitschrift (Jahr, Seite)
OLG	Oberlandesgericht
p.a.	Per annum: das Jahr hindurch, jährlich, pro Jahr
PsychKG-NRW	Gesetz über Hilfen und Schutzmaßnahmen bei psychischen Krankheiten NRW
Rn.	Randnummer
RPflG	Rechtspflegergesetz
Rpfleger	Der Deutsche Rechtspfleger – Zeitschrift (Jahr, Seite)
SGB	Sozialgesetzbuch (I bis XII)
sog.	sogenannt
StGB	Strafgesetzbuch
StPO	Strafprozessordnung
StVollzG	Strafvollzugsgesetz
TPG	Transplantationsgesetz
u.a.	und andere/s
u.Ä.	und Ähnliches
UBG-BaWü	Unterbringungsgesetz Baden-Württemberg
UN-BRK	UN-Behindertenrechtskonvention
usw.	Und so weiter
u.U.	unter Umständen
v.a.	vor allem
VBVG	Vormünder- und Betreuervergütungsgesetz
VG	Verletztengeld
vgl.	vergleiche
VO	Verordnung
z.B.	zum Beispiel
ZPO	Zivilprozessordnung

Abgekürzt zitierte Literatur

Bahrenfuss, FamFG, 3. Auflage, Berlin 2017 (zitiert: Bahrenfuss/*Bearbeiter*)

Bassenge/Roth, FamFG, RPflG; 12. Auflage, Heidelberg 2009 (zitiert: Bassenge/Roth/*Bearbeiter*)

Bauer/Klie/Rink (Hrsg.), Heidelberger Kommentar zum Betreuungs- und Unterbringungsrecht (Loseblattsammlung), Heidelberg 1994 ff. (zitiert HK-BUR/*Bearbeiter*); Stand: 112. Lieferung, April 2017

Beck-Ok, Bürgerliches Gesetzbuch, Kommentar §§ 1896 bis 1908k, Stand: August 2015 (zitiert: Beck-OK/Bearbeiter)

Bienwald/Sonnenfeld/Hoffmann, Betreuungsrecht, Kommentar zum BtG/BtBG, 6. Auflage, Bielefeld 2016

Deinert/Lütgens/Meier, Die Haftung des Betreuers, 3. Auflage, Köln 2017

Dodegge/Roth, Praxiskommentar Betreuungsrecht, 5. Auflage, Köln 2018 (zitiert: BtKomm/*Bearbeiter*)

Erman, Bürgerliches Gesetzbuch, Handkommentar, 15. Auflage, Köln 2017 (zitiert: Erman/*Bearbeiter*)

Fröschle, Tobias, Betreuungsrecht 2005. Systematische Darstellung der Änderungen nach dem 2. Betreuungsrechtsänderungsgesetz, Köln 2005

Jansen/v. Schuckmann/Sonnenfeld, FGG – Gesetz über die Angelegenheiten der freiwilligen Gerichtsbarkeit, Großkommentar in 3 Bänden, 3. Auflage, Berlin 2006 (zitiert: Jansen/*Bearbeiter*)

Jurgeleit, Andreas (Hrsg.), Betreuungsrecht, Handkommentar, 4. Auflage, Baden-Baden 2018 (zitiert: Jurgeleit/*Bearbeiter*)

Jürgens, Andreas (Hrsg.), Betreuungsrecht, 5. Auflage, München 2014 (zitiert: Jürgens/*Bearbeiter*)

Münchener Kommentar, Bürgerliches Gesetzbuch – Kommentar, Band 8 Familienrecht II, 7. Auflage, München 2017 (zitiert: MünchKomm/*Bearbeiter*)

Prütting/Helms, FamFG – Kommentar mit FamGKG, 4. Auflage, Köln 2018 (zitiert: Prütting/Helms/*Bearbeiter*)

Staudinger, BGB, Kommentar, §§ 1626 bis 1633, Neubearbeitung 2015

▶ Weitere Literatur zum Betreuungsrecht finden Sie unter „Literaturempfehlungen" auf den folgenden Seiten.

Literaturempfehlungen

Die zum Betreuungsrecht erschienene Literatur erreicht zwar den Umfang der zu zentraleren Rechtsgebieten vorhandenen nicht. Er ist aber inzwischen dennoch ansehnlich. Die von mir hier gegebenen Empfehlungen können daher keinen Anspruch auf Vollständigkeit erheben. Sie dienen der Orientierung für denjenigen, der sich zusätzlich mit dem Thema befassen oder anderen Hinweise geben will.

Einführungsliteratur

* Als Vorbereitung für die praktische Tätigkeit auf dem Gebiet der Rechtlichen Betreuung kann empfohlen werden:

  Raack, Wolfgang/Thar, Jürgen, Leitfaden Betreuungsrecht, Reguvis/Bundesanzeiger Verlag, 7. Auflage 2018, 26,80 €

  Das Buch folgt einem interdisziplinären Ansatz. Die juristischen Informationen sind daher auch weniger umfassend, dafür finden sich Mustertexte und Hinweise aus sozialpädagogischer Sicht. Die wichtigsten Vorschriften sind ebenfalls mit abgedruckt.

* Schon wesentlich umfangreicher, dafür aber in seiner Darstellung des Betreuungsrechts umfassend und mit großem Sachverstand geschrieben, ist:

  Jürgens, Andreas/Lesting, Wolfgang/Loer, Anette/Marschner, Rolf, Betreuungsrecht kompakt, C.H. Beck, 8. Auflage 2016, 27,90 €

* Vor allem für ehrenamtliche Betreuer ist nachfolgendes Werk mit zahlreichen Arbeitshilfen, Checklisten, Musterschreiben sowie etlichen leicht verständlichen Praxishinweisen zu empfehlen:

  Thar, Jürgen, Arbeitshilfen und Formulare für ehrenamtliche Betreuer, Reguvis/Bundesanzeiger Verlag, 3. Auflage 2019, 32,80 €; Die Musterformulare sind als ausfüllbare Dokumente im Internet abrufbar.

Kleine Kommentare

In den Bücherschrank eines beruflich mit dem Betreuungsrecht Befassten gehört zumindest ein „kleiner" Kommentar, der es ermöglicht, Zweifelsfragen anhand konkreter Vorschriften nachzuschlagen, um festzustellen, ob es dazu schon Rechtsprechung oder ggf. weiterführende Literatur gibt. Das leisten die folgenden drei Werke:

Dodegge, Georg/Roth, Andreas, Systematischer Praxiskommentar Betreuungsrecht, Reguvis/Bundesanzeiger Verlag, 5. Auflage 2018; € 58,00

Jürgens, Andreas (Hrsg.), Betreuungsrecht, C.H. Beck, 5. Auflage 2014; € 55,00

Jurgeleit, Andreas (Hrsg.), Betreuungsrecht, Nomos Verlag 4. Auflage 2018; € 98,00

Hiervon ist das erstgenannte Werk das umfangreichste. Es informiert auch über etliche Randgebiete des Betreuungsrechts. Für Juristen gewöhnungsbedürftig ist der Aufbau, da es nicht wie ein juristischer Kommentar in der Reihenfolge der Vorschriften des Gesetzes aufgebaut ist, sondern systematisch nach Themengebieten. Der *Jürgens* ist das knappste der drei Bücher. Alle drei Werke werden der Aufgabe eines Kurzkommentars aber gut gerecht.

Gesamtdarstellungen/Großkommentare

Wohlüberlegt will die Anschaffung eines Loseblattwerks sein. Zu den Kosten für die Erstanschaffung (die in der Regel nicht sehr hoch sind) kommen die oft erheblich ins Gewicht fallenden Preise für Nachlieferungen hinzu sowie der Arbeitsaufwand des Austauschs der nachgelieferten Blätter. Es gibt:

Heidelberger Kommentar zum Betreuungs- und Unterbringungsrecht, hrsg. von Thomas Klie, Verlag C.F. Müller, ca. 5 Aktualisierungen p.a.; Preis für die Anschaffung bei Abonnement der Nachlieferungen: € 204,00

Das fünfbändige Werk vertieft die Rechtsfragen bis zu ihren dogmatischen Wurzeln und ergänzt die wichtigsten Vorschriften durch Statistiken und besondere Entscheidungssammlungen. Das ist auf eine für den Praktiker eher zu umfassende Weise informativ. Ein eigener Band – mit CD-ROM – hilft dafür gerade dem Praktiker mit Mustern, Checklisten, Adressenverzeichnissen u.Ä. weiter.

Die beiden wichtigsten Standardwerke für das Betreuungsrecht sind jedoch:

Bienwald, Werner/Sonnenfeld, Susanne/Harm, Uwe: Betreuungsrecht, Gieseking Verlag, 6. Auflage 2016; € 134,80

Damrau, Jürgen/Zimmermann, Walter: Betreuungsrecht, 4. Auflage 2010, Kohlhammer-Verlag, € 169,00

Bienwald und *Zimmermann* haben das Betreuungsrecht von seinem Inkrafttreten an wissenschaftlich begleitet und kennen die Materie genau. Das Werk von *Bienwald* hat überdies den Vorteil, noch zu zahllosen Randgebieten wichtige Informationen zu liefern (so ist z.B. das einschlägige Landesrecht fast vollständig abgedruckt). Auch hier geht die Kommentierung allerdings über das für die Praxis Notwendige deutlich hinaus.

Zeitschriften

Es existiert mittlerweile nur noch eine einzige Zeitschrift, die planmäßig über das Betreuungsrecht – inklusive der einschlägigen Rechtsprechung – informiert, nämlich

Betreuungsrechtliche Praxis (BtPrax), Reguvis/Bundesanzeiger Verlag; erscheint 6 × jährlich, Preis pro Jahr: € 135,20 inkl. Online-Archiv sowie E-Journal-App (Stand: 2019); Sonderpreis für Mitglieder der Bundesverbände (BdB e.V.; BVfB e.V.)

Vom Betreuungsgerichtstag e.V. (BGT) wird in loser Folge eine Schriftenreihe herausgegeben, die ihren Schwerpunkt auf die Tagungsinhalte der Betreuungs- bzw. Vormundschaftsgerichtstage legt:

Betrifft: Betreuung; lose Folge, derzeit 12 Ausgaben. Sämtliche Ausgaben sind im Volltext auch auf der Homepage des BGT (www.bgt-ev.de) abrufbar.

Daneben findet man betreuungsrechtlich relevante Entscheidungen natürlich auch in anderen juristischen Periodika, vor allem der FamRZ, dem Rechtspfleger, der DNotZ, der FGPrax und – hin und wieder – sogar in der NJW oder in BGHZ.

Spezialliteratur

Mit speziellen Teilen und Randgebieten des Betreuungsrechts befassen sich die im Folgenden aufgelisteten Bücher. Man kann sie anschaffen, wenn das entsprechende spezielle Rechtsgebiet für einen von Interesse ist:

Deinert, Horst/Lütgens, Kay, Die Vergütung des Betreuers, Reguvis/Bundesanzeiger Verlag, 7. Auflage 2019; € 44,00

Deinert, Horst/Lütgens, Kay/Meier, Sybille, Die Haftung des Betreuers, Reguvis/Bundesanzeiger Verlag, 3. Auflage 2017; € 54,00

Fiala, Johannes/Stenger, Peter (Hrsg.), Geldanlagen für Mündel und Betreute, Reguvis/Bundesanzeiger Verlag, 4. Auflage 2018; € 36,80

Fröschle, Tobias (Hrsg.)/Jox, Rolf/Guckes, Thomas/Kuhrke, Neithard/Fischer, Michael, Praxiskommentar Betreuungsverfahren, Reguvis/Bundesanzeiger Verlag, 3. Auflage 2014; €64,00; Neuauflage in Vorbereitung

Harm, Uwe, Verfahrenspflegschaft in Betreuungs- und Unterbringungssachen, Reguvis/Bundesanzeiger Verlag, 5. Auflage 2018; €26,80

Hoffmann, Birgit/Klie, Thomas, Freiheitsentziehende Maßnahmen, C.F. Müller, 2. Auflage 2012; €29,95

Meier, Sybille/Reinfarth, Alexandra, Handbuch Vermögenssorge und Wohnungsangelegenheiten, Reguvis/Bundesanzeiger Verlag, 3. Auflage 2016; €39,80

Roth, Wolfgang, Erbrecht und Betreuungsrecht, Reguvis/Bundesanzeiger Verlag 2016; €39,80

Spanl, Reinhold, Vermögensverwaltung durch Vormund und Betreuer, Walhalla Verlag, 3. Auflage 2017; €29,95

Vertiefende Literatur

Für eine vertiefende/wissenschaftliche Auseinandersetzung mit der Materie der Rechtlichen Betreuung aus unterschiedlichen Perspektiven und Disziplinen heraus erscheinen mir folgende Titel besonders lesenswert:

Graumann, Sigrid, Assistierte Freiheit, Campus Verlag 2011, €34,90

Krüger, Michael, Wille, Wohl und Anerkennung, Reguvis/Bundesanzeiger Verlag 2012, €68,00

Köller, Regine/Engels, Dietrich, Rechtliche Betreuung in Deutschland. Evaluation des zweiten Betreuungsrechtsänderungsgesetzes, Reguvis/Bundesanzeiger Verlag 2009, €46,00.

Lipp, Volker, Freiheit und Fürsorge, Mohr Siebeck 2000, €69,00.

Teil 1: Kurzlehrbuch zum Betreuungsrecht

A. Einleitung

I. Zum Begriff „Rechtliche Betreuung"

Das Wort „Betreuung" wird in der Alltags- und auch in der Rechtssprache in ganz unterschiedlicher Bedeutung verwendet. Das Betreuungsrecht handelt jedoch nur von einer bestimmten Art von Betreuung, nämlich der Rechtlichen Betreuung, die seit der Abschaffung der Entmündigung am 1. Januar 1992 an die Stelle der Vormundschaft über Volljährige und der Gebrechlichkeitspflegschaft getreten ist. Durch die Umbenennung wollte der Gesetzgeber erreichen, dass der Rechtsverkehr die neuen Akzente in den Vorschriften sofort erkennt. Erwachsene Menschen sollen eben schon sprachlich nicht mehr „bevormundet", sondern sie sollen, soweit erforderlich, unterstützt und begleitet, eben „betreut" werden.[1] Besonders glücklich ist diese Wortwahl allerdings nicht. Denn erstens ist es nicht völlig zu vermeiden, dass der Betreuer Entscheidungen gegen den Willen des Betreuten oder über seinen Kopf hinweg trifft. Zweitens führt die Bezeichnung „Betreuung" im Alltag zu zahllosen Verwechslungen mit „Betreuern" ganz anderer Art. Daran hat auch die Bezeichnung mit dem Zusatz Rechtliche[2] Betreuung wenig geändert. In Österreich wird seit 1. Juli 2018 der Begriff des „Erwachsenenvertreters" verwendet, was wohl etwas besser verdeutlicht, was gemeint ist.

Wenn in diesem Buch von „Betreuern" oder „Betreuung" die Rede ist, bezieht sich das stets auf die Rechtliche Betreuung i.S.v. § 1896 ff. BGB.

II. Zur Stellung des Betreuungsrechts innerhalb der Rechtsordnung

Die Rechtliche Betreuung ist als **Teil des Familienrechts** ausgestaltet, das im Wesentlichen im Vierten Buch des BGB geregelt ist. Neben elterlicher Sorge, Vormundschaft, Pflegschaft und Beistandschaft bildet die Betreuung ein fünftes **familienrechtliches Fürsorgeverhältnis**. Zwischen Betreuer und Betreutem besteht demnach ein gesetzliches Rechtsverhältnis zivilrechtlicher Natur.

Ebenso wie Eltern, Vormund und Pfleger steht auch dem Betreuer die ihm verliehene Rechtsmacht als **fremdnützige Befugnis**, als „Pflichtrecht" zu. Anders als die Eltern (denen das Elternrecht nach Art. 6 Abs. 2 Satz 1 GG als „natürliches Recht" zusteht) leitet der Betreuer seine Befugnisse aber aus einer staatlichen Verleihung ab. Er handelt, wie in der ihm nach § 290 FamFG auszuhändigenden Bestellungsurkunde sinnfällig wird, unter der Aufsicht des Staates. Dem Privatrecht gehört zwar das Rechtsverhältnis zwischen dem Betreuer und dem Betreuten an. Die staatlichen Behörden sind aber von vornherein beteiligt. Die staatliche Aufsicht ist eine hoheitliche Aufgabe, die der Staat so wahrnehmen

---

1 BT-Drucks. 11/4528 S. 114 f.
2 Der amtliche Begriff ist mit dem 1. BtÄndG am 1.1.1999 um das Adjektiv „rechtlich" ergänzt worden.

muss, dass die grundrechtlich garantierten Rechtsgüter des Betreuten auch dem Betreuer gegenüber effektiv geschützt werden.[3]

Die Bedeutung der Grundrechte des Betreuten erschöpft sich aber keineswegs in dem Verhältnis zum Betreuer. Denn dem Betreuten wird ja gerade weil er seine Rechte nicht in ausreichendem Umfang selbst vertreten kann ein Betreuer zur Seite gestellt. Der Betreuer ist daher gleichzeitig Wahrer der Grundrechte des Betreuten und kraft seines Amtes berufen, diese der staatlichen Gewalt gegenüber geltend zu machen.[4] Es entsteht so ein **Dreiecksverhältnis**, in dem die wechselseitige Kontrolle des Betreuers durch staatliche Aufsicht und des Handelns der Staatsgewalt durch den Betreuer allen Rechten des Betreuten zur möglichst effektiven Durchsetzung verhelfen soll.

Das Betreuungsrecht ist in **folgenden Gesetzen** zu finden:

- **materielles Recht:**

§§ 1896 bis 1908i BGB (mit zahlreichen Verweisungen auf Vorschriften aus dem Vormundschaftsrecht – v.a. in § 1908i Abs. 1 Satz 1 BGB).

- **gerichtliches Verfahren:**

§§ 271 bis 311 FamFG und für das Unterbringungsverfahren §§ 312 bis 339 FamFG (neben den allgemeinen Vorschriften der §§ 1 bis 110 FamFG, die auch hier gelten).

- **Verwaltungsrecht** der Betreuungsbehörden:

§§ 1 bis 10 BtBG und die dazu erlassenen Ausführungsgesetze der Länder.[5]

III. Zur praktischen Bedeutung

Die praktische Bedeutung des Betreuungsrechts ist groß. Mehr als 1.200.000 Menschen haben einen von einem deutschen Gericht bestellten Betreuer.[6] Entsprechend viele Menschen sind beruflich mit Betreuungen befasst:

- Da sind zunächst die **Berufsbetreuer**, die über recht unterschiedliche Ausbildungen verfügen. Personen mit einer Ausbildung in Sozialer Arbeit oder Erziehungswissenschaften bilden die stärkste Gruppe, gefolgt von Juristen, danach von Angehörigen der unterschiedlichsten anderen Berufe.[7]

- Bei **Betreuungsbehörden** und anerkannten **Betreuungsvereinen** sind überwiegend Fachkräfte der Sozialen Arbeit hauptberuflich tätig. Vereinsmitarbeiter führen auch Betreuungen, sonst beschäftigt sich diese Gruppe mit der Gewinnung und Beratung von Betreuern, Behördenmitarbeiter außerdem mit der Erstellung von Sozialberichten für das Betreuungsgericht (sog. Querschnittsaufgaben).

---

3 BVerfGE 10, 302, 323 ff.
4 So ausdrücklich für Art. 2 Abs. 1 GG: BT-Drucks. 15/2494 S. 30.
5 Komplett abgedruckt bei *Bienwald/Sonnenfeld/Hoffmann* S. 1475 ff., HK-BUR Nr. 4011 ff.
6 Zum Ende 2016 dürfte Schätzungen zufolge die Zahl bei rd. 1.233.00 Betreuungen liegen, vgl. *Deinert*, BtPrax 2018, 14 ff; Ende 2015 waren es 1.276.538; wobei die Zahl seit 2013 rückläufig ist, vgl. HK-BUR/ *Bauer* § 1896 BGB Rn. 289.
7 BLAG-Abschlussbericht, Kap. 9 III.

- Bei den Gerichten sind **Richter** und **Rechtspfleger** mit dem Betreuungsrecht befasst. Während es sich für Richter eher um ein Randgebiet handelt, hat sich das Betreuungsrecht für die Rechtspfleger zu einem ihrer Haupttätigkeitsfelder entwickelt.

Viele weitere Menschen kommen mit dem Betreuungsrecht in Berührung, sei es, dass sie gebeten werden, in der Verwandtschaft einen Betreuungsfall ehrenamtlich zu übernehmen, oder dass sie mit Personen zu tun haben, die einen Betreuer haben.

Allen diesen Gruppen den Einstieg in die Materie zu erleichtern ist das Ziel dieses Buches.

B. Beginn der Betreuung

Die Voraussetzungen für die Bestellung eines Rechtlichen Betreuers sind in § 1896 Abs. 1 bis 2 BGB abschließend geregelt. Es sind dies:

- eine Behinderung oder eine psychische Krankheit (Betreuungsanlass)
- die hieraus resultierende Unfähigkeit zur Besorgung eigener Angelegenheiten (Betreuungsbedürftigkeit)
- Erforderlichkeit der Betreuung (Betreuungsbedarf)
- das Fehlen anderer Möglichkeiten, den Betreuungsbedarf zu decken (Subsidiarität der Betreuung)
- das Fehlen eines der Betreuung entgegenstehenden freien Willens

I. Betreuungsanlass

Die Bestellung eines Betreuers setzt gemäß § 1896 Abs. 1 Satz 1 BGB zunächst das Vorliegen einer psychischen Krankheit oder einer geistigen, seelischen oder körperlichen Behinderung voraus. Es muss sich dabei um eine von der Medizin anerkannte Krankheit oder Behinderung handeln, was eine entsprechende Diagnose voraussetzt. So kann z.B. wegen „Altersstarrsinns" oder Analphabetismus niemandem ein Betreuer bestellt werden.[8] Auch ist der Verdacht einer Diagnose noch keine Diagnose und genügt daher ebenfalls nicht.[9]

Was eine **psychische Krankheit** ist, kann zunächst der psychiatrischen Fachliteratur entnommen werden. Da dort die mannigfaltigsten Störungen als Krankheit definiert werden, ist der Krankheitsbegriff für die Anwendung von § 1896 Abs. 1 Satz 1 BGB dessen Zweck entsprechend einzugrenzen. Der Zweck der Betreuung besteht darin, Angelegenheiten des Betroffenen rechtlich zu besorgen (vgl. § 1901 Abs. 1 BGB), also für ihn am Rechtsverkehr teilzunehmen. Das Merkmal, das die Betreuung von allen anderen Hilfen unterscheidet, ist die gesetzliche Vertretungsmacht (§ 1902 BGB), die den Betreuer befähigt, Rechtshandlungen vorzunehmen, die der Betreute nicht vornehmen kann oder will. Diese Art von Hilfe benötigt nur, wer nicht in einer zweckentsprechenden Weise selbst im Rechtsverkehr auftreten kann. Als Betreuungsanlass kommen daher nur Krankheiten und Beeinträchtigungen in Frage, die den Betroffenen genau hierbei behindern.

Eine psychische Krankheit ist daher nur ein Betreuungsanlass, wenn sie eine nicht nur unerhebliche Verminderung der **Einsichts- oder Steuerungsfähigkeit** bewirkt. Sind diese dagegen – trotz der diagnostizierten Störung – weitgehend uneingeschränkt vorhanden, liegt schon keine Krankheit i.S.v. § 1896 Abs. 1 Satz 1 BGB vor. In erster Linie kommen hier als Betreuungsanlass Psychosen in Frage, und zwar sowohl

- Psychosen mit organischen Ursachen (hirnorganische Abbauprozesse, toxisch bedingte Hirnschäden, hirnorganische Folgen von Traumata oder Epilepsien und andere Hirnkrankheiten wie z.B. die progressive Paralyse oder ein Hirntumor) als auch
- Schizophrenien und bipolare Psychosen.

---

8 BayObLG BtPrax 2002, 37; LG Kleve BtPrax 2013, 166.
9 BGH BtPrax 2012, 161.

Suchtleiden sind für sich genommen keine Krankheiten, die eine Betreuung rechtfertigen, da sie die Einsichts- und Steuerungsfähigkeit nicht oder nur unerheblich vermindern. Hier ist eine weitere Diagnose erforderlich, sei es dass die Sucht wiederum auf diese zurückgeführt werden kann, sei es dass infolge der Sucht ein Zustand eingetreten ist, der seinerseits die Einsichts- und Steuerungsfähigkeit einschränkt.[10]

Geistige Behinderungen sind angeborene oder frühkindlich erworbene Intelligenzminderungen, **seelische Behinderungen** sind solche, die im späteren Leben als Folge von psychischen Krankheiten auftreten (z.B. als Residualsyndrom einer Schizophrenie). Auch sie rechtfertigen eine Betreuung nur, wenn die Einsichts- oder Steuerungsfähigkeit erheblich eingeschränkt ist.

Auch **körperliche Beeinträchtigungen** kommen als Betreuungsanlass nur in Frage, wenn sie die Teilnahme am Rechtsverkehr behindern. Das kann der Fall sein, wenn sie sich stark negativ auf die Fähigkeit des Betroffenen auswirken, mit der Umwelt zu kommunizieren, weil ihn das einerseits bei der Aufnahme der Informationen behindern kann, die er für eine informierte, freie Entscheidung braucht, andererseits auch bei der Vornahme von Rechtshandlungen.

II. Betreuungsbedürftigkeit

Eine Betreuung wird außerdem nur eingerichtet, wenn die Krankheit oder Behinderung, die den Betreuungsgrund bildet, dazu führt, dass der Betroffene **außerstande** ist, **seine eigenen Angelegenheiten (vollständig) selbst zu besorgen**. Auf generelle Erkenntnisse zu der diagnostizierten Krankheit oder Behinderung darf dabei zwar zurückgegriffen werden. Es ist aber nicht zulässig, aus einer bestimmten Diagnose direkt auf die Betreuungsbedürftigkeit zu schließen.

Es begründet keine Betreuungsbedürftigkeit, das nicht zu können, wofür auch ein gesunder Volljähriger einen kompetenten Berater einschalten würde[11] (Rechtsanwalt, Steuerberater). Anders ist dies, wenn die Krankheit (z.B. bei paranoiden Symptomen) gerade verhindert, dass der Betroffene in solchen Angelegenheiten einen Fachmann konsultiert.[12]

Das Unvermögen zur Besorgung eigener Angelegenheiten kann rein tatsächlicher Art sein oder sich aus Rechtsvorschriften ergeben, nämlich vor allem aus einer Geschäftsunfähigkeit des Betroffenen i.S.v. § 104 Nr. 2 BGB (siehe dazu unten Seite 53 f.).

Zu den Symptomen einer psychischen Krankheit kann die fehlende Krankheitseinsicht gehören. Daraus resultiert dann – aus Rechtsgründen – das Unvermögen des Kranken, in eine Behandlung der Krankheit wirksam einzuwilligen, was insoweit Betreuungsbedürftigkeit bewirkt,[13] wobei es aber am Betreuungsbedarf fehlen kann, wenn keine Behandlung in Frage kommt.[14] Soweit der Betroffene nicht selbst unter der Krankheit oder ihren Folgen

---

10 BGH BtPrax 2016, 147.
11 HK-BUR/*Bauer* § 1896 BGB Rn. 143.
12 OLG München BtPrax 2005, 156.
13 BGH BtPrax 2018, 32.
14 BGH BtPrax 2018, 81.

erheblich leidet, schließt seine allgemeine Handlungsfreiheit die Freiheit ein, krank zu bleiben.[15]

III. Betreuungsbedarf

Nach § 1896 Abs. 2 Satz 1 BGB darf ein Betreuer nur für diejenigen Arten von Angelegenheiten (Aufgabenkreis) bestellt werden, für die das auch tatsächlich erforderlich ist, was bedeutet, dass mangels eines solchen Bedarfs überhaupt keine Betreuung eingerichtet wird.

Aus der Betreuungsbedürftigkeit folgt nicht zugleich auch schon ein Betreuungsbedarf. Soweit der Betroffene nur Angelegenheiten nicht besorgen kann, deren Besorgung nicht im Raum steht, braucht er auch keinen Betreuer. Für welche Aufgabenkreise also ein solcher besteht muss also aufgrund der gegenwärtigen Lebenssituation des Betroffenen beurteilt werden.[16] Dass er keine Darlehen (wirksam) aufnehmen kann, begründet z.B. keinen Betreuungsbedarf, wenn nicht ersichtlich ist, wofür er ein solches brauchen sollte.[17]

Es genügt für den Betreuungsbedarf allerdings schon, wenn das Bedürfnis zur Regelung einer Angelegenheit jederzeit auftreten kann, irgendwann auch zu erwarten ist und die Gefahr besteht, dass das Nötige dann nicht rechtzeitig veranlasst würde.[18] In diesen engen Grenzen ist eine „Vorratsbetreuung" zulässig, bei der der Betreuer erst bei späterem Handlungsbedürfnis sofort handeln können soll, aktuell aber gar nichts zu tun hat.

Nicht erforderlich ist, dass dem Betroffenen aus der Nichtbesorgung eigener Angelegenheiten ein Schaden droht. Es genügt, dass eine Angelegenheit geregelt werden muss, für die der Betroffene rechtszuständig ist, und dass er dies nicht kann, weil er geschäftsunfähig ist. Die Betreuung kann dann **im ausschließlichen Interesse eines Außenstehenden** angeordnet werden, der andernfalls ein ihm gegen den Betroffenen zustehendes Recht nicht ausüben oder durchsetzen könnte.[19]

Wie aus §§ 276 Abs. 1 Satz 2 Nr. 2, 309 Abs. 1 FamFG folgt, können einem Betreuer auch explizit **alle Angelegenheiten** des Betreuten übertragen werden. Das ist aber nur zulässig, wenn jetzt schon feststeht, dass der Betroffene keine der Angelegenheiten wird regeln können, die jemals zu regeln sein werden.[20]

Der Betreuungsbedarf kann im Einzelfall auch deshalb fehlen, weil der Betroffene jeden Kontakt zum Betreuer verweigert und dieser dadurch handlungsunfähig wird. Man spricht dann von „Unbetreubarkeit".[21] Sie ist aber nur selten anzunehmen. Kann der Betreuer auch ohne Kommunikation mit dem Betreuten in dessen Interesse und zu dessen Wohl rechtlich tätig werden, so ist auch in solchen Fällen ein Betreuungsbedarf anzunehmen.[22]

---

15 BVerfG JZ 1982, 64, 66.
16 BGH FamRZ 2018, 54.
17 BGH BtPrax 2014, 281.
18 BGH BtPrax 2015, 113; BayObLG FamRZ 2003, 1043.
19 BGH NJW 2011, 1739; BayObLG BtPrax 1996, 106.
20 BayObLG NJW-RR 1997, 967.
21 BGH FamRZ 2018, 54.
22 BGH FamRZ 2016, 1350, 1351.

IV. Subsidiarität der Betreuung

Außerdem ist eine Betreuung nach § 1896 Abs. 2 Satz 2 BGB auch dann nicht erforderlich, wenn die volle Teilnahme des Betroffenen am Rechtsverkehr im Wege der Vertretung durch einen Bevollmächtigten oder durch ganz andere Hilfen sichergestellt werden kann. Sie ist als staatlicher Eingriff in die Handlungsfreiheit des Betroffenen gegenüber allen Formen der Hilfe ohne eine solche staatliche Intervention subsidiär.

1. Handeln durch Bevollmächtigte

a) Allgemeines

Der Vorrang des privatautonomen vor dem staatlichen Handeln bestimmt das Privatrecht und gilt auch für das Betreuungsrecht. Erteilt der Betroffene eine Vollmacht zur Besorgung bestimmter Angelegenheiten, schließt das also eine Betreuung für dieselben Angelegenheiten grundsätzlich aus. Weitere Voraussetzung ist aber, dass dieser Bevollmächtigte „ebenso gut" für ihn handeln kann wie das ein Betreuer könnte. Hieran kann es aus verschiedenen Gründen fehlen:

Ist der Bevollmächtigte **nicht zum Handeln bereit, wird regelmäßig ein Betreuer zu bestellen sein**. Zwar ist die Vollmacht als solche ein einseitiges Rechtsgeschäft des Vollmachtgebers. Sie ist aber abstrakt. Ohne ein ihr zugrunde liegendes Rechtsverhältnis (Kausalverhältnis) ist der Bevollmächtigte zum Handeln nicht berechtigt oder verpflichtet. Dieses Kausalverhältnis ist für gewöhnlich ein schuldrechtlicher Vertrag, nämlich Auftrag (§ 662 BGB) oder Geschäftsbesorgungsvertrag (§ 675 Abs. 1 BGB), je nachdem, ob der Bevollmächtigte für seine Dienste eine Vergütung erhalten soll oder nicht. Nur unter Ehegatten bedarf es eines solchen besonderen Kausalverhältnisses nicht. Hier können sich das Recht und die Pflicht zum Handeln für den anderen schon aus der Verpflichtung zur ehelichen Lebensgemeinschaft (§ 1353 Abs. 1 Satz 2 BGB) ergeben. Aber selbst wenn der Bevollmächtigte zum Handeln rechtlich verpflichtet ist, so kann er dazu doch nicht mit letzter Konsequenz gezwungen werden, da eine Verurteilung zur Leistung persönlicher Dienste zwar möglich ist, ihre Vollstreckung aber nach § 888 Abs. 3 ZPO ausscheidet.

Ein ganz ähnliches Problem besteht, wenn die Vollmacht mehreren Personen mit der Maßgabe erteilt ist, dass sie nur **gemeinsam handeln** können. Fehlt es den Bevollmächtigten dann an Kooperations- und Kompromissbereitschaft, führt das zu ihrer Handlungsunfähigkeit und es ist ein Betreuer zu bestellen.[23] Sind mehrere Bevollmächtigte dagegen jeder **alleinvertretungsberechtigt**, löst auch ein Streit zwischen ihnen noch keinen Betreuungsbedarf aus, falls er sich nicht negativ auf die Verwirklichung der Interessen des Vollmachtgebers auswirkt.[24]

Für **Zweifel an der Wirksamkeit** der Vollmacht gelten zunächst die allgemeinen Beweislastregeln. Kann nicht aufgeklärt werden, ob der Betroffene schon bei Errichtung der Vollmacht geschäftsunfähig war, ist von der Wirksamkeit der Vollmacht auszugehen. Kann nicht aufgeklärt werden, ob er es noch war, als er sie widerrief, ist umgekehrt von einem

---

23 BGH FamRZ 2018, 623.
24 BGH JZ 2011, 1068.

wirksamen Widerruf auszugehen. Nur wenn die nicht ausräumbaren Zweifel an der Wirksamkeit der Vollmacht zu **tatsächlichen Akzeptanzproblemen** führen, reichen schon die Zweifel an sich für die Annahme aus, der Bevollmächtigte könne nicht ebenso gut handeln wie ein Betreuer.[25]

Ferner kann eine **ungenügende Form** der Vollmacht dazu führen, dass der Bevollmächtigte nicht ebenso gut wie ein Betreuer handeln kann. Zwar ist für eine Vollmacht an sich keine Form vorgeschrieben (§ 167 Abs. 2 BGB). Eine nicht zumindest der Schriftform des § 126 BGB genügende Vollmacht wird jedoch schon deshalb nie geeignet sein, die Betreuerbestellung zu ersetzen, weil der Bevollmächtigte sie im Rechtsverkehr nicht beweisen kann. Einseitige Geschäfte des Bevollmächtigten kann der Erklärungsempfänger zurückweisen, wenn ihm keine mindestens schriftliche Urkunde über die Vollmacht vorgelegt wird (§ 174 BGB). Ein ähnliches Problem hat darum der Bevollmächtigte, dem das Original der schriftlichen Vollmacht abhanden gekommen ist. Für manche Rechtshandlungen ist vom Gesetz die Vorlage einer öffentlich beglaubigten Vollmacht vorgeschrieben (s. z.B. § 29 GBO). Hierzu ist u.a. die Betreuungsbehörde befugt (§ 6 Abs. 2 BtBG). Soll der Bevollmächtigte zu freiheitsentziehenden Maßnahmen, zur Einwilligung in Zwangsbehandlungen, in gefährliche Behandlungen oder den Abbruch lebenserhaltender Maßnahmen berechtigt sein, muss die Vollmacht mindestens schriftlich erteilt sein und diese Befugnisse ausdrücklich umfassen (§§ 1906 Abs. 5 Satz 1, 1906a Abs. 5 Satz 1, 1904 Abs. 2 Satz 2 BGB).

Die **notarielle Beurkundung** der Vorsorgevollmacht ist allerdings aus verschiedenen Gründen die sinnvollste Lösung. Nicht nur stößt eine solche Vollmacht nirgendwo auf Akzeptanzprobleme. Der Notar ist zudem zur Feststellung der Geschäftsfähigkeit und zur Beratung über den Inhalt der Vollmacht verpflichtet. Außerdem kann sie nicht verlorengehen, weil das Original stets bei den Akten des Notars bleibt und im Rechtsverkehr nur – jederzeit neu ausstellbare – Ausfertigungen verwendet werden (vgl. zu deren Bedeutung § 47 BeurkG).

Die **Kenntnisse und Fähigkeiten** des Bevollmächtigten sind vom Betreuungsgericht grundsätzlich nicht zu überprüfen. Seine Schwächen hat der Betroffene in Kauf genommen, als er durch die Vollmachtserteilung auf das staatliche Auswahlverfahren verzichtet hat. Die Vollmacht steht der Betreuerbestellung aber nicht entgegen, wenn *feststeht*, dass der Bevollmächtigte sich für die Tätigkeit nicht eignet, wofür es ausreicht, wenn aus konkreten Tatsachen erhebliche Zweifel an seiner Redlichkeit folgen.[26] Ein **Interessenkonflikt** der in § 1897 Abs. 3 BGB beschriebenen Art (dazu unten Seite 34) macht die Vollmacht zwar nicht unwirksam, bewirkt aber, dass sie die Bestellung eines Betreuers generell nicht hindert. Andere erkennbare Interessenkonflikte können ein ausreichender Anlass zur Bestellung eines Kontrollbetreuers sein.[27]

Allein die *Möglichkeit* des Betroffenen, einen Dritten mit seiner Vertretung zu beauftragen, schließt die Betreuerbestellung nicht aus. Es gehört zur Privatautonomie des Menschen,

---

25 BGH BtPrax 2016, 112.
26 BGH NJW 2011, 2135; BtPrax 2013, 113.
27 BGH FamRZ 2017, 1714

keine Verträge abzuschließen, wenn er das nicht will.[28] Dennoch muss der Gefahr vorgebeugt werden, dass jemand die verhältnismäßig niedrigen Betreuervergütungen dazu missbraucht, andernfalls anfallende höhere Kosten zu vermeiden. In einem solchen Fall steht der Betreuerbestellung der Einwand des Rechtsmissbrauchs entgegen.[29] Im Übrigen aber schließt nur eine *schon erteilte* Vollmacht die Betreuerbestellung aus.

Schließlich ist trotz Vollmacht eine Betreuung erforderlich, wenn die Voraussetzungen des § 1903 Abs. 1 Satz 1 BGB vorliegen, denn ein **Einwilligungsvorbehalt** kann immer nur den Aufgabenkreis eines Betreuers erfassen.

b) Kontrollbetreuer und Kontrollbevollmächtigter

Wenn der Betroffene den Bevollmächtigten (krankheits- oder behinderungsbedingt) nicht hinreichend überwachen kann, diese Überwachung sich aber als notwendig erweist, ist die Bestellung eines Betreuers mit dem Aufgabenkreis des § 1896 Abs. 3 BGB angezeigt (Kontrollbetreuer). Dieser kann dem Bevollmächtigten **Weisungen** erteilen (vgl. § 665 BGB) und von ihm jederzeit Auskunft und **Rechenschaft** verlangen (§ 666 BGB). Die Vollmacht oder den ihr zugrunde liegende Auftrag kann er aber nur **widerrufen** (§§ 671 Abs. 1, 168 Satz 2 BGB), wenn ihm diese Befugnis vom Betreuungsgericht ausdrücklich mit übertragen wurde.[30]

Für die Bestellung eines Kontrollbetreuers genügt die fehlende Fähigkeit des Betroffenen zur Kontrolle nicht, denn auch dies hat er in Kauf genommen, als er die Vollmacht erteilt – und nicht entsprechend eingeschränkt – hat. Nötig ist zusätzlich, dass ein **konkreter Anlass zum Misstrauen** dem Bevollmächtigten gegenüber gegeben ist. Ein solcher Anlass kann aus einem konkreten Interessenkonflikt, aus der besonderen Schwierigkeit der dem Bevollmächtigten übertragenen Geschäfte folgen oder daraus, dass konkrete Anhaltspunkte dafür bestehen, dass er von der Vollmacht nicht im Interesse des Bevollmächtigten Gebrauch machen wird.[31] Die sich aus der Befreiung vom Verbot des Insichgeschäfts (§ 181 BGB) ergebenden *abstrakten* Gefahren rechtfertigen eine Kontrollbetreuung dagegen nicht.[32]

Die Befugnis zum **Widerruf der Vollmacht** darf dem Kontrollbetreuer nur übertragen werden, wenn feststeht, dass mit hinreichender Wahrscheinlichkeit eine erhebliche Verletzung des Wohles des Betreuten durch den Bevollmächtigten zu befürchten ist und der Kontrollbetreuer dies auch mit den durch §§ 665, 666 BGB eröffneten Möglichkeiten voraussichtlich nicht verhindern kann.[33]

Auch für den in § 1896 Abs. 3 BGB genannten Aufgabenkreis gelten § 1896 Abs. 1a und Abs. 2 Satz 2 BGB: Der Betroffene kann auch der Einsetzung des Kontrollbetreuers dadurch zuvorkommen, dass er hierfür einen (anderen) Bevollmächtigten (Kontrollbevollmächtig-

---

28 Es ist daher problematisch, dass das OLG Hamm NJW-FER 2001, 152 einen nachvollziehbaren Grund für die Nichterteilung der Vollmacht verlangt.
29 BtKomm/*Roth* C Rn. 9.
30 BGH BtPrax 2015, 241.
31 BGH BtPrax 2012, 203.
32 BGH BtPrax 2012, 115.
33 BGH BtPrax 2015, 241.

ten) einsetzt und gegen den freien Willen des Bevollmächtigten kann auch ein Kontrollbetreuer nicht bestellt werden.[34]

2. Andere Hilfen

Als andere Hilfen kommen alle formellen wie informellen Unterstützungssysteme in Betracht: Nachbarn, Verwandte, Bekannte und soziale mobile Dienste aller Art. Genügen sie, um die Defizite des Betroffenen auszugleichen, benötigt er keinen Betreuer. Dabei ist allerdings eines zu beachten: Der Betroffene kann gerade mit der Koordination und Überwachung solcher Hilfen überfordert sein. Es ist daher zu prüfen, ob nicht genau hierfür ein Betreuungsbedarf besteht.

Reichen **Hilfen zur Überwindung besonderer sozialer Schwierigkeiten** (§§ 67 f. SGB XII) oder Eingliederungshilfen i.S.v. § 53 SGB XII aus, gehen sie der Betreuerbestellung vor. Weil Sozialhilfe keine antragsabhängige Sozialleistung ist, gilt das sogar für den Fall, dass der Betreute nicht geschäftsfähig ist. Die **Betreuungsbehörde** ist bei Anhaltspunkten für einen Betreuungsbedarf nach § 4 Abs. 2 BtBG verpflichtet, den Betroffenen über mögliche andere Hilfen zu beraten und deren Leistung zu vermitteln.

Lehnt der Betroffene andere Hilfen, die die Betreuung entbehrlich machen könnten, ab, ist die Betreuung allerdings erforderlich, denn nur sie kann gegen seinen Willen eingerichtet werden, andere Hilfen braucht er nicht anzunehmen.

V. Bedeutung eines entgegenstehenden Willens

Soll ein Betreuer gegen den erklärten Willen des Betroffenen eingerichtet werden, muss feststehen, dass er zur freien Willensbestimmung außerstande ist (§ 1896 Abs. 1a BGB).

Das wird gelegentlich dahin fehlinterpretiert, dass solche Zwangsbetreuungen nur bei Geschäftsunfähigen (§ 104 Nr. 2 BGB) zulässig seien.[35] Das reißt die Norm aber aus dem Zusammenhang. Für § 1896 Abs. 1a BGB kann es allein auf den freien Willen zur Betreuerbestellung ankommen. Das setzt Einsichts- und Steuerungsfähigkeit zur Frage der Betreuerbestellung voraus. Dafür genügt es schon, dass der Betroffene seine Defizite im wesentlichen richtig einschätzen und die Bedeutung eines Betreuers erfassen kann.[36] Der freie Wille fehlt dem Betroffenen, wenn eines der Symptome seiner psychischen Krankheit die **fehlende Krankheitseinsicht** ist, denn ohne sie vermag er seine Defizite nicht im wesentlichen richtig einzuschätzen.[37]

Wegen **körperlicher Behinderungen** kommt eine Zwangsbetreuung schon deshalb nicht in Frage, weil die Betreuerbestellung dort einen Antrag des Betreuten voraussetzt, falls man sich überhaupt mit ihm verständigen kann (§ 1896 Abs. 1 Satz 3 BGB).

---

34 BGH BtPrax 2012, 204.
35 HK-BUR/*Bauer* § 1896 BGB Rn. 160.
36 BGH FamRZ 2016, 970.
37 BGH BtPrax 2018, 32.

VI. Auswahl des Betreuers

Die Auswahl des Betreuers nimmt das Gericht nach den in §§ 1897 bis 1900 BGB festgelegten Kriterien vor.

1. Betreuerfähigkeit

Zum Betreuer bestellt werden können:

- **natürliche Personen** (§ 1897 Abs. 1 BGB),
- anerkannte **Betreuungsvereine** (§ 1900 Abs. 1 BGB),
- die zuständige **Betreuungsbehörde** (§ 1900 Abs. 4 BGB).

Das ist zugleich **Rangfolge** (vgl. § 1900 Abs. 1 Satz 1, Abs. 4 Satz 1 BGB).

2. Auswahl einer natürlichen Person

Die natürlichen Personen, die zum Betreuer bestellt werden können, lassen sich in die folgenden Gruppen einteilen:

- dem Betroffenen nahestehende Personen (Angehörige, Freunde, Bekannte),
- andere ehrenamtliche Betreuer,
- selbständige **Berufsbetreuer**,
- **Vereinsbetreuer** i.S.v. § 1897 Abs. 2 Satz 1 BGB,
- **Behördenbetreuer** i.S.v. § 1897 Abs. 2 Satz 2 BGB.

a) Eignung und Auswahlermessen

Wer zum Betreuer bestellt werden soll, muss jedenfalls in doppelter Hinsicht dazu geeignet sein (§ 1897 Abs. 1 BGB), nämlich fachlich und persönlich.

Fachlich geeignet ist der Betreuer, wenn er die ihm zugewiesenen Aufgabenkreise zweckentsprechend besorgen kann.

Persönlich ist zum Betreuer geeignet, wer die Gewähr bietet, dass er die Angelegenheiten des Betreuten in persönlichem Kontakt mit ihm erledigt. Maßstab ist die Fähigkeit zur Einhaltung der Vorgaben des § 1901 BGB,[38] inklusive der Besprechungspflicht in § 1901 Abs. 3 Satz 3 BGB. Die persönliche Eignung kann aus unterschiedlichen Gründen fehlen, die nicht unbedingt etwas mit den Qualifikationen des Betreuers zu tun haben müssen, so z.B., wenn die Entfernung der Wohnorte zu groß ist, wenn das Verhältnis zwischen dem Betreuten und dem Betreuer belastet ist oder wenn der Betreuer schon zu viele Betreuungen führt. Damit Letzteres kontrolliert werden kann, müssen selbständige Berufsbetreuer und Vereinsbetreuer der Betreuungsbehörde jedes Jahr eine Meldung über die Zahl der von ihnen geführten Betreuungen abgeben (§ 10 VBVG). Außerdem ist das Betreuungsgericht verpflichtet, selbständige Berufsbetreuer vor jeder Bestellung über die Zahl der von ihnen aktuell geführten Betreuungen zu befragen (§ 1897 Abs. 8 BGB).

---

38 BGH BtPrax 2018, 29.

Die Geeignetheit zum Betreuer ist in ihren Einzelheiten nicht allgemein definierbar, da sie von den konkreten Umständen abhängt. Welche Kenntnisse, Fähigkeiten und Eigenschaften in welchem Ausmaß ausschlaggebend und welche unbedeutend sind, muss das Gericht **anhand des Einzelfalls** entscheiden. Mit dieser Einschränkung sind auch die von der Bundesarbeitsgemeinschaft der Betreuungsbehörden herausgegebenen allgemeinen Eignungskriterien[39] zu lesen.

Soweit es nicht durch § 1897 Abs. 4 bis 6 BGB ausgeschlossen oder eingeschränkt ist, steht dem Gericht ein **Auswahlermessen** zu. Es ist nicht verpflichtet, unter mehreren geeigneten Betreuern den am besten geeigneten zu bestellen.[40] In diesem Rahmen kann es dann auch außerhalb des Einzelfalles liegende Gründe berücksichtigen, z.B. dass die Fälle unter Berufsbetreuern so verteilt werden sollten, dass die durch die Fallpauschalen vorgegebene Mischkalkulation aufgeht.

b) Ausschlussgründe

Wer in einem Abhängigkeitsverhältnis oder einer sonstigen **engen Beziehung zu dem Heim** steht, in dem der Betroffene lebt, darf nach § 1897 Abs. 3 BGB nicht zu dessen Betreuer bestellt werden. Das ist verfassungskonform dahin auszulegen, dass es der Bestellung der Eltern zum Betreuer ihres volljährig gewordenen Kindes nicht entgegensteht.[41]

Ein **Beamter** oder Religionsdiener darf zum Betreuer nicht bestellt werden, solange ihm eine dafür erforderliche Nebentätigkeitsgenehmigung nicht erteilt ist (§§ 1908i Abs. 1 Satz 1, 1784 BGB).

Erkennbare Interessenkollisionen schließen die Bestellung nicht absolut aus. Das Gericht soll bei der Auswahlentscheidung auf Interessenkollisionen **Rücksicht nehmen** (§ 1897 Abs. 5 BGB), es kann sie demnach auch in Kauf nehmen, wenn der entsprechende Betreuer andere Vorteile bietet. Gegebenenfalls ist der Betreuer an der Vertretung in einzelnen Angelegenheiten nach § 181 BGB oder §§ 1908i Abs. 1 Satz 1, 1795 BGB gehindert oder das Betreuungsgericht kann ihm für besonders heikle Angelegenheiten die Vertretungsmacht entziehen (§§ 1908i Abs. 1 Satz 1, 1796 BGB).

Wer selbst **geschäftsunfähig** ist, scheidet als Betreuer eines anderen wegen § 165 BGB aus. Er könnte ihn nicht vertreten. Dagegen folgt aus § 165 BGB, dass **Minderjährigkeit** kein hartes Ausschlusskriterium sein kann. Auf § 1781 BGB verweist das Betreuungsrecht gerade nicht.

Man wird aber kaum jemanden für geeignet halten können, fremdes Vermögen zu verwalten, von dem feststeht, dass er sein eigenes nicht zweckentsprechend selbst verwalten kann. Als Betreuer jedenfalls für die **Vermögensangelegenheiten** scheiden daher aus:

- Minderjährige,
- Personen, die selbst einen Betreuer für Vermögensangelegenheiten haben,
- Personen, über deren Privatvermögen das Insolvenzverfahren eröffnet ist.[42]

---

39 HK-BUR Anlage 2 zu § 1897 BGB S. 8 ff.
40 BGH BtPrax 2016, 35.
41 BVerfG BtPrax 2006, 228.
42 So auch Jürgens/*Jürgens* § 1897 BGB Rn. 7.

c) Übernahmebereitschaft

Nach § 1898 Abs. 2 BGB darf niemand zum Betreuer bestellt werden, der sich nicht zur Übernahme der Betreuung bereiterklärt hat. Aus § 1898 Abs. 1 BGB folgt freilich, dass der Ausgewählte zur Abgabe einer solchen Bereitschaftserklärung grundsätzlich **verpflichtet** ist. § 1898 Abs. 2 BGB bedeutet daher nur, dass niemand zur Übernahme einer Betreuung *gezwungen* werden kann, auch *wenn* er dazu verpflichtet ist.

Die Weigerung, die Übernahmebereitschaft zu erklären führt stets dazu, dass ein anderer Betreuer ausgewählt werden muss. Wer sich *unberechtigt* geweigert hat, die Betreuung zu übernehmen, ist dem Betreuten jedoch zum Ersatz eines eventuellen **Verzögerungs-schadens** verpflichtet (§§ 1908i Abs. 1 Satz 1, 1787 Abs. 1 BGB). Zur Verweigerung der Übernahme ist berechtigt, wer sich zum Betreuer nicht eignet oder wem die Betreuung mit Rücksicht auf seine anderen Verpflichtungen nicht zugemutet werden kann. Zumindest bei den Personen aus dem Umfeld des Betreuten wird man – auch ohne Motivforschung – davon ausgehen können, dass sich zum Betreueramt nicht eignet, wer sich ausdrücklich weigert, es zu übernehmen. Das spielt freilich erst eine Rolle, wenn der Betreute tatsächlich einen Verzögerungsschaden geltend macht und ist daher vom Betreuungsgericht nicht zu prüfen.

Etwas anders liegt das bei **Vereins- und Behördenbetreuern** i.S.v. § 1897 Abs. 2 BGB. Hier ist außerdem die Zustimmung des Dienstherrn oder Arbeitgebers erforderlich (§ 1897 Abs. 2 BGB). Eine Verpflichtung zur Erteilung der Zustimmung existiert hier nicht. Auch für solche Betreuer gilt zwar außerdem auch § 1898 Abs. 2 BGB. Ihr Dienstherr oder Arbeitgeber kann ihnen aber die Weisung erteilen, eine Betreuung zu übernehmen.

d) Vorschläge des Betroffenen

Nach § 1897 Abs. 4 Satz 1 BGB ist ein **positiver Vorschlag** des Betroffenen hinsichtlich der Person des Betreuers bindend. Ein solcher Vorschlag erfordert weder die Geschäftsfähigkeit noch die persönliche Einsichtsfähigkeit des Betroffenen; die alleinige Kundgebung seines Willens genügt.[43] Geichgültig ist, ob er den Vorschlag während des Bestellungsverfahrens macht oder früher gemacht hat (§ 1897 Abs. 4 Satz 3 BGB). Das kann zum Beispiel in einer sogenannten **Betreuungsverfügung** geschehen sein. Darunter versteht man ein Dokument, in dem konkrete Wünsche für den Fall der eigenen Betreuungsbedürftigkeit niedergelegt sind. Wer ein solches Dokument findet, ist nach § 1901c Satz 1 BGB verpflichtet, es beim Betreuungsgericht abzuliefern, sobald er davon erfährt, dass dort ein Betreuungsverfahren anhängig ist. Früher geäußerte Vorschläge sind aber auch dann beachtlich, wenn sie nicht in einem solchen Schriftstück enthalten sind, sondern z.B. nur Zeugen gegenüber mündlich geäußert wurden. Allerdings verliert ein früher gemachter Vorschlag seine Bedeutung, wenn der Betreute inzwischen nicht mehr an ihm festhalten will. Das muss eng ausgelegt werden, damit Betreuungsverfügungen nicht gerade dann versagen, wenn der Betroffene am meisten auf ihre Wirkung vertraut, nämlich wenn er weitgehend willenlos geworden ist. Deshalb setzt das Nicht-mehr-festhalten-Wollen voraus, dass es auf einer inneren Einstellungsänderung des Betreuten beruht und nicht etwa auf einer bloßen

---

43 BGH NJW 2018, 1878.

Augenblickslaune oder gar der Überredungstechnik des Gerichts oder eines sonstigen Beteiligten.

Das Gericht folgt dem Vorschlag nicht, wenn dies dem Wohl des Betreuten zuwiderlaufen würde. Das ist dahin zu lesen, dass es auch hier bei der Pflicht aus § 1897 Abs. 1 BGB bleibt, eine geeignete Person zum Betreuer zu bestellen. Der Vorgeschlagene wird also nicht bestellt, wenn er **zum Betreuer ungeeignet** ist, denn das liefe seinem Wohl zuwider. Ein Ermessen hat das Gericht hier aber nicht. Kann es nicht positiv feststellen, dass der Vorgeschlagene sich nicht zum Betreuer eignet, muss es ihn bestellen.[44]

Ein **negativer Vorschlag** soll – muss aber nicht – beachtet werden (§ 1897 Abs. 4 Satz 2 BGB). Durch diese Einschränkung soll verhindert werden, dass der Betroffene durch sukzessive negative Vorschläge das Verfahren torpediert. Von solchen Ausnahmesituationen abgesehen, wäre es aber kontraproduktiv, jemanden zum Betreuer zu bestellen, dem der Betroffene von vornherein misstraut, andernfalls die „persönliche Betreuung" sich sehr schwierig gestalten würde.

Ist der Betroffene noch zur **freien Willensbestimmung** in der Lage, setzt sich § 1896 Abs. 1a BGB als die strengere Vorschrift durch. Dann darf auf keinen Fall ein Betreuer bestellt werden, dessen Bestellung der Betroffene widerspricht.[45] Beharrt er auf der Bestellung eines ungeeigneten Betreuers, führt das in letzter Konsequenz dazu, dass **gar kein** Betreuer bestellt wird.[46]

e) Bindungen des Betroffenen

Mangels eines Vorschlags (bzw. mangels Ernennung des Vorgeschlagenen) ist auf die Bindungen des Betroffenen **Rücksicht** zu nehmen (§ 1897 Abs. 5 BGB). Das Gesetz verzichtet auf einen strengen Vorrang der Angehörigen vor anderen dem Betreuten nahestehenden Personen. Es nennt Eltern, Kinder und Ehegatten nur beispielhaft, in Betracht kommen alle persönlichen Bindungen verwandtschaftlicher oder sonstiger Art, z.B. also auch an einen Lebensgefährten oder an Freunde. Der Bestellung eines Fremdbetreuers geht aber diejenige einer dem Betreuten nahestehenden Person vor.

Gleichrangig zu beachten ist aber die Gefahr von Interessenkollisionen. So kann es z.B. angezeigt sein, voraussichtliche Erben nicht zu ernennen, damit sie den Betroffenen nicht „knapp halten". Andererseits können nahe Angehörige aber auch nicht stets nur deshalb übergangen werden, weil sie als Erben in Betracht kommen. Hier kommt es ganz besonders auf den Einzelfall an.

„Rücksichtnahme" auf die Bindungen ist im Übrigen ein ergebnisoffener Begriff. Die Rücksichtnahme kann auch gerade darin bestehen, die Beziehung nicht mit den Betreuerpflichten zu belasten.

Auch den nächsten Angehörigen des Betreuten steht **kein Recht zur Bestellung** zum Betreuer zu. Gegen die Auswahl eines anderen Betreuers haben sie daher keine Beschwerdebefugnis aus § 59 Abs. 1 FamFG. Nur soweit sie am Verfahren beteiligt worden sind, kön-

---

44 BGH BtPrax 2018, 200.
45 BVerfG FamRZ 2015, 565.
46 Vgl. OLG München BtPrax 2006, 231.

nen sie dagegen Beschwerde anlegen, aber auch dann nicht im eigenen, sondern nur im Interesse des Betroffenen (§ 303 Abs. 2 FamFG).

Das Übergehen der nächsten Familienangehörigen durch das Betreuungsgericht kann jedoch im Einzelfall eine Verletzung von deren Grundrecht aus Art. 6 Abs. 1 GG darstellen. Bei Eltern, die die Betreuung für ihr volljährig gewordenes Kind übernehmen wollen, kommt auch eine Verletzung von Art. 6 Abs. 2 Satz 1 GG in Frage.[47]

f) Vorrang des Ehrenamts

Betreuer, bei denen die Betreuung zu ihrer **Berufsausübung** gehört, dürfen nur bestellt werden, wenn kein geeigneter ehrenamtlicher Betreuer zur Verfügung steht (§ 1897 Abs. 6 Satz 1 BGB). Das betrifft sowohl die selbständigen Berufsbetreuer als auch die Vereins- und Behördenbetreuer i.S.v. § 1897 Abs. 2 BGB, denn auch sie führen die Betreuung ja im Rahmen ihrer Berufsausübung. Selbst wenn die Aufgaben für einen ehrenamtlichen Betreuer zu umfangreich sind, geht ihre Übertragung auf **mehrere ehrenamtliche Betreuer** der Bestellung eines Berufsbetreuers vor.

Diese Rangfolge soll vor allem der **Kostendämpfung** dienen. Der Vertreter der Staatskasse kann daher gegen Entscheidungen, die § 1897 Abs. 6 Satz 1 BGB oder § 1908b Abs. 1 Satz 3 BGB verletzen, Beschwerde einlegen.[48]

Der **Vorrang des Ehrenamtes** aus § 1897 Abs. 6 Satz 1 BGB geht dem Vorschlag des Betroffenen grundsätzlich vor.[49] Anders kann das ausnahmsweise sein, wenn im Einzelfall eine besondere persönliche Bindung an den vorgeschlagenen Berufsbetreuer besteht oder wenn der Betreute erkennbar die Mittel hat, die Entschädigung des Berufsbetreuers für die gesamte Dauer der Betreuung selbst zu zahlen.[50] Steht jedoch fest, dass ein geeigneter ehrenamtlicher Betreuer nicht zur Verfügung steht, so ist auch der Vorschlag eines bestimmten Berufsbetreuers für das Gericht bindend.[51]

3. Bestellung eines Vereins oder der Behörde

Soll ein **Verein** zum Betreuer bestellt werden, müssen zwei Voraussetzungen erfüllt sein:

- Der Verein muss als Betreuungsverein staatlich anerkannt sein (§ 1900 Abs. 1 Satz 1 BGB). Die Anerkennung ist in § 1908f Abs. 1 BGB und in den nach § 1908f Abs. 3 Satz 1 BGB erlassenen Landesgesetzen näher geregelt, für Nordrhein-Westfalen z.B. in § 2 LBtG, der zusätzlich vorschreibt, dass wenigstens ein hauptamtlicher Mitarbeiter Sozialarbeiter oder Sozialpädagoge sein oder langjährige Erfahrung als Vormund oder Pfleger haben muss.

- Der Verein muss in seine Bestellung im Einzelfall eingewilligt haben (§ 1900 Abs. 1 Satz 2 BGB).

---

47 BVerfG BtPrax 2006, 228.
48 Prütting/Helms/*Fröschle* § 304 FamFG Rn. 14.
49 BGH FamRZ 2018, 1772.
50 OLG Jena FGPrax 2000, 239.
51 OLG Hamm BtPrax 2006, 187.

Die Bestellung eines Vereins zum Betreuer ist extrem selten, denn der Verein kann eine Vergütung für solche Betreuungen nicht verlangen (§§ 1908i Abs. 1 Satz 1, 1836 Abs. 3 BGB).

Die Bestellung der zuständigen **Behörde** setzt das Fehlen irgendwelcher anderer Möglichkeiten voraus (§ 1900 Abs. 4 BGB). Die Einwilligung der Behörde ist nicht erforderlich. Doch kann sie sich wegen ihrer reinen Auffangzuständigkeit schon dadurch selbst disqualifizieren, dass sie eine andere Möglichkeit vorschlägt.

Bundesrecht regelt nur die örtliche Behördenzuständigkeit, die an den gewöhnlichen – hilfsweise tatsächlichen – Aufenthalt des Betroffenen anknüpft (siehe § 3 BtBG). Im Übrigen bestimmt Landesrecht, welche Behörde zuständig sein soll. In der Regel sind das Kommunen oder Kreise im Rahmen der Selbstverwaltungsaufgaben.

Verein und Behörde **übertragen** die mit der Betreuung verbundenen Aufgaben auf bestimmte Personen (§ 1900 Abs. 2 Satz 1, Abs. 4 Satz 2 BGB). Dabei ist Vorschlägen des Betroffenen zu entsprechen, soweit keine wichtigen Gründe entgegenstehen (§ 1900 Abs. 2 Satz 2, Abs. 4 Satz 2 BGB). Ist der Betroffene mit der Auswahl nicht einverstanden, kann er verlangen, dass das Betreuungsgericht sie überprüft (§ 291 FamFG).

Personen, die eine Betreuung für den Verein oder die Behörde tatsächlich führen, dürfen nicht mit Vereins- bzw. Behördenbetreuern nach § 1897 Abs. 2 BGB verwechselt werden: Vereins- und Behördenbetreuer führen die Betreuung selbständig. Sie unterstehen zwar der allgemeinen Dienstaufsicht ihres Arbeitgebers, was z.B. Urlaub, Arbeitszeiten oder die Teilnahme an Fortbildungen angeht. Sie sind aber hinsichtlich der geführten Betreuung nur dem Betreuungsgericht verantwortlich. Die nach § 1900 Abs. 2 Satz 1 BGB bestimmten Personen dagegen arbeiten in jeder Hinsicht für den Verein bzw. die Behörde. Dem Betreuungsgericht gegenüber verantwortet die Institution die Betreuung.

Außerdem müssen Vereins- und Behördenbetreuer bei der Körperschaft abhängig beschäftigt,[52] die in § 1900 Abs. 2 Satz 1 BGB genannten Personen können dagegen auch ehrenamtliche Helfer oder Honorarkräfte sein.

4. Selbständige Berufsbetreuer

Selbständiger Berufsbetreuer ist nach § 1 Abs. 1 VBVG, wer Betreuungen in einem solchen Umfang übernommen hat, dass er sie nur im Rahmen einer Berufsausübung durchführen kann. Das ist in der Regel anzunehmen, wenn jemand mehr als zehn Betreuungen gleichzeitig führt oder wenn zu erwarten ist, dass er diese Bedingung demnächst erfüllen wird.

Über die Bestellung zum Berufsbetreuer entscheidet zwar letzten Endes das Betreuungsgericht. Es ist jedoch hierbei in mehrfacher Hinsicht von der Betreuungsbehörde abhängig. So soll es vor der erstmaligen Bestellung einer Person zum Berufsbetreuer die Betreuungsbehörde insbesondere zu den Voraussetzungen des § 1 Abs. 1 VBVG anhören (§ 1897 Abs. 7 Satz 1 BGB). Außerdem ist die Behörde ganz allgemein verpflichtet, geeignete Personen für eine Betreuertätigkeit zu gewinnen (§ 8 Abs. 1 Nr. 3 BtBG). Sie muss dem Gericht vor der ersten Bestellung einer Person zum Berufsbetreuer eine Auskunft aus Bundeszentralregister und Schuldnerverzeichnis vorlegen (§ 1897 Abs. 7 Satz 2 BGB). Das Betreu-

---

52 OLG Hamm BtPrax 2000, 218.

ungsgericht kann von sich aus allenfalls Berufsbetreuer bestellen, die es schon von anderen Betreuungsfällen her kennt. Wer sich jedoch neu als Berufsbetreuer etablieren will, wird sich in der Regel über die Betreuungsbehörde dazu bewerben.

Die Bundesarbeitsgemeinschaft der Betreuungsbehörden hat dazu einen Katalog **allgemeiner Geeignetheitskriterien** entwickelt. Danach soll Berufsbetreuer nur werden, wer über dreijährige Berufspraxis und einen Berufs- oder Hochschulabschluss verfügt, der nutzbare Fachkenntnisse vermittelt, ferner über vertiefte Kenntnisse des Betreuungsrechts und Grundkenntnisse des Zivil-, Sozial-, Verwaltungs-, Straf- und Verfahrensrechts, der Pädagogik, Psychiatrie, Pflege, allgemeinen und Sozialmedizin, Beratungs- und Hilfeplanung und Gesprächsführung. Er soll vertiefte Kenntnisse der maßgeblichen Netzwerke vorweisen. Er muss über ein Büro verfügen, das die sichere Aufbewahrung von Akten und Wertgegenständen ermöglicht, muss mobil, persönlich wie telefonisch erreichbar sein und einen ausreichenden Versicherungsschutz vorweisen.[53] Die Gerichte sind wegen Art. 97 Abs. 1 GG hieran allerdings nicht gebunden. Vor allem können sie den Wunsch des Betreuten, einen bestimmten Berufsbetreuer zu bestellen, nicht mit dem Hinweis auf außergesetzliche Eignungskriterien zurückweisen.[54]

Selbständige Berufsbetreuer üben keinen freien Beruf aus, sondern ein **Gewerbe**.[55] Steuerrechtlich werden sie allerdings wie Freiberufler behandelt, da es sich um eine einem freien Beruf ähnliche Tätigkeit handelt.[56]

5. Bestellungspraxis

Im Jahre 2015 wurden zu Betreuern neu bestellt:

- in 49,72% der Fälle Angehörige des Betreuten,

- in 5,72% der Fälle andere ehrenamtliche Betreuer,

- in 37,73% der Fälle selbständige Berufsbetreuer,

- in 6,55% der Fälle ein Vereinsbetreuer oder ein Betreuungsverein und

- in 0,17% der Fälle ein Behördenbetreuer oder die Betreuungsbehörde selbst.[57]

Dabei ist die örtliche Praxis ausgesprochen unterschiedlich.

VII. Bestellung mehrerer Betreuer

Nach § 1899 Abs. 1 Satz 1 BGB sollen mehrere Betreuer bestellt werden, wenn dies den Erfordernissen besser Rechnung trägt als die Bestellung eines einzelnen. Dabei kann es – muss es aber nicht – zur Aufteilung der Aufgabenkreise kommen. § 1899 Abs. 1 Satz 2 BGB ist insofern missverständlich. Die Bestellung von mehreren Betreuern mit Vergütungsanspruch (nämlich von Vereinsbetreuern und selbständigen Berufsbetreuern) ist nach § 1899 Abs. 1 Satz 3 BGB nur in bestimmten Konstellationen zulässig.

---

53 HK-BUR Anlage 2 zu § 1897 BGB S. 10 ff.
54 OLG Hamm NJW 2006, 3436.
55 BVerwG NJW 2013, 2214.
56 BFHE 230, 47.
57 HK-BUR/*Bauer/Deinert,* § 1897 BGB Rn. 89.

Die Bestellung mehrerer natürlicher Personen geht aber der Bestellung des Vereins oder der Behörde vor (§ 1900 Abs. 1 Satz 1 BGB). Die Bestellung mehrerer ehrenamtlicher Betreuer geht der Bestellung eines Berufsbetreuers vor (vgl. § 1897 Abs. 6 Satz 2 BGB).

Nicht gesetzlich geregelt ist, welche Bedeutung Vorschläge des Betroffenen für die Frage haben, ob mehrere Betreuer bestellt werden sollen. Seiner systematischen Stellung nach scheint § 1897 Abs. 4 BGB nur für die Frage von Bedeutung zu sein, welche Person(en) die Betreuung übernehmen soll(en). Auf der anderen Seite verknüpfen § 1897 Abs. 6 Satz 2 BGB und § 1900 Abs. 1 Satz 1 BGB die Frage der Auswahl und der Anzahl miteinander. Deshalb sollten Vorschläge in diesem Bereich analog der Regelung des § 1897 Abs. 4 BGB behandelt werden:

Vorschlägen, die konkrete Personen benennen (z.B. „X und Y sollen gemeinsam gleichberechtigt meine Betreuer sein"), kommt die in § 1897 Abs. 4 Satz 1 BGB genannte Bindungswirkung eines positiven Vorschlags zu. Vorschläge, die keine konkreten Personen nennen (z.B. „Es soll nicht dieselbe Person über meine Heimeinweisung entscheiden, die mein Vermögen verwaltet."), entfalten die eingeschränkte Bindungswirkung eines negativen Vorschlags.

Das Gesetz kennt folgende Varianten der Bestellung mehrerer Betreuer:

1. Nebenbetreuer (§ 1899 Abs. 1 Satz 2 BGB)

Die Angelegenheiten des Betreuten sind auf mehrere Aufgabenkreise aufgeteilt und jeder Betreuer ist innerhalb des ihm zugewiesenen Aufgabenkreises allein zuständig.

Das kann vor allem dann sinnvoll sein, wenn ein Angehöriger, der grundsätzlich in Frage kommt, in geschäftlichen Dingen unerfahren ist. Dann kann für die Vermögensverwaltung ein anderer bestellt werden. Umgekehrt kann es sinnvoll sein, den Angehörigen, der das Vermögen vielleicht bisher schon verwaltet hat, aber sehr weit weg wohnt, von der mehr persönlichen Kontakt voraussetzenden Sorge für die persönlichen Angelegenheiten zu entlasten.

2. Mitbetreuer (§ 1899 Abs. 3 BGB)

Alle Betreuer haben dieselben Aufgabenkreise. Die Betreuer können nur gemeinsam wirksam handeln, müssen ihre Entscheidungen also einverständlich treffen (§§ 1908i Abs. 1 Satz 1, 1797 Abs. 1 Satz 1 BGB). Das Betreuungsgericht kann nach §§ 1908i Abs. 1 Satz 1, 1797 Abs. 1 Satz 2 BGB aber auch etwas anderes bestimmen, z.B. einen Stichentscheid anordnen oder dass von drei Betreuern jeweils zwei gemeinsam wirksam zum Handeln berechtigt sind. Es kann auch alle Betreuer mit Alleinvertretungsmacht ausstatten.

In der Praxis kommt die Mitbetreuung öfter bei Eltern vor, die die Betreuung ihres volljährig gewordenen behinderten Kindes gemeinsam übernehmen wollen.

3. Mischformen

Denkbar, in der Praxis aber selten, sind auch Lösungen, die die in § 1899 Abs. 1 Satz 2 und Abs. 3 BGB genannten Möglichkeiten mischen. So kann auch dem Betreuer A ein Teil der Angelegenheiten allein übertragen werden, während andere Angelegenheiten von den

Betreuern B und C nur gemeinsam erledigt werden können. Auf diese Weise kann das Betreuungsgericht auch sicherstellen, dass an bestimmten, besonders wichtigen Entscheidungen mehrere Betreuer mitwirken.

4. Verhinderungsbetreuer (§ 1899 Abs. 4 BGB)

Wie bei Mitbetreuern decken sich die Aufgabenkreise. Aber der Verhinderungsbetreuer kann nur handeln, wenn der in erster Linie bestimmte Betreuer am Handeln gehindert ist.

a) Tatsächliche Verhinderung

Die Verhinderung kann aus tatsächlichen Gründen bestehen (Krankheit, Abwesenheit). Die Bestellung eines (in diesem Falle sogenannten) **Ersatzbetreuers** setzt zumindest voraus, dass die Möglichkeit einer Verhinderung nahe liegt und zeitlich wie dem Anlass nach einigermaßen klar umrissen werden kann.[58] Ob und unter welchen Umständen dem Betreuer dauerhaft ein Verhinderungsbetreuer zur Seite gestellt werden kann, ist umstritten. Es wirft die zusätzliche Frage auf, wie ein solcher Dauer-Verhinderungsbetreuer im Rechtsverkehr seine Legitimation nachweisen soll, da er ja nur tätig werden kann, wenn der Betreuer verhindert ist.

Bei Berufsbetreuern stellt sich oft die Frage, wie sie ihre **Urlaubsvertretung** regeln können. Hier weist ihnen die Rechtsprechung zwei Möglichkeiten: Der Betreuer kann die Bestellung eines Verhinderungsbetreuers beantragen oder einen Vertreter einsetzen, für den er dann aber auch im Urlaub in wichtigen, eiligen Fällen erreichbar bleiben muss. Er kann jedoch nicht seine gesamte Tätigkeit auf einen Vertreter delegieren.[59]

b) Rechtliche Verhinderung

Auch aus Rechtsgründen kann der Betreuer am Tätigwerden gehindert sein, nämlich wenn das Handeln von einem gesetzlichen Vertretungsverbot erfasst wird (§ 181 BGB oder §§ 1908i Abs. 1 Satz 1, 1795 Abs. 1 BGB) oder wenn ihm das Betreuungsgericht wegen einer Interessenkollision die Vertretungsmacht für bestimmte Angelegenheiten entzogen hat (§§ 1908i Abs. 1 Satz 1, 1796 BGB). Erweist sich dann das Tätigwerden als erforderlich, muss ein besonderer Betreuer für die entsprechende Tätigkeit bestellt werden. Man spricht hier auch von einem **Ergänzungsbetreuer**.

Ein Sonderfall der rechtlichen Verhinderung ist § 1899 Abs. 2 BGB, wonach für die Einwilligung in die Sterilisation des Betreuten stets ein besonderer Betreuer als **Sterilisationsbetreuer** bestellt werden muss.

5. Gegenbetreuer (§§ 1908i Abs. 1 Satz 1, 1792 BGB)

Der Gegenbetreuer übernimmt einige – sonst vom Betreuungsgericht wahrzunehmende – Kontrollaufgaben. Deshalb hat er dem Betreuer gegenüber ein Auskunfts- und Aktenprüfungsrecht (§§ 1908i Abs. 1 Satz 1, 1799 Abs. 2 BGB). Außerdem ist für bestimmte Geschäfte seine Genehmigung notwendig (vgl. § 1908i Abs. 1 Satz 1 i.V.m. §§ 1809, 1812 BGB) und ist er in Verfahren über die Erteilung einer betreuungsgerichtlichen Genehmi-

---

58 BayObLG BtPrax 2004, 242.
59 OLG Frankfurt FGPrax 2002, 178.

gung anzuhören (§§ 1908i Abs. 1 Satz, 1, 1826 BGB). Mangels eines übertragenen Aufgabenkreises kann der Gegenbetreuer den Betreuten nicht vertreten.

Ein Gegenbetreuer soll bestellt werden, wenn zu den Aufgabenkreisen eine umfangreiche Vermögensverwaltung gehört und hierfür nicht schon mehrere Betreuer als Mitbetreuer bestellt sind (§§ 1908i Abs. 1 Satz 1, 1792 Abs. 2 BGB). Auch einen Gegenbetreuer darf das Gericht nicht gegen den freien Willen des Betroffenen bestellen.[60] Eigentlich ist anzunehmen, dass die Voraussetzungen für die Bestellung eines Gegenbetreuers häufig vorliegen. In der Praxis kommt er aber trotzdem nur selten vor.

Die Bestellung eines Gegenbetreuers ist ausgeschlossen, wenn die Betreuungsbehörde Betreuer ist (§§ 1908i Abs. 1 Satz 1, 1792 Abs. 1 Satz 2 BGB). Die Betreuungsbehörde kann aber Gegenbetreuer sein.

VIII. Verfahren bei Gericht

Das Betreuerbestellungsverfahren findet vor den Betreuungsgerichten der Amtsgerichte statt. Örtlich zuständig ist das Amtsgericht, in dessen Bezirk der Betroffene seinen gewöhnlichen Aufenthalt hat (§ 272 Abs. 1 Nr. 2 FamFG), hilfsweise auch das Gericht, in dessen Bezirk das Fürsorgebedürfnis besteht (§ 272 Abs. 1 Nr. 3 und Abs. 2 FamFG).

Es hat zur einzigen Voraussetzung die Volljährigkeit des Betroffenen, wobei es nach § 1908a BGB genügt, dass der Betroffene 17 Jahre alt ist, wenn abzusehen ist, dass er bei Eintritt der Volljährigkeit einen Betreuer benötigen wird.

Das Verfahren kann auf zwei Arten eingeleitet werden:

1. durch einen **Antrag** des Betroffenen, der nach § 1896 Abs. 1 Satz 2 BGB auch bei Geschäftsunfähigkeit des Betroffenen wirksam ist,

2. durch Einleitung **von Amts wegen**.

Soll die Betreuung wegen einer **körperlichen Behinderung** eingerichtet werden, ist sie nur auf Antrag des Betroffenen zulässig (§ 1896 Abs. 1 Satz 3 BGB), falls der Betroffene nicht völlig außerstande ist, seinen Willen kundzutun (z.B. aufgrund eines Locked-In-Syndroms).

Auf welche Art das Verfahren eingeleitet wurde, macht einen erheblichen Unterschied: Im Antragsverfahren löst schon der Antrag das Verfahren aus und zwingt das Gericht zu einer förmlichen Entscheidung. Im Amtsverfahren dagegen entscheidet das Gericht nach seinem Ermessen, ob es auf eine Anregung hin ein Verfahren durchführt. Erst wenn es dies getan hat, entstehen Verfahrensrechte wie das Recht auf rechtliches Gehör. Wer die Anregung gegeben hat, ein Verfahren einzuleiten, ist jedoch von der Ablehnung der Verfahrenseinleitung zu benachrichtigen, falls er hieran ein berechtigtes Interesse hat (§ 24 Abs. 2 FamFG).

---

60 LG Saarbrücken FamRZ 2016, 1874, 1875.

1. Gewöhnliches Verfahren

Das Betreuerbestellungsverfahren richtet sich nach den §§ 271 ff. FamFG. Anders als sonst im FG-Verfahren, in dem das Gericht den Umfang seiner Ermittlungen nach pflichtgemäßem Ermessen selbst bestimmt (§ 26 FamFG), sind hier einige zentrale Ermittlungstätigkeiten fest vorgeschrieben:

a) Anhörung des Betroffenen

Nach §§ 34 Abs. 1 Nr. 2, 278 Abs. 1 Satz 1 FamFG muss das Gericht den Betroffenen **persönlich anhören**. Das gilt nur dann nicht, wenn die Anhörung für den Betroffenen erhebliche gesundheitliche Nachteile hätte oder wenn seine Anhörung aufgrund seines Zustandes gar nicht möglich ist (§ 34 Abs. 2 FamFG). Doch bleibt es dann dennoch bei der in § 278 Abs. 1 Satz 2 FamFG geregelten Pflicht des Gerichts, sich einen **unmittelbaren Eindruck** von dem Betroffenen zu verschaffen.

Die Anhörung soll in der **gewöhnlichen Umgebung** des Betroffenen stattfinden – also in seiner Wohnung oder in dem Heim, in dem er lebt –, wenn das der Sachaufklärung dient oder er es verlangt, nicht jedoch, wenn der Betroffene einem Besuch widerspricht (§ 278 Abs. 1 Satz 3 FamFG).

Auf die Anhörung kann der Betroffene grundsätzlich **nicht verzichten**, im Gegenteil, weigert er sich, an ihr teilzunehmen, ist er zwangsweise vorzuführen (§ 278 Abs. 5 FamFG). Nur wenn das unverhältnismäßig wäre, kann unter den Voraussetzungen des § 34 Abs. 3 FamFG ohne seine Anhörung entschieden werden.[61]

Die Anhörung ist **keine reine Befragung** des Betroffenen. Er soll vielmehr als aktiv am Verfahren Beteiligter (vgl. § 275 FamFG) ernst genommen werden. Deshalb muss das Gericht ihm den Fortgang des Verfahrens erläutern und ihn auf Alternativen zur Betreuung hinweisen (§ 278 Abs. 2 FamFG). Auf keinen Fall darf das Gericht seiner Entscheidung einen Umstand zugrunde legen, zu dem der Betroffene nicht Stellung nehmen konnte (§ 37 Abs. 2 FamFG).

Die Öffentlichkeit der Anhörung des Betroffenen ist in § 170 GVG geregelt: Die Anhörung ist grundsätzlich nicht öffentlich, doch können auch Nichtbeteiligte zugelassen werden, wenn der Betroffene nicht widerspricht. Der Betroffene kann die Anwesenheit einer Vertrauensperson verlangen. Der Verfahrenspfleger des Betroffenen ist in jedem Falle zuzulassen, ein Verfahrensbevollmächtigter oder Beistand ist zuzulassen, soweit er dies wünscht. Über die Zulassung anderer Beteiligter entscheidet das Gericht nach seinem Ermessen.

b) Begutachtung des Betroffenen

Nach § 280 Abs. 1 FamFG ist das Gutachten eines medizinischen Sachverständigen einzuholen. Ausnahmsweise genügt ein **ärztliches Zeugnis**, wenn

- der Betroffene, der selbst den Antrag auf Betreuerbestellung gestellt hat, auf das Gutachten verzichtet (§ 281 Abs. 1 Nr. 1 FamFG) oder

- nur ein Kontrollbetreuer bestellt werden soll (§ 281 Abs. 1 Nr. 2 FamFG).

---

61 BGH BtPrax 2017, 33.

Der Sachverständige muss den Betroffenen **persönlich untersuchen** bzw. befragen (§ 280 Abs. 2 FamFG). Gutachten „nach Aktenlage" sind also nicht zulässig. Weigert sich der Betroffene, an einer Untersuchung mitzuwirken, so muss sie notfalls durch **zwangsweise Vorführung** oder gar **Unterbringung** erzwungen werden (§§ 283, 284 FamFG).

Der Inhalt des Gutachtens ist in § 280 Abs. 3 FamFG näher festgelegt.

Unter besonderen Voraussetzungen kann das Gutachten durch eines ersetzt werden, das der MDK zum Zwecke der Feststellung der Pflegebedürftigkeit erstattet hat (§ 282 FamFG). Das Verfahren hierfür ist allerdings kompliziert und daher praktisch selten.

c) Weitere Anhörungen

§ 279 FamFG regelt die Anhörung weiterer Personen oder Stellen. Eine *persönliche* Anhörung ist hier nicht vorgeschrieben, ihr Erfordernis kann jedoch aus § 34 Abs. 1 Nr. 1 FamFG folgen. Im Übrigen findet eine Abstufung statt:

- Die **Betreuungsbehörde** ist stets anzuhören und soll zu den in § 279 Abs. 2 Satz 2 FamFG aufgeworfenen Fragen auch tatsächlich Stellung nehmen (§ 8 Abs. 1 BtBG n.F.).[62]

- Vom Betroffenen selbst benannte **Vertrauenspersonen** muss das Gericht anhören, wenn dies ohne erhebliche zeitliche Verzögerung möglich ist (§ 279 Abs. 3 FamFG).

- **Angehörige** braucht das Gericht ansonsten nur anzuhören, wenn es sie zugleich nach § 274 Abs. 4 Nr. 1 FamFG als Beteiligte zum Verfahren hinzuzieht (§ 279 Abs. 1 FamFG). Das aber liegt wiederum im Ermessen des Gerichts. Die Pflicht zur Befragung von Angehörigen kann im Übrigen auch aus der Pflicht zur umfassenden Aufklärung der Sache (§ 26 FamFG) folgen.

- Ist der Betroffene noch minderjährig, muss sein **gesetzlicher Vertreter** angehört werden (§ 279 Abs. 4 FamFG).

d) Bestellung und Anhörung eines Verfahrenspflegers

Nach § 276 Abs. 1 Satz 1 FamFG bestellt das Gericht dem Betroffenen (trotz § 275 FamFG) einen Verfahrenspfleger, wenn dies zur Wahrung seiner Rechte erforderlich ist. Als Regelbeispiel nennt § 276 Abs. 1 Satz 2 FamFG zwei Fälle:

- Es soll ein Betreuer für **alle Angelegenheiten** bestellt werden. Dafür genügt es, wenn die Betreuung alle *wesentlichen* Angelegenheiten umfassen soll.

- Das Gericht sieht von der **persönlichen Anhörung** des Betroffenen wegen gesundheitlicher Gefahren (§§ 34 Abs. 2, 278 Abs. 4 FamFG) ab.

Auch wenn einer dieser Fälle vorliegt, erhält der Betroffene keinen Verfahrenspfleger, wenn er hieran offensichtlich kein Interesse hat (§ 276 Abs. 2 Satz 1 FamFG). Das Gericht muss dies dann aber in der abschließenden Entscheidung besonders begründen (§ 276 Abs. 2 Satz 2 FamFG).

Keinen Verfahrenspfleger erhält, wer **anwaltlich vertreten** ist (§ 276 Abs. 4 FamFG).

---

62 Die §§ 279 Abs. 2 und § 8 BtBG wurden durch das Gesetz zur Stärkung der Funktionen der Betreuungsbehörde vom 28.8.2013 (BGBl. I Seite 3393) mit Wirkung zum 1.7.2014 entsprechend geändert.

2. Eilverfahren

Es leuchtet ein, dass das Verfahren unter diesen Umständen immer einige Zeit in Anspruch nehmen wird. Für Eilfälle lässt das Gesetz eine abgestufte Reaktionsweise zu:

§ 300 Abs. 1 FamFG erlaubt die **vorläufige Betreuerbestellung** durch **einstweilige Anordnung** für die Höchstdauer von sechs Monaten (mit Verlängerungsmöglichkeit auf ein Jahr, nachdem der Sachverständige angehört wurde; vgl. § 302 FamFG).

Materielle Voraussetzung für den Erlass der einstweiligen Anordnung ist, dass dringende Gründe für die Annahme der Betreuungsbedürftigkeit bestehen (§ 300 Abs. 1 Satz 1 Nr. 1 FamFG). Das bedeutet, dass aufgrund einer vorläufigen Prüfung der Sach- und Rechtslage die spätere Bestellung eines Betreuers **überwiegend wahrscheinlich** ist. Außerdem muss ein **Eilbedürfnis** bestehen, d.h., es müssen erhebliche Nachteile für den Fall drohen, dass der Ausgang des Hauptsacheverfahrens abgewartet wird.

Formelle Voraussetzungen sind:

- das Vorliegen eines ärztlichen Zeugnisses (§ 300 Abs. 1 Satz 1 Nr. 2 FamFG), das – entgegen dem Wortlaut der Vorschrift – nicht nur über den „Zustand", sondern vor allem über die Betreuungsgründe Auskunft geben muss; es sollte daher inhaltlich zu denselben Fragen Stellung nehmen wie das nach § 280 FamFG einzuholende Gutachten;[63]

- die Bestellung und Anhörung eines Verfahrenspflegers (§ 300 Abs. 1 Satz 1 Nr. 3 FamFG) und

- die persönliche Anhörung des Betroffenen (§ 300 Abs. 1 Satz 1 Nr. 4 FamFG) mit den in § 34 Abs. 2 FamFG geregelten Ausnahmen. Nicht vorgeschrieben ist hier allerdings, dass das Gericht sich von dem Betroffenen einen unmittelbaren Eindruck verschafft.

Ist **Gefahr im Verzug**, das heißt, droht ein erheblicher Schaden für den Fall, dass nicht *sofort* gehandelt wird, so kann die einstweilige Anordnung nach § 301 Abs. 1 FamFG noch *vor* Anhörung des Betroffenen und Bestellung eines Verfahrenspflegers ergehen. Diese Handlungen müssen dann aber unverzüglich nachgeholt werden, sonst wird die Bestellung rechtswidrig. Bei einer solchen **beschleunigten einstweiligen Anordnung** braucht das Gericht außerdem die Bestimmungen des § 1897 Abs. 4 und 5 BGB für die Auswahl des Betreuers nicht zu beachten (§ 301 Abs. 2 FamFG). Hierfür fehlt eine Nachholpflicht. Im Hauptsacheverfahren sind § 1897 Abs. 4 und 5 BGB aber dann wieder zu beachten.

Würde selbst die Bestellung eines Betreuers durch beschleunigte einstweilige Anordnung zu lange dauern (beispielsweise weil ein ins Koma gefallener Patient unbedingt noch am selben Tag operiert werden muss), kann das Betreuungsgericht als **Notbetreuer** nach §§ 1908i Abs. 1 Satz 1, 1846 BGB vorläufige Entscheidungen anstelle des noch nicht bestellten Betreuers treffen.[64]

---

63 Jürgens/*Kretz* § 300 FamFG Rn. 7.

64 Besondere Verfahrensvorschriften braucht es dann nicht zu beachten. Soweit es das Eilbedürfnis überhaupt zulässt, muss es nur – in welcher Form auch immer – rechtliches Gehör gewähren (Art. 103 Abs. 1 GG). Nur wenn die vom Betreuungsgericht getroffene Maßnahme eine Zwangsmaßnahme i.S.v. §§ 1906, 1906a BGB ist, gelten nach § 334 FamFG für die Entscheidung die Vorschriften über einstweilige Anordnungen in Unterbringungssachen (vgl. dazu unten Seite 105 ff.).

Für Eilentscheidungen ist immer auch das Gericht **örtlich zuständig**, in dessen Bezirk das Eilbedürfnis hervortritt (§ 272 Abs. 2 FamFG).

IX. Verfahren bei der Betreuungsbehörde

Die Betreuungsbehörde ist in vielfacher Weise in das Bestellungsverfahren eingebunden:

Sie hat die allgemeine Pflicht, für die Übernahme von Betreuungen geeignete Personen zu gewinnen (§ 8 Abs. 1 Nr. 3 BtBG) und für ein ausreichendes Angebot zur Einführung der Betreuer in ihre Aufgaben und zur Fortbildung zu sorgen (§ 5 BtBG).

Nach § 4 Abs. 2 BtBG muss die Behörde den von einer Betreuung potentiell Betroffenen beraten und betreuungsvermeidende Hilfen vermitteln. Hinzu kommen allgemeine Aufklärungspflichten (§ 4 Abs. 1 BtBG) und die Pflicht zur Unterstützung von Betreuern und Bevollmächtigten bei ihrer Tätigkeit (§ 4 Abs. 3 BtBG). Diese so genannten **Querschnittsaufgaben** sind ein wichtiges Tätigkeitsfeld für Sozialarbeiter und schon im Vorfeld der konkreten Betreuerbestellung zu erbringen. Ein Teil davon soll nach § 1908f BGB auch von Betreuungsvereinen geleistet werden.

Die Betreuungsbehörde unterstützt das Gericht bei der **Sachaufklärung** (§ 8 Abs. 1 Nr. 1 und 2 BtBG). Zu den in § 279 Abs. 2 Satz 2 FamFG genannten Punkten soll sie stets Stellung nehmen. Das Gericht kann ihr aber auch weitergehende Ermittlungsaufträge erteilen. Bevor eine Person zum ersten Mal als Berufsbetreuer bestellt wird, soll die Betreuungsbehörde zu den Voraussetzungen des § 1 Abs. 1 VBVG und zum Vergütungssatz nach § 4 Abs. 1 VBVG Stellung nehmen (§ 1897 Abs. 7 BGB).

Die Betreuungsbehörde hat die Pflicht, dem Gericht auf dessen Anforderung hin eine für den konkreten Fall geeignete Person **vorzuschlagen** (§ 8 Abs. 2 BtBG). Das Gericht ist an diesen Vorschlag zwar nicht gebunden.[65] Meistens wird er tatsächlich aber übernommen. Für die Entscheidungsvorschläge der Behörde gelten eigentlich die gleichen Kriterien wie für die Auswahlentscheidung des Gerichts, denn die Behörde soll diese nur vorbereiten. Zusätzliche Kriterien (Hilfskriterien) muss sie freilich finden, wenn es darum geht, unter einem Überangebot von gleich gut geeigneten Betreuern den Vorzuschlagenden auszuwählen. Erst hier können z.B. auch Fragen der Einkommenssicherung für die ortsansässigen Berufsbetreuer eine Rolle spielen.

Die Betreuungsbehörde muss schließlich auf ihren Antrag als Beteiligte zum Verfahren hinzugezogen werden (§ 274 Abs. 3 FamFG).

---

65 OLG Hamm BtPrax 2006, 187.

C. Ende der Betreuung

Die **Betreuung endet** als solche mit dem Tod des Betreuten oder wenn sie aufgehoben wird (§ 1908d BGB).

Nur das **Amt des Betreuers** endet mit dessen Tod oder Entlassung (§ 1908b BGB). Die Betreuung als solche bleibt dann bestehen. Es muss ein neuer Betreuer bestellt werden (§ 1908c BGB). In der Zwischenzeit muss das Betreuungsgericht dringende Angelegenheiten nach §§ 1908i Abs. 1 Satz 1, 1846 BGB selbst regeln. Ggf. kann es auch einen neuen Betreuer vorläufig durch einstweilige Anordnung bestellen (§ 300 Abs. 1 FamFG).

Für die Neubestellung eines Betreuers bei weiterbestehender Betreuung gelten die in § 296 Abs. 2 FamFG aufgezählten **Verfahrensvorschriften**. Der Betroffene muss nur persönlich angehört werden, wenn er sich nicht schon schriftlich mit dem Betreuerwechsel einverstanden erklärt hat. Ein Sachverständigengutachten ist nicht erforderlich. Weil § 278 FamFG dafür nicht gilt, kann ferner das Regelbeispiel des § 276 Abs. 1 Satz 2 Nr. 1 FamFG nicht eingreifen. Für die Neubestellung nach Entlassung eines Betreuers ist der **Rechtspfleger** zuständig,[66] soweit er es auch für die Entlassung ist. Das ist wiederum vom Entlassungsgrund abhängig. Für Entlassungen nach § 1908b Abs. 3 und 4 BGB ist der Rechtspfleger zuständig, für Entlassungen nach § 1908b Abs. 1, 2 und 5 BGB der Richter. Für den Fall des §§ 1908i Abs. 1 Satz 1, 1888 BGB ist es umstritten.[67]

Aus der Verweisungskette von § 1908i Abs. 1 Satz 1 BGB über § 1893 Abs. 1 BGB auf § 1698a BGB folgt, dass der Betreuer sein Amt auch nach Aufhebung oder Entlassung noch so lange **wirksam weiterführen** kann, wie er hiervon nichts weiß und auch noch nichts wissen muss. „Wissenmüssen" bedeutet nach der Legaldefinition des § 122 Abs. 2 BGB fahrlässige Unkenntnis.

I. Überprüfung und Aufhebung der Betreuung

1. Aufhebungsgründe

Nach § 1908d Abs. 1 Satz 1 BGB ist die Betreuung von Amts wegen zu beenden, wenn ihre Voraussetzungen wegfallen, d.h., wenn die Voraussetzungen des § 1896 Abs. 1 bis 2 BGB nicht mehr vorliegen. Es genügt, wenn inzwischen eine einzige Voraussetzung weggefallen ist und sei es auch nur diejenige des § 1896 Abs. 1a BGB. Verlangt der Betreute die Aufhebung der Betreuung, so folgt daraus, dass er mit ihr nicht (mehr) einverstanden ist, so dass das Gericht zumindest überprüfen muss, ob er insoweit zu einer freien Willensbestimmung fähig ist.[68]

Ist die Betreuung **auf Antrag** des Betreuten angeordnet worden, so muss sie nach § 1908d Abs. 2 BGB auch auf seinen Antrag hin wieder aufgehoben werden, es sei denn, es lägen zugleich die Voraussetzungen für eine Anordnung der Betreuung von Amts wegen vor.

---

66 In Bayern gilt das auch für die Neubestellung nach Tod des Betreuers – § 1 Nr. 2 VO v. 15.3.2006.
67 Dazu im Einzelnen *Fröschle*, Betreuungsrecht 2005, Rn. 914 ff.
68 FamRZ 2015, 2160, 2161.

Wenn der Betreute mit seinem freien Willen zwar der Fortführung der Betreuung zustimmt, zugleich aber verlangt, dass die Betreuung von einer dafür ungeeigneten Person weitergeführt wird, ist die Betreuung aufzuheben, denn ihre Fortführung würde entweder gegen § 1897 Abs. 1 BGB oder gegen § 1896 Abs. 1a BGB verstoßen.[69]

2. Überprüfungsverfahren

Das Gericht ist zur Überprüfung der Betreuung jederzeit verpflichtet, wenn der Betroffene einen Antrag nach § 1908d Abs. 2 BGB stellt. Es kann ansonsten jederzeit auf Anregung von jedermann ein Überprüfungsverfahren einleiten. Der Betreuer ist nach § 1901 Abs. 5 Satz 1 BGB dazu verpflichtet, dies anzuregen, wenn er Anhaltspunkte dafür hat, dass die Betreuung aufgehoben werden kann. Es findet dann eine **Anlassüberprüfung** der Betreuung statt.

Auch ohne Anlass ist das Gericht zur **Regelüberprüfung** der Betreuung verpflichtet, wenn der Zeitpunkt naht, den das Gericht mit der Betreuerbestellung für diese Überprüfung bestimmt hat. Zur Bestimmung eines solchen Zeitpunkts ist das Gericht nach § 286 Abs. 3 FamFG verpflichtet. Er darf höchstens sieben Jahre nach dem Erlass der Entscheidung liegen (§§ 294 Abs. 3, 295 Abs. 2 FamFG). Das ist der Tag, an dem das Gericht den Beschluss über die Betreuerbestellung entweder verkündet oder zur Bekanntgabe in den Geschäftsgang gegeben hat.[70] Hat das Gericht versehentlich keinen Überprüfungszeitpunkt bestimmt, so ist die Regelüberprüfung in jedem Fall innerhalb der Siebenjahresfrist durchzuführen.

Eine Rechtsfolge ist mit dem Verstreichen des Überprüfungszeitpunkts im Übrigen nicht verknüpft. Die Betreuung dauert, wenn sie nicht aufgehoben wird, auch darüber hinaus an.

a) Anlassüberprüfung

Für die **von Amts wegen** eingeleitete Anlassüberprüfung erhält der Betroffene unter den Voraussetzungen des § 276 Abs. 1 FamFG einen Verfahrenspfleger. Sonst gibt es keine besonderen Verfahrensvorschriften. Insbesondere ist weder die persönliche Anhörung des Betroffenen noch die Einholung eines Gutachtens vorgeschrieben. Das Gericht hat nur den Sachverhalt von Amts wegen aufzuklären (§ 26 FamFG) und den Beteiligten rechtliches Gehör zu gewähren (Art. 103 Abs. 1 GG, § 37 Abs. 2 FamFG). Nur wenn das Gericht die Betreuung tatsächlich aufheben will, muss es nach § 294 Abs. 1 FamFG die in § 279 FamFG vorgesehenen Anhörungen durchführen. Die Betreuungsbehörde muss es aber auch nach dem 1.7.2014[71] nur anhören, wenn es der Sachaufklärung dient oder der Betroffene es verlangt.

Hat der Betroffene die Aufhebung der Betreuung nach § 1908d Abs. 2 BGB **beantragt** und ist vorher (wegen der Ausnahme in § 281 Abs. 1 Nr. 1 FamFG) kein Sachverständigen-

---

69 BGH FamRZ 2017, 1157
70 Bassenge/Roth/*Gottwald* § 38 FamFG Rn. 10 f.
71 Datum des Inkrafttretens des Gesetzes zur Stärkung der Funktionen der Betreuungsbehörde vom 28.8.2013 (BGBl. I Seite 3393).

gutachten eingeholt worden, so ist es jetzt einzuholen, falls das Gericht den Antrag ablehnen, also die Betreuung von Amts wegen aufrechterhalten will (§ 294 Abs. 2 FamFG).

b) Regelüberprüfung

Bei der Regelüberprüfung folgt das Verfahren dagegen den Vorschriften über die erstmalige Bestellung eines Betreuers (§ 295 Abs. 1 Satz 1 FamFG). Nur das Sachverständigengutachten kann ausnahmsweise durch ein ärztliches Attest ersetzt werden, wenn durch dieses Attest und die persönliche Anhörung für das Gericht offensichtlich ist, dass sich der Umfang der Betreuungsbedürftigkeit nicht verändert hat (§ 295 Abs. 1 Satz 2 FamFG). Die Betreuungsbehörde muss nur angehört werden, wenn es der Sachaufklärung dient oder der Betroffene es verlangt.

Wörtlich betrifft die Verweisung in § 295 Abs. 1 Satz 1 FamFG nur die Verfahrensvorschriften. Indirekt folgt daraus aber, dass es sich bei der Entscheidung über Verlängerung oder Aufhebung um eine neue Erstentscheidung handelt, so dass darauf auch die materiellen Vorschriften über die Betreuerbestellung gelten.[72] Das betrifft vor allem auch die **Betreuerauswahl**, über die anhand von §§ 1897 bis 1900 BGB neu zu entscheiden ist. Ist danach nunmehr ein anderer Betreuer auszuwählen, ist die Entlassung des bisherigen die zwingende Folge hiervon. Das ist vor allem von Bedeutung, wenn der Betreute einen Betreuerwechsel **vorschlägt**. Bei laufender Betreuung liegt es im Ermessen des Gerichts, dem zu folgen (§ 1908b Abs. 3 BGB). Im Rahmen der Regelüberprüfung gilt § 1897 Abs. 4 BGB.[73] Das Gericht muss dem Vorschlag folgen, wenn dies dem Wohl des Betreuten nicht zuwiderläuft.[74]

II. Entlassung des Betreuers

Die Entlassung des Betreuers kommt aus folgenden Gründen in Frage:

1. Wichtiger Grund

Nach § 1908b Abs. 1 Satz 1 BGB muss der Betreuer von Amts wegen entlassen werden, wenn ein wichtiger Grund hierfür besteht. Das Gesetz nennt hierfür drei Fälle beispielhaft, nämlich die fehlende Eignung des Betreuers zur Weiterführung der Betreuung, den Versuch einer vorsätzlichen Täuschung bei der Vergütungsabrechnung und den Fall, dass der Betreuer zum Betreuten keinen ausreichenden persönlichen Kontakt gehalten hat (§ 1908b Abs. 1 Satz 2 BGB). Damit das Gericht letzteres überprüfen kann, muss der Betreuer über die persönlichen Kontakte einmal jährlich berichten (§§ 1908i Abs. 1 Satz 1, 1840 Abs. 1 Satz 2 BGB).

Für die Entlassung wegen fehlender Eignung genügt es schon, wenn sich aus der bisherigen Tätigkeit des Betreuers **konkrete Zweifel an seiner Eignung** ergeben.[75] Das kann z.B. der Fall sein, wenn der Betreuer seine Pflicht zur persönlichen Betreuung oder andere wichtige Pflichten vernachlässigt hat, längerfristig erkrankt oder weggezogen ist oder das

---

72 Jurgeleit/*Kieß* § 1908b BGB Rn. 6.
73 BGH NJW 2010, 3777.
74 OLG Hamm FGPrax 2000, 196.
75 OLG München BtPrax 2007, 77.

Vermögen des Betreuten dadurch gefährdet erscheint, dass der Betreuer wegen eines Vermögensdelikts verurteilt worden oder ein Insolvenzverfahren über sein Vermögen eröffnet worden ist.[76] Die Ungeeignetheit eines Betreuers kann auch daraus folgen, dass er den Betreuten jahrelang tatenlos der Verwahrlosung überlassen hat ohne den Versuch zu unternehmen, den Betroffenen zu deren Beendigung zu bewegen.[77]

Als sonstiger wichtiger Grund ist von der Rechtsprechung schon alles Mögliche anerkannt worden. Der Grund kann, muss aber nicht in der Person des Betreuers liegen. In Frage kommt z.B. auch der Umstand, dass inzwischen ein wesentlich besser geeigneter Betreuer zur Verfügung steht.[78]

Soll der Betreuer nach § 1908b Abs. 1 Satz 1 BGB **gegen seinen Willen** entlassen werden, ist dies im Übrigen nur zulässig, wenn eine sachgerechte Betreuung nicht auch durch Aufsichtsmaßnahmen nach §§ 1908i Abs. 1 Satz 1, 1837 Abs. 2 BGB sichergestellt werden kann.[79]

2. Unzumutbarkeit der Betreuung

Der Betreuer muss auf seinen **eigenen Antrag** hin entlassen werden, wenn die Weiterführung der Betreuung für ihn unzumutbar geworden ist (§ 1908b Abs. 2 BGB). Das kann aus veränderten persönlichen Umständen folgen (Umzug, Familienzuwachs, Krankheit, Alter). Unzumutbar kann die Betreuung auch aufgrund eines allzu gespannten Verhältnisses zum Betreuten werden. Für den selbständigen Berufsbetreuer ist die Weiterführung der Betreuung außerdem unzumutbar, wenn er seine selbständige Tätigkeit einstellt.

Ohne einen solchen Grund kann der Betreuer seine eigene Entlassung nicht erzwingen, wohl auch nicht, indem er einen geeigneten Ersatz vorschlägt. Aber zumindest, wenn er dies tut, wird kaum ein Betreuungsgericht sich weigern, die Entlassung auszusprechen.

3. Vorrang eines anderen Betreuers

Das Gericht muss den Verein und die Behörde von Amts wegen entlassen, sobald eine oder mehrere **natürliche Personen** für die Übernahme der Betreuung zur Verfügung stehen (§ 1908b Abs. 5 BGB). Verein und Behörde müssen dem Gericht mitteilen, wenn dies der Fall ist (§ 1900 Abs. 3, Abs. 4 Satz 2 BGB).

Das Gericht soll den Berufsbetreuer von Amts wegen entlassen, wenn die Betreuung **ehrenamtlich** weitergeführt werden kann (§ 1908b Abs. 1 Satz 3 BGB). Auch hier existiert eine korrespondierende Mitteilungspflicht des Betreuers (§ 1897 Abs. 6 Satz 2 BGB). Das „soll" eröffnet hier einen **Ermessensspielraum**. Das Gericht kann ausnahmsweise von der Entlassung des Berufsbetreuers absehen, wenn im Einzelfall besondere Gründe für ihre Aufrechterhaltung bestehen, z.B. ein besonderes Vertrauensverhältnis, es sei denn, es kann auch zu einem ehrenamtlichen Betreuer erneut aufgebaut werden.[80]

---

76 Hierzu und zu vielen weiteren Beispielen aus der Rechtsprechung: BtKomm/*Dodegge* B Rn. 87.
77 LG Darmstadt BtPrax 2014, 47, 49.
78 Jürgens/*Jürgens* § 1908b BGB Rn. 3.
79 BayObLG FamRZ 1997, 239.
80 BGH FamRZ 2018, 1772; LG Saarbrücken BtPrax 2000, 266.

Der Betreuer kann auf Antrag des Betreuten hin entlassen werden, wenn dieser eine andere **geeignete Person vorschlägt**, die zur Übernahme bereit ist (§ 1908b Abs. 3 BGB). Im Unterschied zur Situation bei der Betreuerbestellung ist es hier in das **pflichtgemäße Ermessen** des Gerichts gestellt, ob es einem solchen Vorschlag folgen will oder nicht. Einer der in § 1897 Abs. 4 BGB genannten Gründe für seine Übergehung braucht nicht zu bestehen.

4. Antrag des Vereins oder der Behörde

Der Vereinsbetreuer muss außerdem auf Antrag des Vereins, der Behördenbetreuer auf Antrag der Behörde entlassen werden (§ 1908b Abs. 4 Satz 1, 3 BGB).

Erst recht sind Vereins- und Behördenbetreuer zu entlassen, wenn ihr Anstellungsverhältnis beendet ist, der Vereinsbetreuer außerdem, wenn der Verein aufgelöst wird oder die staatliche Anerkennung verliert, der Behördenbetreuer, wenn die Behörde, bei der er beschäftigt ist, für den Fall örtlich nicht mehr zuständig ist. Auch wenn ein Vereinsbetreuer versehentlich bestellt wurde, obwohl der Verein nie als Betreuungsverein anerkannt wurde, muss er entlassen werden.[81] Ähnliches gilt, wenn dem Verein nach einem Aufenthaltswechsel des Betreuten für das Bundesland, in dem sich Betreuungsgericht und Betreuer nunmehr aufhalten, die Anerkennung fehlt.[82]

Die Entlassung muss nur in dieser Eigenschaft erfolgen. Das Gericht kann nach § 1908b Abs. 4 Satz 2 BGB statt der Entlassung aussprechen, dass der Betreuer die Betreuung nunmehr als Privatperson (ggf. auch als selbständiger Berufsbetreuer) fortführt ("Umwandlungsbeschluss"). Das setzt die Einwilligung des Betreuers voraus.

5. Verlust der Nebentätigkeitsgenehmigung

Schließlich muss ein Beamter oder Religionsdiener aus der Betreuung entlassen werden, wenn die beamten- oder kirchenrechtlich notwendige Nebentätigkeitsgenehmigung versagt oder widerrufen wird (§§ 1908i Abs. 1 Satz 1, 1888 BGB).

III. Pflichten des Betreuers nach Beendigung seines Amtes

Endet das Amt des Betreuers, treffen ihn folgende Abwicklungspflichten:

Er muss nach §§ 1908i Abs. 1 Satz 1, 1890 BGB **Schlussrechnung** legen und diese dem Betreuungsgericht (ggf. zuerst dem Gegenbetreuer) zur Prüfung vorlegen (§§ 1908i Abs. 1 Satz 1, 1891, 1892 BGB). Von der Schlussrechnung sind auch diejenigen Betreuer nicht befreit, die von der jährlichen Rechnungslegung nach §§ 1908i Abs. 2 Satz 1, 1854 BGB befreit sind. Nach Aufhebung der Betreuung kann jedoch der Betreute selbst, nach seinem Tod können die Erben auf die Schlussrechnung **verzichten**. Nur bei einem Betreuerwechsel ist das nicht möglich.

Das von ihm verwaltete Vermögen hat er dem Betreuten (bzw. dessen Erben oder neuem Betreuer) **herauszugeben** (§§ 1908i Abs. 1 Satz 1, 1890 Satz 1 BGB). Dazu gehören auch

---

81 Zu einem solchen Fall: KG RPfleger 2006, 398.
82 AG Mannheim BtPrax 2015, 166.

alle für den Betreuten verwahrten Urkunden. Der Betreute kann die Vorlage eines Bestandsverzeichnisses der herauszugebenden Gegenstände verlangen (§ 260 BGB). Die Bestellungsurkunde (§ 290 FamFG) muss der Betreuer dem Gericht **zurückgeben** (§§ 1908i Abs. 1 Satz 1, 1893 Abs. 2 Satz 1 BGB).

Endet die Betreuung durch den Tod des Betreuten, muss der Betreuer nach §§ 1908i Abs. 1 Satz 1, 1893 Abs. 1, 1698b Abs. 1 BGB alle **unaufschiebbaren Geschäfte** weiterführen, bis der Erbe in der Lage ist, die Verwaltung zu übernehmen.

Zu den unaufschiebbaren Geschäften, die der Betreuer für den Erben vornehmen darf und muss, gehört die **Bestattung** des Betreuten *nicht*. Wer für die Bestattung eines Verstorbenen zuständig ist, richtet sich nach den gewohnheitsrechtlichen Regeln über die Totenfürsorge. Wer sie vornehmen muss, wenn der Totenfürsorgeberechtigte nicht tätig wird, bestimmen abschließend die Bestattungsgesetze der Länder.[83] Der Betreuer des Verstorbenen gehört in keinem Bundesland dazu.

---

83 Zu den Einzelheiten: HK-BUR/*Deinert* § 1698b BGB Rn. 30 ff.

D. Führung der Betreuung

I. Gesetzliche Vertretung und Geschäftsfähigkeit des Betreuten

1. Gesetzliche Vertretung

Innerhalb des ihm übertragenen Aufgabenkreises ist der Betreuer nach § 1902 BGB gesetzlicher Vertreter des Betreuten. Das bedeutet: Wenn der Betreuer Rechtsgeschäfte im Namen des Betreuten vornimmt, entfalten diese nach § 164 Abs. 1 BGB unmittelbare Wirkung für und gegen den Betreuten. Einseitige Willenserklärungen, die dem Betreuten gegenüber abzugeben sind (z.B. eine Kündigung), werden wirksam, wenn sie dem Betreuer zugehen (§§ 130 Abs. 1 Satz 1, 164 Abs. 3 BGB).

Handlungen, die nicht in den Aufgabenkreis des Betreuers fallen, kann dieser dagegen nicht wirksam für den Betreuten vornehmen. Nimmt er sie dennoch in dessen Namen vor, so trifft ihn die Haftung eines **Vertreters ohne Vertretungsmacht** nach § 179 BGB, es sei denn, der geschäftsfähige Betreute oder die wirklich zuständige Person genehmigt das Handeln nachträglich (§ 177 BGB).

Für den Betreuer ist es wichtig, dass er seine Vertretungsbefugnis auch beweisen kann. Deshalb erhält er nach § 290 FamFG eine besondere **Bestellungsurkunde** vom Gericht, die er zu diesem Zweck überall vorlegen kann.

2. Geschäftsunfähigkeit

Eines der Hauptanliegen des Betreuungsrechts war es, den mit der alten Entmündigung verbundenen Verlust der Fähigkeit des davon Betroffenen, selbst noch wirksam zu handeln, zu verhindern. Deshalb hat die Anordnung der Betreuung – trotz § 1902 BGB – keinen Einfluss auf die Geschäftsfähigkeit des Betroffenen.

Geschäftsunfähig ist ein Volljähriger vielmehr nur, wenn er sich dauernd in einem die freie Willensbestimmung ausschließenden Zustand krankhafter Störung der Geistestätigkeit befindet (sog. „natürliche" Geschäftsunfähigkeit des § 104 Nr. 2 BGB).

Krankhafte Störung der Geistestätigkeit kann alles sein, was nach § 1896 Abs. 1 Satz 1 BGB als psychische Krankheit oder seelische oder geistige Behinderung einzustufen wäre – es handelt sich lediglich um eine ältere Formulierung –, jedoch muss dies zu einer über die dortigen Voraussetzungen deutlich hinausgehenden **Einschränkung der Eigenkompetenz** führen. Der Betreffende darf überhaupt nicht mehr in der Lage sein, seine Entscheidung von vernünftigen Überlegungen abhängig zu machen.[84] Ob er sie *tatsächlich* auf vernünftige Überlegungen (oder überhaupt auf irgendwelche) gestützt hat, ist allerdings nicht von Bedeutung.

Der Zustand muss seiner Natur nach ein nicht nur vorübergehender sein, d.h. zumindest über **einige Monate hinweg** anhalten. Einen Grenzfall bilden hier phasenartig verlaufende Psychosen, bei denen die freie Willensbestimmung oft nur während einer Akutphase

---

84 BGH NJW 1953, 1342.

ausgeschlossen sein wird. Hier kommt es darauf an, mit welcher Phasenlänge nach dem bisherigen Krankheitsverlauf zu rechnen ist.

Partielle Geschäftsunfähigkeit liegt vor, wenn nur bestimmte Bereiche des Denkens von der Erkrankung betroffen sind (vertikal beschränkte Geschäftsfähigkeit). Das kann vor allem bei Wahnkrankheiten er Fall sein, wenn der Wahn nur einige Bereiche des Denkens beeinflusst. Dagegen gibt es keine partielle Geschäftsunfähigkeit nur für „schwierige" Angelegenheiten (horizontal beschränkte Geschäftsfähigkeit). Das widerspräche dem gesetzlichen Leitbild des mündigen Bürgers, von dem erwartet wird, dass er sich entsprechenden Rat einholt, wenn er einen komplizierten Sachverhalt nicht selbst durchschauen kann.

Im Übrigen werden Menschen, deren freier Wille nur **eingeschränkt**, aber nicht ausgeschlossen ist, vor Übervorteilung auch durch § 138 Abs. 1 und 2 BGB geschützt.[85]

Zur Geschäftsunfähigkeit können insbesondere schwerwiegende Störungen des kurz- und mittelfristigen Gedächtnisses und Intelligenzminderungen größeren Ausmaßes führen. Das Ausmaß muss jedenfalls so sein, dass der Betroffene durchschnittlich schwierige geschäftliche Entscheidungen (Kauf einer Waschmaschine) nicht von vernünftigen Erwägungen abhängig machen kann.

Geschäftsunfähigkeit **bewirkt:**

- Einseitige Willenserklärungen des Geschäftsunfähigen sind ebenso **nichtig** wie von ihm abgeschlossene Verträge (§ 105 Abs. 1 BGB). Eine Ausnahme gilt für beiderseits erfüllte geringfügige Geschäfte des täglichen Lebens (§ 105a Satz 1 BGB). Die Wertgrenze hierfür liegt bei etwa € 50 bis € 100. Auch solche Geschäfte sind aber nichtig, wenn sie dem Wohl des Betreuten zuwiderlaufen (§ 105a Satz 2 BGB).

- Willenserklärungen, die dem Geschäftsunfähigen gegenüber abzugeben sind, werden erst wirksam, wenn sie **seinem gesetzlichen Vertreter zugehen** (§ 131 Abs. 1 BGB). Solange er keinen gesetzlichen Vertreter hat, können sie also vorläufig auch nicht wirksam werden.

- Dem Geschäftsunfähigen fehlt die für die Erfüllung einer Forderung notwendige Empfangszuständigkeit. Nimmt er eine Zahlung entgegen, erlischt sein Anspruch darauf nicht. Der Zahlende kann lediglich die Rückabwicklung als ungerechtfertigte Bereicherung verlangen – und auch das nur, solange der Geschäftsunfähige das Geld noch hat.

Nimmt jemand, der wegen einer **vorübergehenden Störung** der Geistestätigkeit (z.B. im schweren Rausch oder während einer kurzen akuten Phase der bipolaren Psychose) keinen freien Willen bilden kann, ein Rechtsgeschäft vor, ist es ebenfalls nichtig (§ 105 Abs. 2 BGB). Ihm fehlt aber weder die Empfangszuständigkeit für Leistungen noch greift hier § 131 Abs. 1 BGB.

---

85 Instruktiv: BGH JZ 2001, 1135 ff., wonach aus einem besonders krassen Missverhältnis zwischen Leistung und Gegenleistung der Schluss zulässig ist, dass dies auf eine – nachgewiesene – Geistesschwäche des Übervorteilten zurückgeht und dass der andere Vertragsteil dies zumindest fahrlässig verkannt hat; daraus folgt dann Nichtigkeit des Vertrags als wucherähnliches Geschäft aus § 138 Abs. 1 BGB, auch ohne dass die Voraussetzungen des Wuchers (§ 138 Abs. 2 BGB) vorliegen.

3. Teilnahme am Rechtsverkehr

Die Bestellung eines Betreuers hat folgende gesetzliche Auswirkungen auf die Teilnahme des Betreuten am Rechtsverkehr:

Ist der Betreute **geschäftsunfähig** i.S.v. § 104 Nr. 2 BGB, so sind alle die Grenze des § 105a BGB sprengenden und von ihm selbst vorgenommenen Rechtsgeschäfte nach § 105 Abs. 1 BGB nichtig. Während er vorher *überhaupt nicht* wirksam am Rechtsverkehr teilnehmen konnte, kann er das nun *durch* seinen Betreuer tun.

Ist er dagegen **geschäftsfähig**, bleibt es dabei. Er kann am privaten Rechtsverkehr in vollem Umfang teilnehmen. Dennoch sind auch die (innerhalb des zugewiesenen Aufgabenkreises) vom Betreuer vorgenommenen Rechtsgeschäfte voll wirksam. Die so entstehende Gefahr einander widersprechender Erklärungen nimmt das Gesetz prinzipiell hin.

Im **Verwaltungs- und Gerichtsverfahren** wären einander widersprechende Verfahrenshandlungen dagegen zu unpraktisch. Daher wird dort die Handlungsunfähigkeit des Betreuten fingiert, wenn er in dem Verfahren vom Betreuer vertreten wird (§ 53 ZPO, auf den die anderen Verfahrensgesetze verweisen, so z.B. § 11 Abs. 3 SGB X für die Sozialverwaltung und auch § 9 Abs. 5 FamFG für andere Beteiligte des Betreuungsverfahrens als den Betroffenen selbst). Das bedeutet auch, dass beispielsweise ein Verwaltungsakt dem Betreuer gegenüber, und eben *nicht* dem Betreuten, bekannt zu geben ist.[86]

Rein **faktisch** wird die Teilnahme des Betreuten am Rechtsverkehr oft auch dadurch eingeschränkt, dass die Einrichtung der Betreuung zu **Zweifeln an seiner Geschäftsfähigkeit** führt, die die Akzeptanz seiner Rechtshandlungen einschränken. Eine Bank, die dem Betreuten € 50.000 auszahlen soll, wird sich beim Betreuer rückversichern, da sie ja nicht weiß, ob der Betreute geschäftsfähig ist und sie das Geld wieder gutschreiben muss, wenn er es nicht ist.

Soweit der Betreute eine Position innehat, die **besondere Zuverlässigkeit** erfordert, kann die Betreuerbestellung dazu führen, dass er sie verliert, so z.B. die Rechtsstellung des Vormunds oder Pflegers für ein Kind (§§ 1886 Alt. 2, 1781 Nr. 2 BGB) oder das Recht zum Waffenbesitz.[87]

II. Einwilligungsvorbehalt

Zuweilen besteht die Gefahr, dass ein Betreuter sich gerade durch die Teilnahme am Rechtsverkehr selbst Schaden zufügt. Deshalb kann das Betreuungsgericht nach § 1903 Abs. 3 Satz 1 BGB anordnen, dass der Betreute zur Abgabe von Willenserklärungen, die den Aufgabenkreis des Betreuers betreffen, dessen Einwilligung bedarf.

1. Voraussetzungen

Ein Einwilligungsvorbehalt darf nur angeordnet werden, wenn er erforderlich ist, um eine **erhebliche Gefahr** für die Person oder das Vermögen des Betreuten abzuwenden. Anders als die Betreuung darf der Einwilligungsvorbehalt also nicht im Interesse Dritter angeordnet

---

86 LSG Berlin- Brandenburg BtPrax 2015, 30.
87 VG Trier BtPrax 2013, 212.

werden, genauso wenig wie er als Disziplinierungsinstrument bei bloßen Meinungsverschiedenheuten zwischen Betreuer und Betreutem missbraucht werden darf.[88]

Gefahren für das **Vermögen** können zum Beispiel bestehen, wenn zu erwarten ist, dass der Betroffene seine Schulden vermehrt und dadurch eine eingeleitete Sanierung bedroht oder sinnlose Kaufverträge in einem Umfang abschließt, in dem er sie nicht aus seinem laufenden Einkommen erfüllen kann.

Eine Gefahr für die **Person** kann z.B. bestehen, wenn zu befürchten ist, dass der Betreute unüberlegt ein Vaterschaftsanerkenntnis abgibt oder Kündigungen – etwa des Heimvertrags oder der Wohnung – entgegennimmt, ohne den Betreuer zu informieren oder selbst etwas zu unternehmen.

Die Gefahr erfordert jedoch mehr als die bloß fernliegende Möglichkeit solcher Ereignisse. Es muss eine begründete Wahrscheinlichkeit dafür bestehen, dass der Schaden eintritt.[89] Je schwerwiegender und irreparabler der drohende Schaden ist, umso geringere Anforderungen werden allerdings an den Grad dieser Wahrscheinlichkeit gestellt werden dürfen.

Ist der Betreute **geschäftsunfähig**, so scheint auf den ersten Blick keine Gefahr von Rechtsgeschäften auszugehen, die er vornimmt, denn sie sind ja nach § 105 Abs. 1 BGB nichtig. Dennoch ist gerade dann ein Einwilligungsvorbehalt oft sehr sinnvoll, denn auch solche Geschäfte bergen eine Gefahr, nämlich die, dass der Betreuer die Geschäftsunfähigkeit in einem Prozess nicht beweisen kann.[90] Besteht zusätzlich ein Einwilligungsvorbehalt, genügt es dagegen, sich auf diesen zu berufen, um ein solches Geschäft rückgängig machen zu können. Der Einwilligungsvorbehalt ist ohne Schwierigkeiten zu beweisen, zumal er in der Bestellungsurkunde vermerkt wird (§ 290 Nr. 4 FamFG).

2. Gegenstand

Ein Einwilligungsvorbehalt kann nur für **Willenserklärungen** angeordnet werden. Rechtsgeschäftsähnliche Handlungen und tatsächliche Handlungen aller Art sind einem Einwilligungsvorbehalt nicht zugänglich.

Für die **Einwilligung in eine medizinische Behandlung** ist der Einwilligungsvorbehalt ohne Bedeutung. Denn sie setzt Geschäftsfähigkeit gerade nicht voraus, sondern lediglich die Einwilligungsfähigkeit des Patienten (vgl. dazu im Einzelnen unten Seite 88). Der mit dem Arzt abzuschließende (zivilrechtliche) Behandlungsvertrag kann dagegen einem Einwilligungsvorbehalt unterliegen. Der Arzt, der den Betreuten nur mit dessen Einwilligung behandelt, würde sich dann zwar nicht strafbar machen, könnte aber u.U. kein Honorar fordern (falls ihm insofern nicht die §§ 677, 683, 670 BGB weiterhelfen).

---

88 BGH FamRZ 2017, 2088, 2089.
89 OLG Zweibrücken FamRZ 1999, 1171.
90 Auch dann ist allerdings erforderlich, dass der Betreute Geschäfte vornehmen würde, die ihm auch tatsächlich schaden, allein um der Sicherheit des Rechtsverkehrs willen darf ein Einwilligungsvorbehalt nicht angeordnet werden, BGH BtPrax 2018, 121.

Nach § 1903 Abs. 2 BGB kann außerdem kein Einwilligungsvorbehalt angeordnet werden für:

- Eheschließung und Verlöbnis,

- Testament und Erbvertrag,

- alle anderen Willenserklärungen im Familien- und Erbrecht, die ausdrücklich vorsehen, dass ein beschränkt Geschäftsfähiger sie ohne die Einwilligung seines gesetzlichen Vertreters abgeben kann, so z.B. der Scheidungsantrag (§ 1564 BGB i.V.m. § 125 Abs. 1 FamFG), die Anfechtung der Vaterschaft (§ 1600a Abs. 2 Satz 2 BGB) und die Anfechtung eines Erbvertrags (§ 2282 Abs. 1 Satz 2 BGB).

Für **öffentlich-rechtliche Geschäfte** gegenüber Behörden gelten die §§ 104 ff. BGB nicht unmittelbar. Dass für sie ein Einwilligungsvorbehalt möglich ist, ergibt sich jedoch aus den entsprechenden Bestimmungen der Verwaltungsverfahrensgesetze, so z.B. aus § 11 Abs. 2 SGB X für die Sozialverwaltung. Die **Wirkung** eines Einwilligungsvorbehalts ist hier jedoch eine andere: Er macht den Betreuten *ganz* handlungsunfähig. Er kann solche Verfahrenshandlungen auch nicht *mit* Einwilligung seines Betreuers wirksam vornehmen.

Der Einwilligungsvorbehalt erfasst nur Willenserklärungen, die den Aufgabenkreis des Betreuers betreffen. Er ist zur Anordnung der Betreuung also **streng akzessorisch**. Wird er versehentlich vom Gericht weiter formuliert als die Betreuerbestellung oder wird Letztere aufgehoben, ohne dass das Gericht auch den Einwilligungsvorbehalt aufhebt, geht er ins Leere und ist ohne Wirkung.

Von der Person des Betreuers hängt er aber nicht ab. Endet dessen Amt, bleibt der Einwilligungsvorbehalt bis zur Neubestellung eines anderen Betreuers wirksam und muss auch danach nicht neu angeordnet werden.[91]

3. Wirkung

Gemäß § 1903 Abs. 1 Satz 2 BGB bewirkt der Einwilligungsvorbehalt, dass für Rechtsgeschäfte des Betreuten die §§ 108 bis 113 und 131 Abs. 2 BGB entsprechend gelten. Die Geschäftsfähigkeit des Betreuten ist damit in ähnlicher Weise beschränkt wie bei einem Minderjährigen, der das siebente Lebensjahr vollendet hat (vgl. § 106 BGB). Zwei wichtige Unterschiede gibt es allerdings:

- Der Einwilligungsvorbehalt kann vom Betreuungsgericht „dosiert" werden. Er kann alle Aufgabenkreise des Betreuers oder nur einzelne davon betreffen oder sogar nur einzelne Rechtsgeschäfte, wenn es erforderlich scheint.[92]

- Trotz Einwilligungsvorbehalt bleibt der Betreute nach § 1903 Abs. 3 Satz 2 BGB für **geringfügige Angelegenheiten des täglichen Lebens** (z.B. Lebensmitteleinkäufe, Busfahrten) geschäftsfähig, es sei denn, das Gericht erstreckt den Einwilligungsvorbehalt ausdrücklich auch auf solche Geschäfte. Das kann z.B. sinnvoll sein, wenn man Alkoholeinkäufe verhindern will.

---

91 *Bienwald* § 1903 BGB Rn. 11.
92 NJW-RR 2016. 711, 712

Der Einwilligungsvorbehalt ist daher nicht mit der beschränkten Geschäftsfähigkeit identisch. Andere für Minderjährige geltende Bestimmungen als die in § 1903 Abs. 1 Satz 2 BGB aufgezählten sind auf Betreute, die unter Einwilligungsvorbehalt stehen, nicht ohne Weiteres anwendbar. So behält ein Betreuter z.B. trotz Einwilligungsvorbehalts die volle elterliche Sorge über seine Kinder. § 1673 Abs. 2 BGB gilt nicht. Anwendbar sind dagegen z.B. die entsprechenden Bestimmungen beim Ehevertrag (§ 1411 BGB) und beim Vaterschaftsanerkenntnis (§ 1596 Abs. 1 BGB), weil dort jeweils ausdrücklich auf die Möglichkeit eines Einwilligungsvorbehalts Bezug genommen wird (vgl. §§ 1411 Abs. 1 Satz 2, 1596 Abs. 3 BGB). Wo eine ausdrückliche Bezugnahme auf § 1903 BGB fehlt, der Ausschluss in § 1903 Abs. 2 BGB aber ebenfalls nicht greift (z.B. für die Sorgeerklärung, siehe § 1626c BGB), ist die Lage unklar.[93]

Ist eine vom Betreuten vorgenommene Rechtshandlung nach § 105 Abs. 1 oder Abs. 2 BGB **nichtig**, so ändert ein Einwilligungsvorbehalt hieran nichts. Der Betreuer kann sie *nicht* durch Genehmigung wirksam machen. Vielmehr geht eine von ihm nach §§ 1903 Abs. 1 Satz 2, 108 Abs. 1 BGB erklärte Genehmigung ins Leere, weil es kein schwebend unwirksames Geschäft gibt, das genehmigt werden könnte. Will der Betreuer dem Geschäft zur Wirksamkeit verhelfen, muss er es erneut vornehmen.

In anderen Gesetzen können an den Einwilligungsvorbehalt **weitere Folgen** geknüpft werden. So verliert z.B. der Betreute, der einem Einwilligungsvorbehalt in (irgendwelchen) Vermögensangelegenheiten unterliegt, die Fähigkeit, Geschäftsführer einer GmbH oder Vorstand einer AG zu sein (siehe § 6 Abs. 2 Satz 2 Nr. 1 GmbHG, § 76 Abs. 3 Satz 2 Nr. 1 AktG).

4. Verfahren

Das Verfahren zur Anordnung des Einwilligungsvorbehalts ist ein **reines Amtsverfahren**, ein „Antrag" (auch des Betreuten) ihn einzurichten, ist lediglich Anregung i.S.v. § 24 FamFG.

Im Übrigen ist das Verfahren genau dasselbe wie das zur Betreuerbestellung (vgl. dazu oben Seite 42 ff.). Auch hier ist regelmäßig ein Verfahrenspfleger zu bestellen (§ 276 FamFG), der Betroffene persönlich anzuhören (§ 278 FamFG) und ein Sachverständigengutachten einzuholen (§ 280 ff. FamFG). Anders als bei der Betreuerbestellung kann der Betreute auf das Gutachten nicht verzichten.

Durch **einstweilige Anordnung** oder **beschleunigte einstweilige Anordnung** kann unter denselben Voraussetzungen ein vorläufiger Einwilligungsvorbehalt angeordnet wie ein vorläufiger Betreuer bestellt werden (§ 300 Abs. 1 Satz 1 FamFG, siehe dazu oben Seite 45 f.).

5. Beendigung des Einwilligungsvorbehalts

Der Einwilligungsvorbehalt fällt wegen seiner Akzessorietät ohne Weiteres weg, wenn die Betreuung endet.

---

93 Gegen die Möglichkeit zur Anordnung eines Einwilligungsvorbehalts für Sorgeerklärungen: Staudinger/ *Coester* § 1626c BGB Rn. 21; dafür: *Fröschle*, Sorge und Umgang, 2013, Rn. 191.

Im Übrigen gelten nach § 1908d Abs. 4 BGB die Vorschriften über die Überprüfung der Betreuung entsprechend. Auch beim Einwilligungsvorbehalt wird ein Termin zur **Regelüberprüfung** festgesetzt und es kann jederzeit von Amts wegen eine **Anlassüberprüfung** durchgeführt werden. Eine Überprüfung auf Antrag entsprechend § 1908d Abs. 2 BGB kann es nicht geben, weil ja der Einwilligungsvorbehalt seinerseits nicht auf Antrag angeordnet werden kann.

Die **Überprüfungsfrist** muss auch beim Einwilligungsvorbehalt schon bei seiner Anordnung bestimmt werden (§ 286 Abs. 2 FamFG). Das Verfahren ist ebenfalls dasselbe wie bei der Überprüfung der Betreuung. Der Einwilligungsvorbehalt wird aufgehoben, wenn die Voraussetzungen des § 1903 Abs. 1 Satz 1 BGB nicht mehr gegeben sind.

Der Termin für die Regelüberprüfung braucht nicht derselbe zu sein wie der für die Betreuung. Es ist überhaupt möglich, die Verfahren zur Betreuerbestellung und zur Anordnung des Einwilligungsvorbehalts getrennt durchzuführen.

Nach §§ 1903 Abs. 4, 1901 Abs. 5 BGB ist **der Betreuer verpflichtet**, ein Verfahren zur Überprüfung des Einwilligungsvorbehalts anzuregen, wenn er der Auffassung ist, dass dieser aufgehoben oder eingeschränkt werden kann. Er muss es aber umgekehrt auch mitteilen, wenn er der Auffassung ist, dass ein Einwilligungvorbehalt angeordnet oder erweitert werden sollte.

III. Handlungsmaximen

Einwilligungsvorbehalt, gesetzliche Vertretung und Geschäftsfähigkeit betreffen die Teilnahme des Betreuten am allgemeinen Rechtsverkehr, also das **Außenverhältnis** zu Dritten. Über das **Innenverhältnis** zwischen dem Betreuten und dem Betreuer geben sie keinen Aufschluss. §§ 104, 105, 1902 und 1903 BGB regeln, was der Betreute und der Betreuer tun *können* (oder nicht können), nicht aber, was der Betreuer tun muss oder *darf*, will er seine Pflichten nicht verletzen. Das ist in §§ 1901 bis 1901c BGB geregelt.

So ist die immer wieder einmal zu hörende Auffassung falsch, der Betreuer dürfe nicht gegen den erklärten Willen des Betreuten handeln, solange kein Einwilligungsvorbehalt besteht. Denn der Einwilligungsvorbehalt betrifft das Verhältnis zwischen Betreuer und Betreutem nicht. Ob sich der Betreuer über den Willen des Betreuten hinwegsetzen darf, bestimmt sich – mit wie ohne Einwilligungsvorbehalt – nach § 1901 Abs. 3 Satz 1 und 2 BGB.

1. Umfang der Betreuertätigkeit

§ 1901 Abs. 1 BGB regelt zunächst den Umfang der vom Betreuer geschuldeten Tätigkeit. Danach geht es um die *rechtliche* Besorgung der Angelegenheiten des Betreuten (Rechtliche Betreuung). Dieser Begriff ist wenig klar. Gemeint ist damit, dass dem Betreuer nur die Organisation des Lebens des Betreuten, nicht die unmittelbare Gestaltung dieses Lebens obliegt. Da das Defizit, das zur Betreuerbestellung führt, in einer Einschränkung seiner Einsichts- und Steuerungsfähigkeit liegt, muss der Betreuer genau diese Defizite bei der Willensbildung und Willensbetätigung ergänzen, indem er darauf hinwirkt, dass der Betreute Entscheidungen trifft, die seinem Wohl entsprechen oder solche Entscheidungen an seiner Stelle trifft. Hierin liegt die Grenze seines Auftrags.

Die **persönliche Betreuung**, die § 1897 Abs. 1 BGB erwähnt, ist dem untergeordnet. Sie soll nur in dem für die Rechtliche Betreuung „erforderlichen Umfang" erfolgen. Welcher Umfang das ist, richtet sich nach dem Einzelfall. Persönliche Betreuung kann in dreierlei Hinsicht erforderlich sein:

* Nach § 1901 Abs. 3 Satz 3 BGB muss der Betreuer, *bevor* er eine wichtige konkrete Angelegenheit erledigt, dies mit dem Betreuten *besprechen*. Diese **Besprechungspflicht** entfällt, wenn schon die Besprechung dem Wohl des Betreuten zuwiderliefe, z.B. weil sie seinen Gesundheitszustand bedrohen würde oder weil durch die mit der Besprechung verbundene Verzögerung ein Rechtsverlust einzutreten droht. Außerdem entfällt die Besprechungspflicht, wenn eine Besprechung mit dem Betreuten gar nicht möglich ist.

* Da die grundsätzlichen Wünsche und Vorstellungen über seine Lebensgestaltung nach § 1901 Abs. 2 Satz 2 BGB das Wohl des Betreuten bestimmen, muss der Betreuer sie in **Gesprächen mit dem Betreuten** und ggf. auch seinen Angehörigen ermitteln. Ohne eine Vorstellung von der Lebenseinstellung des Betreuten kann der Betreuer die Pflicht aus § 1901 Abs. 2 Satz 1 BGB, zum Wohl des Betreuten zu handeln, nicht vollständig erfüllen.

* Schließlich ist der **Aufbau eines Vertrauensverhältnisses** notwendig, das dem Betreuer überhaupt erst ermöglicht, die beiden vorgenannten Pflichten sachgerecht zu erfüllen. Andernfalls wird der Betreute nicht ohne Weiteres bereit sein, seine inneren Einstellungen und Wünsche zu offenbaren.

Das alles erfordert **persönlichen Kontakt** des Betreuers mit dem Betreuten. Wird er nicht gehalten, obwohl der Betreute ihn zulassen würde, kann dies sogar zur Entlassung des Betreuers führen (§ 1908b Abs. 1 Satz 2 Alt. 2 BGB). Es gibt aber keine Faustregel dafür, wie viele Gespräche notwendig sind. Das ist vielmehr eine Frage der Erfordernisse des konkreten Einzelfalles.[94]

2. Verwirklichung der Autonomie des Betreuten

Nicht nur aus § 1901 Abs. 2 Satz 2 BGB folgt, dass die Wünsche und Vorstellungen des Betreuten eine maßgebliche Handlungsleitlinie bilden. Auch Art. 12 Abs. 2 UN-BRK verlangt dies. Soweit ein Mensch aufgrund einer Behinderung nicht all seine Entscheidungen alleine treffen kann, sind nicht „ersetzende" Entscheidungen *f ü r ihn*, sondern soweit als möglich „assistierte" Entscheidungen *mit ihm* zu treffen.

Der Unterschied zwischen beidem besteht genau in dem, was auch § 1901 Abs. 2 Satz 2 BGB zum Ausdruck bringt. Was zum „Wohl" eines Erwachsenen ist, bestimmt sich nach seinen **eigenen Präferenzen**. Das Handeln des Betreuers soll dadurch bestimmt sein, dass er dem *konkreten* Willen und den konkreten Präferenzen des Betreuten zur Verwirklichung verhilft und wenn dies nicht möglich ist, eine Entscheidung trifft, die den *allgemeinen* Wünschen und Präferenzen des Betroffenen entspricht.

---

94 LG Nürnberg-Fürth, Beschluss vom 19.11.2012 – 13 T 7478/12, BtPrax 2014, 50 (LS)

Weniger entscheidend ist dagegen, *wer* jeweils im Außenverhältnis handelt. Anders als das manche interpretieren wollen, steht Art. 12 Abs. 1 UN-BRK dem Außenhandeln durch einen gesetzlichen Vertreter nicht schon deshalb im Wege, weil auch der Betroffene selbst handeln könnte. Es ist vielmehr der Weg zu wählen, der dem Willen des Betroffenen zur **schnelleren und effektiveren Umsetzung** verhilft. Weigert sich der Arzt, den Betroffenen mit der von ihm selbst erklärten Einwilligung zu behandeln, kann es z.B. schneller und effektiver sein, wenn der Betreuer sie ebenfalls erteilt, als darauf zu bestehen, dass durch ein psychiatrisches Konsil festgestellt wird, ob der Betreute einwilligungsfähig ist oder nicht.

a) Handeln nach dem Willen des Betreuten

Ist ein **konkreter Wille** des Betreuten dazu vorhanden, ob oder wie eine bestimmte Angelegenheit für ihn erledigt werden soll, so ist das für den Betreuer grundsätzlich entscheidend. Das Gesetz unterscheidet zwischen

- dem aktuellen Willen und

- einem vom Betreuten früher geäußerten auf die jetzige Situation bezogenen oder beziehbaren konkreten Willen.

Für die Beachtung des aktuellen Willens nennt das Gesetz zwei, für die des früheren Willens, drei **Schranken**:

- das Wohl des Betreuten (§ 1901 Abs. 3 Satz 1 Alt. 1 BGB),

- die Unzumutbarkeit eines entsprechenden Handelns für den Betreuer (§ 1901 Abs. 3 Satz 1 Alt. 2 BGB),

- einen inzwischen eingetretenen Sinneswandel des Betreuten (§ 1901 Abs. 3 Satz 2 BGB)

Eine **vierte Schranke** (oder vielleicht sogar die erste) folgt aus dem in § 275 Abs. 1 BGB zum Ausdruck gebrachten Rechtsprinzip *impossibilium non est obligatur* . Der Wille vermag Berge gerade nicht zu versetzen. Ist das, was der Betreute will, offensichtlich nicht realisierbar, kann es nicht Aufgabe des Betreuers sein, es dennoch anzustreben.

Zu den (anderen) drei Schranken ist im Einzelnen folgendes auszuführen:

(i) Wohl des Betreuten

Sowohl aus § 1901 Abs. 2 Satz 2 BGB als auch aus Art. 12 Abs. 2 UN-BRK folgt, dass es stets um das **subjektive Wohl des Betreuten** geht. Es wird durch seine eigenen Präferenzen determiniert, weder durch allgemeine Vorstellungen von einem guten Leben noch durch diejenigen des Betreuers. Der Wille des Betreuten ist kein „Störfaktor", sondern im Gegenteil gerade die Essenz dessen, was sein Wohl ausmacht. Der *BGH* hat in einer Grundsatzentscheidung[95] klargestellt, inwiefern es dennoch der Umsetzung seines konkreten Willens entgegenstehen kann. Das kann es auf drei Ebenen, so dass sich der Betreuer, der

---

95 BGH BtPrax 2009, 290

einem konkret geäußerten Willen des Betreuers gegenübersteht, drei Testfragen stellen muss, bevor er diesen Willen umsetzt. Diese sind:

- Ist die Lebensgrundlage des Betreuten gefährdet, wenn sein Wille umgesetzt wird?

- Ist der Wille des Betreuten von einem Irrtum beeinflusst und würde er dasselbe wollen, wenn das nicht der Fall wäre?

- Welches Ziel verfolgt der Betreute mit dem geäußerten Willen und gibt es womöglich einen zweckmäßigeren Weg, dieses Ziel zu erreichen?

All das muss der Betreuer vor allem aufklären. Hierzu dient die in § 1901 Abs. 3 Satz 3 BGB geregelte **Besprechungspflicht**. Alle (für den Betreuten) wichtigen Angelegenheiten muss er mit ihm besprechen und zwar nicht nur, um herauszufinden, *was* der Betreute will, sondern vor allem auch *warum* und *wozu* .

Der der o.a. BGH-Entscheidung zugrunde liegende Fall ist recht anschaulich: Es ging dort darum, dass der Betreute Eigentümer einer Vielzahl von Grundstücken war, manche davon in Österreich, von denen einige verkauft werden mussten, um seinen Lebensunterhalt zu bestreiten. Der Betreute äußerte den Wunsch, nicht die österreichischen Grundstücke zu verkaufen. Der Betreuer folgte dem Wunsch des Betroffenen und verkaufte daraufhin inländische Grundstücke, worauf Einkommensteuer fällig wurde, die die Erben des Betreuten später vom Betreuer erstattet haben wollten.

Hier wurde dem Betreuer zur Verhängnis, dass er nur die erste der drei Fragen gestellt hatte.

So konnte der BGH auch nur die erste der drei Testfragen beantworten: Die **Lebensgrundlage** des Betreuten war durch die Steuerschuld nicht in Frage gestellt. Er konnte sich diese zusätzliche Ausgabe ohne Weiteres leisten, ohne seine elementaren Lebensbedürfnisse nicht mehr befriedigen zu können oder auf Sozialhilfe angewiesen zu sein.

Unklar war dagegen, ob der Betreute wusste, dass der Verkauf inländischer Grundstücke steuerlich ungünstig war. Daher konnte der Betreuer auch die Anschlussfrage nicht beantworten, ob er denselben Wunsch auch geäußert hätte, wenn er es gewusst hätte. Noch viel weniger ließ sich beantworten, ob der Betreuer einen solchen **Irrtum** hätte ausräumen können.

Schließlich war drittens nicht klar, welches **Ziel** der Betreute mit seinem Wunsch vor Augen hatte. Wollte er sie behalten, weil er an ihnen hing? Wollte er sie behalten, weil er glaubte, es sei einfacher und kostengünstiger, inländische Grundstücke zu verkaufen? Wollte er sie behalten, um mit ihnen etwas Bestimmtes anzustellen?

Da der Betreuer all das nicht wusste, war sein Gehorsam so nicht pflichtgemäß. § 1901 Abs. 3 Satz 1 BGB verlangt vom Betreuer eben nicht blinden, sondern **mitdenkenden Gehorsam**. Das ist übrigens gar nichts Besonderes. Es wird nach §§ 675 Abs. 1, 665 BGB und § 677 BGB auch von jedem *anderen* verlangt, der fremde Angelegenheiten wahrnimmt.

Dass der Betreuer bei der Besprechungspflicht all dies offen ließ, führte nun zu einer **Beweislastumkehr**: Der Betreuer hätte beweisen müssen, dass der Wille des Betreuten entweder frei von jedem Irrtum geäußert worden war und von ihm auch so geäußert worden wäre, wenn er sich nicht geirrt hätte. Das war nach seinem Tod natürlich nicht mehr zu beweisen.

Es lassen sich leicht **viele andere Beispiele** bilden: Angenommen, ein Betreuter, der im Heim lebt und auch nicht mehr in sein Haus wird zurückkehren können, verlangt, dass der Betreuer es leerstehen lässt. Darüber darf (und muss) der Betreuer sich nach § 1901 Abs. 3 Satz 1 BGB hinwegsetzen, wenn:

- ohne Verkauf oder Vermietung des Hauses die Heimkosten nicht gedeckt sind (Pflicht zum Erhalt der Lebensgrundlage),

- der Betreute nur deshalb nicht verkaufen will, weil er aufgrund seiner Demenz annimmt, es würden dort noch immer nahe Angehörige von ihm leben, dagegen damit einverstanden wäre, wenn ihm klar wäre, dass sie längst tot sind (Pflicht zur Korrektur krankheitsbedingter Irrtümer),

- der Betreute gegen den Verkauf an sich gar nichts hat, aber einen möglichst hohen Preis erzielen will und annimmt, dass das durch Zuwarten gesichert werden kann, was aber nach sorgfältiger Kalkulation des Betreuers gar nicht der Fall ist (Pflicht zu zweckmäßiges Handeln).

Ein Fall dieser Art hat dem OLG Schleswig einmal vorgelegen: Dort wollte die Betreute nicht verkaufen oder vermieten, weil sie die Hoffnung hatte, in das Haus zurückzukehren. Hier stellte sich die Frage, ob das womöglich auf einem Irrtum der Betreuten über ihren eigenen Gesundheitszustand beruhte, die *Hoffnung* also in Wirklichkeit eine *irrige Annahme* war. Letztlich war das aber gar nicht entscheidend. Das Gericht hatte nämlich festgestellt, dass das Festhalten an dem Gedanken einer möglichen Rückkehr für ihren Gesundheitszustand von solchem Vorteil war, dass es allein deswegen richtig war, ihren Wunsch zu erfüllen. Die Genehmigung der Vermietung wurde daher abgelehnt.[96]

(ii) Unzumutbarkeit

Auch wenn der Wille des Betreuten eigentlich beachtlich wäre, bindet er den Betreuer nicht, wenn diesem ein entsprechendes Handeln nicht zugemutet werden kann. Im Gegensatz zum Wohl des Betreuten ist dies ein **objektiver Maßstab**: Entscheidend ist nicht, was *dem* Betreuer, sondern was *einem* Betreuer zugemutet werden kann. Objektive Unzumutbarkeit kann nur einen von drei denkbaren Gründen haben:

- Der Betreute verlangt etwas, was nicht zu den Pflichten eines Betreuers gehört, nämlich nicht mehr rechtliche, sondern lebenspraktische, soziale Betreuung wäre, z.B. die Begleitung zu gesellschaftlichen Veranstaltungen oder zu Einkäufen, die Übernahme von Haushaltstätigkeiten. Hier darf der Betreuer darauf verweisen, dass er dergleichen zwar ggf. organisieren, aber nicht persönlich erledigen muss.

- Der Betreute verlangt ein rechtswidriges Verhalten. Das kann von niemandem verlangt werden. Der Betreuer, der im Namen des Betreuten Sozialleistungen beantragt oder dessen Steuererklärung abgibt, muss wahre und vollständige Angaben machen. Der Betreuer darf keine Gegenstände der Zwangsvollstreckung entziehen oder dem vor den

---

96 OLG Schleswig NZM 2001, 868.

Ermittlungsbehörden flüchtigen Betreuten Geld schicken. Er würde sich andernfalls selbst strafbar machen. Auch eine schuldrechtliche Forderung, die fällig, unstreitig und mit den Mitteln des Betreuten ohne Weiteres erfüllbar ist, muss der Betreuer erfüllen, wenn ihm die Vermögenssorge obliegt. Ob der Betreute das will, spielt keine Rolle. Führt er im Namen des Betreuten Vertragsverhandlungen, muss er die Pflichten erfüllen, die dem Betreuten gegenüber dem anderen Vertragspartner aus §§ 311 Abs. 2, 241 Abs. 2 BGB obliegen. So darf er z.B. im Gespräch mit dem potentiellen Arbeitgeber nicht verschweigen, dass sein Betreuer Pyromane ist, wenn es um die Anstellung in einer Papierfabrik geht.

- Schließlich kann der Betreuer vom Betreuten auch nicht verlangen, dass er gegen die guten Sitten verstößt. Auch wenn der Betreuer sich dringend die Anschaffung eines Radarwarngerätes wünscht, kann der Betreuer sich weigern, bei der Beschaffung mitzuwirken. Er kann dabei aber auch mitwirken, denn verboten ist dies nicht.

Macht der Betreuer dagegen geltend, dass es nur *ihm persönlich* nicht zugemutet werden kann, nach den Vorgaben des § 1901 Abs. 3 BGB zu handeln, so kann er sich aus diesem Dilemma nur durch einen Antrag nach § 1908b Abs. 2 BGB befreien, so vor allem, wenn er etwas, was weder gesetz- noch sittenwidrig ist, mit seinem **eigenen Gewissen** nicht vereinbaren kann oder wenn es seine **persönliche Sicherheit** gefährdet. Das ist bei Berufsbetreuern allerdings ein schwieriger Gedanke. Wer es sich zum Beruf macht, fremde Angelegenheiten in fremdem Interesse zu erledigen, hat sich auch für die damit verbundenen Risiken entschieden. Ein Feuerwehrmann kann sich auch nicht weigern, ein Haus zu betreten, weil es dort brennt.

(iii) Sinneswandel

Schließlich folgt aus § 1901 Abs. 3 Satz 2 BGB, dass der aktuelle Wille einem **früher geäußerten Willen** grundsätzlich vorgeht. Es muss sich dabei jedoch um einen echten Sinneswandel *des Betreuten* handeln. Weder der Betreuer noch ein Dritter hat das Recht, dem Betreuten seinen früheren Wunsch *auszureden* , nur weil dieser inzwischen in einem Zustand ist, in dem er Suggestionen leicht zugänglich ist.

Ist der *aktuelle* Wille aufgrund einer der dafür bestehenden Schranken nicht bindend, so kann der **früher geäußerte Wille** noch immer beachtlich sein. Das folgt zwar nicht aus § 1901 Abs. 3 Satz 2 BGB, wohl aber aus § 1901 Abs. 2 Satz 2 BGB, denn der früher in gesundem Zustand geäußerte Wille gibt einen wichtigen Hinweis auf die *Präferenzen* des Betreuten. Dies kann an einem Beispiel aus der klassischen Dichtung erläutert werden:[97]

---

97 Ich danke Herrn Dr. A. May für den Hinweis auf dieses sehr instruktive Beispiel.

Beispiel

 Odysseus wollte den – die Sinne verwirrenden – Sirenengesang hören. Deshalb befahl er seinen Gefährten, ihn an einem Mast festzubinden und sich die Ohren zu verstopfen. Er gab ihnen außerdem den Befehl, ihn auf keinen Fall loszubinden, ehe man außer Hörweite der Sirenen war, egal, was er auch immer tun würde. Während er die Sirenen hörte, wollte er sich (aufgrund seiner verwirrten Sinne) in die See stürzen und machte seinen Gefährten durch Zeichen klar, sie sollten ihn losbinden.[98]

Nach § 1901 Abs. 3 Satz 2 BGB war sein früherer Wunsch, auf jeden Fall angebunden zu bleiben, nicht mehr beachtlich, denn er hatte ihn ja aufgegeben. Sein neuer Wunsch, losgebunden zu werden, war aber nach § 1901 Abs. 3 Satz 1 BGB auch nicht ohne Weiteres beachtlich. Er handelte sich nicht um seinen freien Willen, denn Odysseus war aufgrund des betörenden Gesanges nicht mehr in der Lage, die Vorteile des Losbindens (noch deutlicheres Hören der Musik – ggf. persönlicher Kontakt mit den Sirenen) gegen die Nachteile (Tod durch Ertrinken) abzuwägen. Diese Abwägung oblag nun seinen Gefährten. Für diese Abwägung spielte es eine wichtige Rolle, dass Odysseus zu Zeiten, zu denen er noch klaren Sinnes war, ausdrücklich angeordnet hatte, man solle ihn vor dem Ertrinken bewahren. Als er noch einen freien Willen bilden konnte, war er also der Meinung, sein Leben sei in jedem Falle wichtiger als alle Vorteile der Sirenenmusik sein konnten. Danach durften die Kameraden davon ausgehen, dass das Losbinden seinem Wohl widersprochen hätte.

Wäre § 1901 BGB auf den Fall schon anwendbar gewesen, hätte man also konstatieren müssen, dass die Gefährten sich als Betreuer des Odysseus korrekt verhalten hätten.

b) Handeln nach den Präferenzen des Betreuten

Wann immer ein Handeln nach dem konkreten Willen des Betreuten nicht in Frage kommt, sei es, dass er keinen geäußert hat und auch keinen äußern kann, sei es, dass der geäußerte Wille an die erwähnten Schranken stößt, muss der Betreuer so handeln, wie der Betreute handeln würde, wenn er es selbst entscheiden könnte. Das nennt man seinen **mutmaßlichen Willen**.

Die „Mutmaßung" darüber, was der Betreute wollen würde, obliegt zwar dem Betreuer und es ist ihm hierbei auch ein gewisser **Einschätzungsspielraum** einzuräumen. Keineswegs aber darf er dabei von sich auf andere schließen. Er muss vielmehr die allgemeinen Wünsche und Lebenseinstellungen des Betreuten auf die konkrete Entscheidung beziehen. Das verlangt von ihm, dass er den mutmaßlichen Willen auf eine ausreichende Tatsachengrundlage stellt. Dafür kann z.B. wichtig sein, was der Betreute für ähnliche Situationen angeordnet oder wie er sich früher in ähnlichen Situationen verhalten hat. Auch ist die Einschätzung von Personen, die dem Betreuten nahestehen, ein wichtiger Hinweis. In § 1901a Abs. 2 BGB und § 1901b Abs. 2 BGB kommt das für medizinische Entscheidung zum Ausdruck, ist aber auch sonst grundsätzlich richtig.

---

98 Odyssee 12, 160 ff.

Der mutmaßliche Wille des Betreuten unterliegt nur noch einer einzigen **Schranke**, nämlich der der **Unzumutbarkeit**. Auch wenn feststeht, dass der Betreute die illegale Pflegerin weiterbeschäftigen würde, darf der Betreuer das nicht tun.

Nur dann und wenn sich der mutmaßliche Wille des Betreuten trotz aller Anstrengungen nicht feststellen lässt, muss der Betreuer **das objektiv Richtige** für ihn tun, also das, was ein gesetzestreuer, vernünftiger Durchschnittsbürger an der Stelle des Betreuten tun würde. Das ist die Situation, in der eine „assistierte" Entscheidung nicht getroffen werden kann, weil das schlicht nicht möglich ist. Dann muss eine „ersetzende" Entscheidung getroffen werden. Die sollte dann tatsächlich, soweit irgend möglich, objektiven Maßstäben folgen und nicht etwa den persönlichen Einstellungen des Betreuers.

3. Rehabilitation

§ 1901 Abs. 4 Satz 1 BGB verpflichtet den Betreuer schließlich außerdem auf den **Rehabilitationsgedanken**. Soweit das möglich und mit § 1901 Abs. 2 und Abs. 3 BGB vereinbar ist, hat er die Betreuung so zu führen, dass auf die Verbesserung des Zustandes des Betreuten hingearbeitet wird und die Betreuung im Idealfall als nicht mehr erforderlich aufgehoben werden kann.

IV. Aufsicht des Betreuungsgerichts

Der Betreuer steht bei seiner Tätigkeit unter der **Aufsicht** des Betreuungsgerichts (§§ 1908i Abs. 1 Satz 1, 1837 Abs. 2 Satz 1 BGB). Es handelt sich dabei um **Rechtsaufsicht**. Das Betreuungsgericht prüft, ob der Betreuer den gesetzlichen Vorschriften entsprechend handelt. Dazu gehört insbesondere auch das Einhalten der Vorgaben aus § 1901 Abs. 2 bis 4 BGB. Zuständig ist hier der **Rechtspfleger**.

Umgekehrt hat der Betreuer einen **Beratungsanspruch** gegen den Rechtspfleger, wenn er selbst unsicher ist, wie er seine Betreueraufgaben erledigen soll. Ein ähnlicher Anspruch steht ihm auch gegen die Betreuungsbehörde zu (§ 4 Abs. 3 BtBG).

Der Anspruch bezieht sich nur auf die Beratung in Fragen, die die **Betreuerpflichten** betreffen. Weder das Betreuungsgericht noch die Betreuungsbehörde dürfen den Betreuer stellvertretend über Rechtsfragen beraten, die sich im Rahmen der für den Betreuten zu erledigenden Angelegenheiten stellen. Verfügt der Betreuer hier nicht über ausreichende Rechtskenntnisse, hat er nur den Weg, der auch dem Betreuten selbst offen stünde, nämlich in dessen Namen einen **Rechtsanwalt** zu befragen, ggf. unter Inanspruchnahme von **Beratungshilfe**. Geht es um Sozialleistungen, ist nach § 14 SGB I der zuständige **Sozialleistungsträger** zur Beratung verpflichtet.

1. Betreuungsplan

Nach § 1901 Abs. 4 Satz 2 BGB kann das Betreuungsgericht jeden, der die Betreuung berufsmäßig führt, dazu verpflichten, zu Beginn der Betreuung einen Betreuungsplan vorzulegen, aus dem sich ergibt, welche Ziele er erreichen will und welche Maßnahmen er zur Zielverwirklichung als geeignet und erforderlich ansieht.

Die systematische Stellung der Norm bedeutet m.E., dass sich dies auf die **Rehabilitationspflicht** aus § 1901 Abs. 4 Satz 1 BGB bezieht, der Betreuer sich also klar darüber werden soll, ob und auf welche Weise welche konkrete Verbesserung der Situation des Betreuten zu erreichen ist oder ob es lediglich um die Stabilisierung seiner Lage gehen kann. Die Details zu dieser Planung sind noch immer nicht durch die Rechtsprechung geklärt und es kursieren ebenso unterschiedliche Vorstellungen über Aufbau und Inhalt eines solchen Planes wie Muster und Formulare als Vorlagen. Im Zweifel sollte der Betreuer beim zuständigen Betreuungsgericht nachfragen, was dort genau erwartet wird.

Ob es sich einen für die Planung „geeigneten Fall" handelt, entscheidet das Betreuungsgericht. Ist der Betreuer anderer Ansicht, kann er gegen die Anordnung wohl theoretisch Beschwerde einlegen, doch dürfte das mehr Zeit und Mühe kosten als einen den zuständigen Rechtspfleger zufriedenstellenden Plan vorzulegen.

2. Berichterstattung

§§ 1908i Abs. 1 Satz 1, 1840 Abs. 1 Satz 1 BGB verpflichtet den Betreuer dazu, dem Betreuungsgericht einmal jährlich – unaufgefordert – einen **Bericht über die persönlichen Verhältnisse** des Betreuten vorzulegen. Fällig ist der Bericht erstmals nach der Bestellung des Betreuers, danach immer dann, wenn seit der Vorlage des letzten Berichtes ein Jahr vergangen ist. Berichtsjahr ist also *nicht* das Kalenderjahr, sondern der seit dem Beginn der Betreuung oder dem letzten Bericht vergangene Zeitraum von einem Jahr.

Persönliche Verhältnisse sind die **Lebensumstände** des Betreuten, sein gesundheitlicher und sonstiger Zustand und Form und Umfang seiner gesellschaftlichen Teilhabe. Zu den Pflichtinhalten des Berichts gehört die Angabe über die **persönlichen Kontakte**, die zwischen Betreuer und Betreutem im Berichtszeitraum stattgefunden haben (§ 1840 Abs. 1 Satz 2 BGB). Das soll die Kontrolle ermöglichen, ob der Betreuer die Pflicht eingehalten hat, den Betreuten in die Betreuung ausreichend einzubinden. Es genügt daher nicht die Angabe der Anzahl der Kontakte, sie sind vielmehr nach Art, Datum und etwaiger Dauer zu bezeichnen. Entscheidend ist der Bedarf an Kontakt im konkreten Einzelfall, wobei auch bei einem voll versorgten Heimbewohner wohl im Abstand von etwa sechs bis acht Wochen ein Besuch angezeigt sein dürfte. Eine zu geringe Kontaktfrequenz ist nach § 1908b Abs. 1 Satz 2 Alt. 2 BGB ein Entlassungsgrund.

Auch die **Anforderungen** an den Bericht über die persönlichen Verhältnisse differieren von Rechtspfleger zu Rechtspfleger. Im Zweifel ist es vernünftig, ihn dem vor Ort jeweils Verlangten anzupassen, da sich auch hier ein Streit darüber nicht lohnt.

Die Berichtspflicht aus § 1840 Abs. 1 BGB ist nicht davon abhängig, dass persönliche Angelegenheiten zum **Aufgabenkreis** gehören. Schon wegen der in § 1901 Abs. 5 BGB enthaltenen Mitteilungspflichten darf sich auch der reine Vermögensbetreuer nicht darauf beschränken, das Vermögen des Betreuten zu verwalten, ohne seine sonstige Lebenssituation im Auge zu behalten.

3. Mitteilung und Auskunft

Der Betreuer muss dem Betreuungsgericht **unaufgefordert mitteilen**, wenn

- die Betreuung aufgehoben werden muss (§ 1901 Abs. 5 Satz 1 BGB),
- der Aufgabenkreis eingeschränkt oder erweitert werden muss (§ 1901 Abs. 5 Satz 2 Alt. 1 BGB),
- die Bestellung eines zusätzlichen Betreuers erforderlich ist (§ 1901 Abs. 5 Satz 2 Alt. 2 BGB),
- ein Einwilligungsvorbehalt erforderlich ist (§ 1901 Abs. 5 Satz 2 Alt. 3 BGB),
- ein bestehender Einwilligungsvorbehalt aufgehoben, eingeschränkt oder erweitert werden muss (§ 1903 Abs. 4 BGB),
- die bisher berufsmäßig geführte Betreuung von einem Ehrenamtlichen weitergeführt werden kann (§ 1897 Abs. 6 Satz 2 BGB),
- die bisher von einem Verein oder der Betreuungsbehörde geführte Betreuung von einer Einzelperson weitergeführt werden kann (§ 1900 Abs. 3, Abs. 4 Satz 2 BGB).

Im Übrigen ist er verpflichtet, dem Betreuungsgericht auf dessen Aufforderung hin **Auskunft** über seine Amtsführung zu erteilen (§§ 1908i Abs. 1 Satz 1, 1839 BGB).

Das kann sich auf **alle Informationen** beziehen, die ihm aus der Betreuung bekannt geworden sind oder die er sonst zu ihrer Führung erhoben hat. Einen Anlass zu besonderem Misstrauen benötigt das Gericht nicht, denn § 1839 BGB ist Ausdruck seines allgemeinen Auftrags zur Aufsicht über alle Betreuer. Es muss sich aber um konkrete Informationen handeln. Es ist nicht zulässig, über die Auskunftspflicht die gesetzlichen Berichtszeiträume zu verkürzen.[99]

§ 1839 BGB beinhaltet auch das Recht, die **Vorlage der Betreuungsakten** zu verlangen, um sie der Prüfung ordnungsmäßiger Amtsführung zu unterziehen. Das folgt – indirekt – aus § 1799 Abs. 2 BGB, der ein solches Recht des Gegenbetreuers ausdrücklich regelt. Die Rechtsstellung des Betreuungsgerichts kann nicht schwächer sein als die des Gegenbetreuers.

4. Aufsichtsmaßnahmen

Das Betreuungsgericht hat die Aufgabe, die Erfüllung der gesetzlichen Vorschriften durch den Betreuer sicherzustellen. Es ist daher von Amts wegen verpflichtet, den Betreuer hierzu durch **Weisungen** anzuhalten (§§ 1908i Abs. 1 Satz 1, 1837 Abs. 2 Satz 1 BGB). Zur Durchsetzung dieser Weisungen hat es folgende Möglichkeiten:

- Es kann den Betreuer durch Zwangsgeld zur Erfüllung der Weisungen anhalten (§§ 1908i Abs. 1 Satz 1, 1837 Abs. 3 Satz 1 BGB). Hiervon sind der Betreuungsverein und die Betreuungsbehörde nach §§ 1908i Abs. 1 Satz 1, 1837 Abs. 3 Satz 2 BGB und der Behördenbetreuer nach § 1908g Abs. 1 BGB ausgenommen.

---

99 LG Hannover, Beschluss vom 13.3.2014 – 2 T 14/14, NZFam 2014, 561.

- Wenn der Betreuer Weisungen samt Zwangsgeld ignoriert (oder Zwangsgeld nicht in Betracht kommt), bleibt noch die Möglichkeit einer Entlassung des Betreuers aus wichtigem Grund nach § 1908b Abs. 1 Satz 1 BGB, ggf. durch einstweilige Anordnung (§ 300 Abs. 2 FamFG). Nur bei der Betreuungsbehörde ist das nicht möglich, da sie als Auffangbetreuer ohnehin nur bestellt bleiben darf, so lange es keine andere Möglichkeit gibt.

Das Gesetz sieht – anders als beim Vormund – keine Möglichkeit vor, eine notwendige Erklärung des Betreuers **durch Gerichtsbeschluss zu ersetzen**, denn für den Vormund ergibt sich diese Möglichkeit aus der in § 1837 Abs. 4 BGB enthaltenen Verweisung auf § 1666 Abs. 3 Nr. 5 BGB. Auf § 1837 Abs. 4 BGB wird in § 1908i Abs. 1 Satz 1 BGB aber nicht verwiesen. Hier bleibt nur der Weg über den Entzug der Vertretungsmacht in der entsprechenden Angelegenheit (§§ 1908i Abs. 1 Satz 1, 1796 BGB) und die Bestellung eines Ergänzungsbetreuers.

V. Haftung

Haftpflichtfragen spielen in der täglichen Praxis häufig eine Rolle. Hier ist zwischen der Haftung im Außenverhältnis zu Dritten und im Innenverhältnis zwischen Betreuer und Betreutem zu unterscheiden.

1. Außenverhältnis

a) Haftung des Betreuten für Handlungen des Betreuers

Im Rahmen von **schuldrechtlichen Beziehungen** des Betreuten zu Dritten muss der Betreute sich ein Verschulden seines Betreuers nach § 278 Satz 1 BGB wie eigenes Verschulden zurechnen lassen, soweit er in der Angelegenheit vom Betreuer gesetzlich vertreten wurde, so z.B., wenn der Betreuer die Voraussetzungen für die Genehmigung eines Grundstücksverkaufs schuldhaft nicht rechtzeitig herbeigeführt hat.[100]

Für **unerlaubte Handlungen** (§§ 823 ff. BGB), die der Betreuer im Rahmen seiner Tätigkeit begeht, ist der Betreute dagegen nicht nach § 831 BGB verantwortlich, denn er hat ihn ja nicht ausgewählt. Hat das Betreuungsgericht schuldhaft einen Betreuer ausgewählt, von dem es wusste, dass er zur ordentlichen Pflichterfüllung unfähig ist, kommt unter Umständen ein Anspruch des Dritten aus Amtshaftung gegen das betreffende Bundesland in Frage (§ 839 Abs. 1 BGB i.V.m. Art. 34 Satz 1 GG), jedoch nur, wenn im Einzelfall eine Amtspflicht zur ordentlichen Betreuerauswahl dem geschädigten Dritten gegenüber bestanden hat. Das dürfte regelmäßig nur in Frage kommen, wenn die Betreuung gerade im Interesse des Geschädigten angeordnet worden war.

b) Haftung des Betreuten für seine eigenen Handlungen

Für seine eigenen unerlaubten Handlungen haftet der Betreute selbst, sofern seine Haftung nicht wegen **Deliktsunfähigkeit** (§ 827 Satz 1 BGB) ausgeschlossen ist. Deliktsunfähig ist, wer die Handlung in einem die freie Willensbestimmung ausschließenden Zustand krankhafter Störung der Geistestätigkeit begeht, wer also im Hinblick auf die Tat nicht einsichts- oder steuerungsfähig war. Als deliktsfähig wird jedoch behandelt, wer sich selbst

---

100 OLG Düsseldorf NJOZ 2017, 56.

schuldhaft berauscht hat (§ 827 Satz 2 BGB). Ist der Betreute sehr vermögend und der Geschädigte nicht, kommt im Übrigen trotz Deliktsunfähigkeit eine **Billigkeitshaftung** aus § 829 BGB in Frage. Das Lehrbuchbeispiel hierfür ist der geisteskranke Millionär, der im deliktsunfähigen Zustand einen Grundsicherungsempfänger krankenhausreif prügelt.

c) Haftung des Betreuers für Handlungen des Betreuten

Der Betreuer kann nach § 832 BGB für eine unerlaubte Handlung des Betreuten wegen **Verletzung der Aufsichtspflicht** haften, wenn ihn eine solche trifft. Das ist nur der Fall, wenn entweder die „Beaufsichtigung des Betreuten" ausdrücklich zu seinem Aufgabenkreis gehört oder ihm die persönlichen Angelegenheiten des Betreuten insgesamt pauschal übertragen sind.[101] Ausnahmsweise kann sich die Aufsichtspflicht auch aus dem Sinnzusammenhang eines Aufgabenkreises ergeben.[102] Auch dann schuldet der Betreuer aber nur das an Aufsicht, was sich mit seiner Aufgabe vereinbaren lässt. Er muss danach trachten, naheliegende Gefahrenquellen auszuschalten, ohne aber den Betreuten über das absolut notwendige Maß hinaus in seiner Lebensführung einzuschränken. Denn auch die Aufsicht ist nach den Grundsätzen des § 1901 BGB zu führen, also ausschließlich **am Wohl des Betreuten** orientiert. Hinzu kommt ja, dass dem Betreuten unterhalb der Schwelle der §§ 1906, 1906a BGB der Einsatz unmittelbaren Zwangs nicht zu Gebote steht, was die Möglichkeiten zur Schadensvermeidung zusätzlich einschränkt. Er kann unter dem Gesichtspunkt der Aufsichtspflicht aber verpflichtet sein, die **Behörden einzuschalten**, damit sie gegen das gefährliche Tun seines Betreuten einschreiten, z.B., wenn die Vermüllung der Wohnung des Betreuten die Gebäudestatik gefährdet.

Der Betreuer muss die Aufsichtspflicht außerdem **nicht persönlich erfüllen**. Er kann sie auch dadurch erfüllen, dass er den Betreuten einer für ihn geeigneten Einrichtung anvertraut und diese wiederum sorgfältig auswählt und überwacht. Dann trifft die Einrichtung die Haftung aus § 832 Abs. 2 BGB, wenn sie die – dann ja vertraglich übernommene – Aufsichtspflicht ihrerseits verletzt.

2. Innenverhältnis

a) Ansprüche des Betreuten

Der Betreuer haftet dem Betreuten für jeden von ihm **schuldhaft verursachten Schaden** (§§ 1908i Abs. 1 Satz 1, 1833 BGB). Diese Haftung kann auch eingreifen, wenn der Betreute sich selbst geschädigt hat und der Betreuer dies hätte voraussehen und verhindern können. Dann kommt allenfalls ein Abzug wegen Mitverschuldens (§ 254 Abs. 1 BGB) in Frage, aber auch das nur, wenn der Betreute überhaupt deliktsfähig ist (vgl. § 276 Abs. 1 Satz 2 BGB). Auch kann der Schaden des Betreuten darin bestehen, dass er wiederum einem Dritten aus §§ 280 Abs. 1, 241 Abs. 2, 278 Satz 1 BGB auf Schadensersatz haftet.

Allerdings ist nicht jeder finanzielle Verlust, der bei sparsamster Amtsführung nicht eingetreten wäre, ein Schaden im Rechtssinne. Denn da der Betreuer dem autonomen Lebensplan des Betreuten zur Verwirklichung verhelfen soll, ist der hierfür erforderliche Finanzbe-

---

101 LG Bielefeld BtPrax 1999, 111.
102 Aufgabenkreis „Tierhaltung des Betreuten", vgl. OLG Celle BtPrax 2008, 86.

darf auch der Maßstab. Besteht der im Altersheim untergebrachte Betreute darauf, dass sein Haus leerstehen soll, und besitzt er die finanziellen Mittel, um sich dies auch leisten zu können, so braucht der Betreuer das Haus weder zu vermieten noch zu verkaufen.[103]

Jedenfalls ist eine **Haftpflichtversicherung** und, falls der Betreute vermögend ist, auch eine **Vermögensschadensversicherung** dringend zu empfehlen, nach Landesrecht teilweise auch vorgeschrieben. Sie kann im Übrigen dem Betreuer vom Betreuungsgericht zur Auflage gemacht werden (§§ 1908i Abs. 1 Satz 1, 1837 Abs. 2 Satz 2 BGB). Die Kosten dieser Versicherung müssen dem ehrenamtlichen Betreuer erstattet werden (§§ 1908i Abs. 1 Satz 1, 1835 Abs. 2 BGB, vgl. im Einzelnen unten Seite 114). Alle Bundesländer haben Sammelversicherungen für ehrenamtliche Betreuer abgeschlossen.[104]

Soweit dem Betreuten ein Schaden dadurch entsteht, dass der Betreuer nicht ordentlich ausgewählt oder nicht richtig beaufsichtigt wurde, kann er unter Umständen von dem betreffenden Bundesland nach den Grundsätzen der Amtshaftung (§ 839 Abs. 1 Satz 1 BGB i.V.m. Art. 34 Satz 1 GG) Ersatz erhalten, allerdings – wegen der Subsidiarität der Amtshaftung (§ 839 Abs. 1 Satz 2 BGB) – nur, wenn bei dem Betreuer selbst oder seiner Versicherung nichts zu holen ist.

b) Ansprüche des Betreuers

Der **Betreute** haftet dem Betreuer dagegen nur nach allgemeinem Deliktsrecht. Hat er den Betreuer im Vollwahn krankenhausreif geprügelt, schuldet er ihm allenfalls im Rahmen der Billigkeitshaftung nach § 829 BGB Schadensersatz.

Alle – auch ehrenamtliche – Betreuer sind bei ihrer Tätigkeit allerdings **gesetzlich unfallversichert** (§ 2 Abs. 1 Nr. 9 SGB VII).

---

103 OLG Schleswig BtPrax 2001, 211.
104 Übersicht bei *Deinert/Lütgens/Meier* Rn. 1409.

E. Der Aufgabenkreis

Soll der vom Gericht festgelegte Aufgabenkreis § 1896 Abs. 2 Satz 1 BGB entsprechen, so ist so konkret wie möglich anzugeben, was von ihm erfasst werden soll und was nicht. Maßstab sind der Umfang von **Betreuungsbedürftigkeit** und **Betreuungsbedarf**. Es gibt keinen gesetzlichen „Katalog" von Aufgabenkreisen, deren Bedeutung genau fest-stünde. Vielmehr darf und muss das Gericht eine Formulierung finden, die dem konkreten Fall möglichst genau entspricht. Dennoch gibt es einige Lebensbereiche, auf die sich der Aufgabenkreis häufig erstreckt, so dass ähnliche Formulierungen in der Praxis immer wie-derkehren.

Im Folgenden soll auf **einige** dieser Bereiche, für die besondere Vorschriften zu beachten sind, näher eingegangen werden. Einen Anspruch auf Vollständigkeit erhebt dies nicht.

I. Betreuer für „alle Angelegenheiten"

Die Betreuung erstreckt sich nur auf die Angelegenheiten, deren Erledigung das Gericht dem Betreuer überträgt (Aufgabenkreise[105]). Das wiederum darf nur für solche Angelegen-heiten geschehen, die der Betroffene nicht selbst regeln kann („Erforderlichkeitsgrund-satz" – § 1896 Abs. 2 Satz 1 BGB, vgl. auch oben Seite 26). Es ergibt sich zwar aus dem Gesetz (vgl. z.B. §§ 276 Abs. 1 Satz 2 Nr. 2, 309 Abs. 1 Satz 1 FamFG), dass es grundsätzlich auch zulässig ist, dem Betreuer „alle Angelegenheiten" des Betreuten zu übertragen. Prak-tisch kommt das aber nur in Frage, wenn ohne jeden Zweifel feststeht, dass der Betreute keine einzige seiner Angelegenheiten selbst regeln kann.[106] Andernfalls muss sich das Ge-richt um eine sinnvolle Abgrenzung bemühen.

Selbst wenn dem Betreuer **alle Angelegenheiten** des Betreuten übertragen sind, umfasst das die in § 1896 Abs. 4 BGB genannten Aufgabenkreise nur, wenn sie ausdrücklich zu-sätzlich genannt sind (vgl. unten Seite 72). Außerdem ist der Betreuer für „alle Angelegen-heiten" nicht befugt, in die Sterilisation des Betreuten einzuwilligen, weil hierfür immer ein besonderer Betreuer bestellt werden muss (§ 1899 Abs. 2 BGB, dazu unten Seite 96).

Die Bestimmung in § 13 Nr. 2 BWG, wonach eine Betreuerbestellung für alle Angelegen-heiten den **Verlust des Wahlrechts** zur Konsequenz haben soll, ist wegen Verstoßes ge-gen Art. 38 Abs. 1 Satz 1 und Art. 3 Abs. 3 Satz 2 GG nichtig.[107]

II. Der Betreuung entzogene Angelegenheiten

Der Betreuer kann nicht für Angelegenheiten zuständig sein, die das Gesetz als schlechthin **höchstpersönlich** ausgestaltet, für die es also jede Stellvertretung ausschließt. Dasselbe gilt für solche Angelegenheiten, für die das Gesetz eine **abschließende Sonderregelung** für den Fall trifft, dass der für sie Zuständige sie nicht mehr wahrnehmen kann.

---

105 Es dürfte eher Geschmackssache sein, ob man das Wort – wie hier – im Plural verwendet oder selbst dann im Singular, wenn dem Betreuer mehrere verschiedene Arten von Angelegenheiten übertragen sind, denn das Gesetz selbst ist uneinheitlich formuliert – siehe § 1896 Abs. 2 Satz 1 BGB „Aufgabenkreise" und § 290 Nr. 3 FamFG „Aufgabenkreis", beidesmal ist dasselbe gemeint.

106 BayObLG BtPrax 1997, 72.

107 BVerfG EuGRZ 2019, 130.

Höchstpersönliche Angelegenheiten sind z.B.:

- die **Eheschließung** (§ 1311 Abs. 1 Satz 1 BGB),

- die Errichtung eines **Testaments** und der Abschluss eines **Erbvertrags** (vgl. §§ 2064, 2229, 2274, 2275 BGB), wobei letzteres nur für die Vertragspartei gilt, deren letztwillige Verfügungen in dem Erbvertrag enthalten sind,

- die **Einwilligung in die Adoption** als Elternteil des Kindes oder Ehegatte eines Beteiligten (§ 1750 Abs. 3 Satz 1 BGB).

Möglich ist es in all diesen Fällen aber, dem Betreuer **unterstützende Tätigkeiten** als Aufgabenkreis zu übertragen, wenn der Betreute zur Erledigung der eigentlichen Angelegenheit selbst in der Lage ist.

Die Stellung des **Beschuldigten im Strafverfahren** ist ebenfalls höchstpersönlicher Natur, denn niemand kann sich für die Tat eines anderen verantworten. Ist der Betreute hierzu nicht in der Lage, darf nicht gegen ihn verhandelt werden. In den wenigen Fällen, in denen die Verhandlung gegen einen Abwesenden zulässig ist (§§ 231a ff. StPO), muss er von einem Verteidiger vertreten sein. Die **Beteiligung des Betreuers** an einem Strafverfahren gegen den Betreuten ist in der StPO besonders geregelt. Er hat das Recht, zur Hauptverhandlung als **Beistand** zugelassen zu werden (§ 149 Abs. 2 StPO), kann einen **Verteidiger** mandatieren (§ 137 Abs. 2 StPO) und alle **Rechtsmittel** einlegen, die auch dem Betreuten zustehen (§ 298 Abs. 1 StPO). Dies muss allerdings – wie sonst auch – von seinem Aufgabenkreis erfasst sein. Das ist unproblematisch der Fall, wenn dem Betreuer pauschal alle Angelegenheiten oder alle persönlichen Angelegenheiten übertragen sind. Sonst dürfte ein eigenständiger Aufgabenkreis „Beteiligung am Strafverfahren" notwendig sein.

Das **Opfer einer Straftat** kann im Strafverfahren seine Rechte in gewöhnlicher Weise durch einen gesetzlichen Vertreter wahrnehmen, da Spezialregelungen in der StPO hierzu fehlen. Die Vertretung des Opfers im Strafverfahren ist daher ein Aufgabenkreis, der dem Betreuer übertragen werden kann. Es genügt wohl auch, wenn die Straftat einen Bereich betrifft, dessen Erledigung zu einem anderen Aufgabenkreis des Betreuers gehört.

Den zur Verfolgung von Antragsdelikten erforderlichen **Strafantrag** kann nach § 77 Abs. 3 StGB allerdings nur der „gesetzliche Vertreter in den persönlichen Angelegenheiten" stellen. Wer lediglich die Vermögenssorge hat, kann ihn also auch nicht bei einem Vermögensdelikt stellen (z.B. bei § 247 StGB).[108] Außerdem kann das geschäftsfähige Opfer ihn *nur* selbst stellen.

Die **Ausübung der elterlichen Sorge** für ein Kind steht dem Betreuer unter keinen Umständen zu. Die §§ 1666 bis 1667, 1674 und 1909 BGB stellen eine **abschließende Spezialregelung** dar.[109] Ist der Betreute z.B. nicht in der Lage, mit dem Jugendamt über die Entgegennahme von Hilfen zur Erziehung zu verhandeln, so muss dem Kind hierfür ein Vormund oder Pfleger bestellt werden. Für die Wahrnehmung der **eigenen Rechte** eines Elternteils kann der Betreuer aber zuständig sein, z.B. dazu, den Betreuten in einem Umgangs- oder Sorgerechtsverfahren vor dem Familiengericht zu vertreten.

---

108 OLG Celle NStZ 2012, 702.
109 *Hoffmann*, in: Festschrift für Bienwald, S. 111 ff.

III. Vermögensbetreuung

Die Vermögensverwaltung durch den Betreuer ist im Gesetz umfassend näher geregelt, nämlich vor allem in den entsprechend anwendbaren Vorschriften der §§ 1802 ff. BGB aus dem Vormundschaftsrecht, ergänzt durch §§ 1907, 1908, 1908g Abs. 2, 1908i Abs. 2 BGB.

1. Aufgabenkreis

Dem Betreuer kann sowohl die Verwaltung des Vermögens schlechthin als auch die Besorgung einzelner Vermögensangelegenheiten (Verwaltung der Immobilien, eines bestimmten Hauses, einer angefallenen Erbschaft usw.) übertragen werden. Voraussetzung ist dabei die begründete, gegenwärtige Gefahr eines möglichen Schadens, wenn man dem Betreuten diese Angelegenheiten eigenverantwortlich überließe.[110]

Die gesetzlichen Regelungen im Vormundschaftsrecht gehen von umfassender Vermögenssorge aus. Ansonsten sind sie nur anwendbar, soweit sie passen. Verwaltet der Betreute keine Vermögensgegenstände, fallen alle an die Verwaltung anknüpfenden Aufgaben weg. Verwaltet er nur bestimmte Vermögensgegenstände, erstrecken sie sich nur auf diese.

2. Eigenverwaltung durch den Betreuten

Ist der Betreute **geschäftsunfähig**, kann er sein Vermögen nicht selbst verwalten. Auch über die Sachen, die er in seinem Besitz hat, kann er nur in den durch § 105a BGB gesteckten Grenzen wirksam verfügen. Beim partiell geschäftsunfähigen Betreuten gilt das hinsichtlich der Bereiche, in denen er geschäftsunfähig ist.

Ist der Betreute geschäftsfähig, ist aber ein **Einwilligungsvorbehalt** angeordnet, so ist es nach §§ 1903 Abs. 1 Satz 2, 110 BGB zulässig, dass der Betreuer ihm einzelne Vermögensgegenstände zur eigenen Verwaltung überlässt. Die Grenze hierfür bestimmt §§ 1908i Abs. 1 Satz 1, 1824 BGB: Gegenstände, die der Betreuer nur mit Genehmigung des Betreuungsgerichts veräußern dürfte, darf er dem Betreuten nicht zur freien Verfügung überlassen.

Mit den überlassenen Gegenständen kann der Betreute nach §§ 1903 Abs. 1 Satz 2, 110 BGB nur Bargeschäfte tätigen. Einkäufe auf Kredit sind nur innerhalb des Rahmens des § 1903 Abs. 3 Satz 2 BGB möglich. Die in §§ 1903 Abs. 1 Satz 2, 112, 113 BGB genannte Möglichkeit, den Betreuten mit Genehmigung des Betreuungsgerichts zur selbständigen Führung eines Erwerbsgeschäfts oder zur selbständigen Verwaltung seines Arbeitsverhältnisses zu ermächtigen, ist theoretischer Natur. Kann der Betreute hier gefahrlos selbst tätig werden, muss schon der Einwilligungsvorbehalt entsprechend eingeschränkt werden.

Ist der Betreute **geschäftsfähig** und ist auch kein Einwilligungsvorbehalt angeordnet, bestehen die Vermögensverwaltungsbefugnis des Betreuers und des Betreuten nebeneinander. Der Betreuer entscheidet nach den Kriterien des § 1901 Abs. 2 bis 4 BGB, welche Vermögensgegenstände er dem Betreuten zur Eigenverwaltung überlässt. Das wird freilich oft

---

110 BGH FamRZ 2015, 649, 650.

dazu führen, dass er dem Betreuten herausgeben muss, was dieser haben möchte, denn soweit dieser Wunsch vom *freien* Willen des Betreuten getragen ist, ist es nicht denkbar, dass er seinem Wohl widerspricht.

3. Verwaltung durch den Betreuer

a) *Vermögensverzeichnis*

Alsbald nach Einrichtung der Betreuung muss der Betreuer – unabhängig von der Größe des Vermögens – ein Vermögensverzeichnis errichten (§§ 1908i Abs. 1 Satz 1, 1802 BGB). Stichtag ist der Tag, an dem die Betreuung nach § 287 FamFG wirksam geworden ist. Zum Vermögen gehören:

- **Aktiva:** Sachen und Forderungen,

- **Passiva:** Verbindlichkeiten aller Art.

Nicht unbedingt vorgeschrieben, aber nützlich, ist eine Gegenüberstellung der laufenden Einnahmen und Ausgaben, damit von Anfang an abgeschätzt werden kann, wie groß der finanzielle Spielraum sein wird.

Verzeichnet werden muss auch Vermögen, das von einem Dritten (z.B. Testamentsvollstrecker) verwaltet wird oder an dem der Betreute nur einen Anteil besitzt (z.B. der einer Erbengemeinschaft gehörende Nachlass). Auch Vermögen, das der Betreute selbst verwaltet, ist zu verzeichnen, wenn es vom Aufgabenkreis erfasst wird. Nur wenn er auf bestimmte Vermögensteile beschränkt ist, sind auch nur diese zu verzeichnen.

Praktische Schwierigkeiten bereitet oft das **Auffinden** der einzelnen Vermögensbestandteile. Dazu wird der Betreuer meist alle Unterlagen durchsehen müssen, ggf. auch die Wohnung des Betreuten durchsuchen, vor allem, wenn dieser unter Störungen des kurz- und mittelfristigen Gedächtnisses leidet. Solche Durchsuchungsaktionen sollte der Betreuer nie ganz allein vornehmen, um nicht später in den Verdacht von Unregelmäßigkeiten zu geraten. Oft wird ein Angehöriger des Betreuten bereit sein, dabei mitzuwirken. Außerdem muss der Betreuer beachten, dass ihm die Vermögensbetreuung keine Handhabe zur Durchsuchung der Wohnung gegen den Willen des Betreuten oder ohne dessen Wissen gibt (vgl. dazu unten Seite 85).

Im Übrigen muss der Betreuer **Detektivinstinkt** entwickeln. Ohne Anspruch auf Vollständigkeit seien hier ein paar Anhaltspunkte genannt:

- Welche Bankverbindungen sind bekannt?

- Sind dort vielleicht weitere Konten vorhanden?

- Gibt es einen Safe, ein Depot?

- Wohin gehören in der Wohnung liegende Schlüssel?

- Wer war Arbeitgeber? Ist der Lohnsteuerjahresausgleich gemacht?

- Wer hatte Kontovollmacht? Kann diese missbraucht worden sein?

- Hat der Betreute noch Verfügungen vorgenommen, als er schon eindeutig nicht mehr geschäftsfähig war, so dass Rückforderungsansprüche bestehen können?

Oft ist die vom Betreuungsgericht für das Vermögensverzeichnis gesetzte Frist zu kurz, um alles aufzuklären. Dann muss der Betreuer **Fristverlängerung** beantragen oder Vorbehalte machen, zu denen er später Ergänzungsverzeichnisse nachreicht. Ein **Ergänzungsverzeichnis** ist ferner notwendig, wenn der Betreuer später Vermögen – z.B. durch Erbschaft – hinzuerwirbt.

Das Betreuungsgericht kann den Betreuer durch **Zwangsgeld** zum Einreichen des Vermögensverzeichnisses anhalten (§§ 1908i Abs. 1 Satz 1, 1837 Abs. 3 BGB) oder es notfalls von dritter Seite anfertigen lassen (§§ 1908i Abs. 1 Satz 1, 1802 Abs. 2 BGB).

b) Anlage von Geld

Bei Geld unterscheidet §§ 1908i Abs. 1 Satz 1, 1806 BGB zwischen solchem, das demnächst zur Bestreitung von Aufgaben benötigt wird (sog. Verfügungsgeld), und anderem Geld (Anlagegeld). Letzteres muss der Betreuer grundsätzlich festverzinslich anlegen. Für Ersteres gilt nur, dass er es getrennt von seinem eigenen Vermögen (§§ 1908i Abs. 1 Satz 1, 1805 Satz 1 BGB) sicher verwahren muss.

Für die Geldanlage sind nach § 1908i Abs. 1 Satz 1 BGB auch noch die folgenden Vorschriften des Vormundschaftsrechts zu beachten:

- Die Anlage soll **mündelsicher** sein (vgl. dazu den Katalog des § 1807 BGB). Dem Betreuer wird vom Betreuungsgericht jedoch auch eine **andersartige Anlage** gestattet, wenn diese nicht den Grundsätzen der Wirtschaftlichkeit widerspricht (§ 1811 BGB). Hier ist auf die nach den Einkommens- und Vermögensverhältnissen des Betreuten üblichen Gepflogenheiten abzustellen. Über den Wortlaut hinaus kann dem Betreuer auch eine **andere als festverzinsliche Anlage** (z.B. in Aktien, Gold oder Immobilien) gestattet werden.

- Die Anlage muss, falls sie nicht nach § 1814 BGB hinterlegt wird, eine **Mündelsperre** enthalten (§§ 1809, 1816 BGB). Das ist eine Vereinbarung mit der Bank, wonach Abhebungen nur mit Genehmigung des Gegenbetreuers oder des Betreuungsgerichts zugelassen werden dürfen.

- Inhaberpapiere müssen **versperrt hinterlegt** oder in versperrte Buchforderungen umgewandelt werden (§§ 1814, 1815 BGB). Für Namenspapiere und Wertsachen existiert eine Depotpflicht nicht, doch kann das Betreuungsgericht auch deren versperrte Hinterlegung vorschreiben (§ 1818 BGB).

Das Betreuungsgericht kann den Betreuer auf seinen Antrag von all diesen Beschränkungen **befreien** (§ 1817 Abs. 1 BGB), wenn der Gesamtwert des Aktivvermögens ohne Immobilien nicht über 6.000,00 € liegt. Zuständig ist der Rechtspfleger.

c) Rechnungslegung

Der Betreuer muss nach §§ 1908i Abs. 1 Satz 1, 1840 Abs. 2, 3 BGB einmal jährlich dem Betreuungsgericht Rechnung legen. Das bedeutet:

- Es ist eine geordnete Übersicht aller **Einnahmen und Ausgaben** aus dem abgelaufenen Rechnungszeitraum zu erstellen (§§ 1908i Abs. 1 Satz 1, 1841 Abs. 1 BGB).

- Dieser Übersicht sind die dazugehörigen **Belege** (Kontoauszüge, Quittungen) beizufügen.

Das Betreuungsgericht bestimmt das **Rechnungsjahr** (§§ 1908i Abs. 1 Satz 1, 1840 Abs. 3 Satz 2 BGB). Mit dem Kalenderjahr muss es nicht übereinstimmen. Erfordert die Verwaltung nur einen geringen Aufwand, kann der Rechnungslegungszeitraum vom Betreuungsgericht auch auf bis zu drei Jahre ausgedehnt werden (§§ 1908i Abs. 1 Satz 1, 1840 Abs. 4 BGB).

Existiert ein **Gegenbetreuer**, prüft dieser die Rechnungslegung zuerst und versieht sie mit entsprechenden Vermerken (§§ 1908i Abs. 1 Satz 1, 1842 BGB).

Das Vermögensverzeichnis und die jährlichen Rechnungslegungen sollen zusammen mit der Schlussrechnung (§§ 1908i Abs. 1 Satz 1, 1890 Satz 1 BGB) einen **lückenlosen Nachweis** über die Vermögensverwaltung des Betreuers ermöglichen.

4. Grenzen der Verwaltungsbefugnis

Für eine ganze Reihe von Geschäften ist die Genehmigung des Gegenbetreuers (wenn einer existiert) oder des Betreuungsgerichts erforderlich. Andere sind ganz verboten. Unterteilen lässt sich das in folgende Klassen mit zunehmendem Grad an Strenge:

a) Mündelsichere Anlage

Für die mündelsichere Anlegung von Geld soll nach §§ 1908i Abs. 1 Satz 1, 1810 BGB die **Genehmigung des Gegenbetreuers** eingeholt werden. Gibt es keinen Gegenbetreuer oder weigert er sich, die Genehmigung zu erteilen, entscheidet das Betreuungsgericht.

Da es sich um eine Sollvorschrift handelt, führen **Verstöße** nicht zur Unwirksamkeit der Verträge, die ohne die Genehmigung abgeschlossen wurden. Äußerstenfalls ist der Betreuer nach §§ 1908i Abs. 1 Satz 1, 1833 BGB schadensersatzpflichtig, wenn dem Betreuten durch die ohne Genehmigung gewählte Anlageform ein Verlust entstanden ist.

Keine Genehmigung ist notwendig, wenn mehrere Betreuer als **Mitbetreuer** handeln.

b) Verfügungen über Forderungen und andere Rechte

Für Verfügungsgeschäfte über Forderungen und andere Rechte (oder die Verpflichtung des Betreuten zu einer solchen Verfügung) muss der Betreuer nach §§ 1908i Abs. 1 Satz 1, 1812 Abs. 1 BGB die **Genehmigung des Gegenbetreuers** einholen. Ist kein Gegenbetreuer bestellt oder weigert er sich, die Genehmigung zu erteilen, entscheidet das Betreuungsgericht (§§ 1908i Abs. 1 Satz 1, 1812 Abs. 2, 3 BGB). **Verfügung** ist jedes Rechtsgeschäft, das ein bestehendes Recht aufhebt, überträgt oder verändert, z.B. auch die Kündigung eines Dauerschuldverhältnisses, weil dadurch die Dauerverpflichtungen enden und Abwicklungspflichten an ihre Stelle treten.

Ohne Genehmigung vorgenommene Verfügungen sind – je nachdem, ob es sich um einen Vertrag oder ein einseitiges Rechtsgeschäft handelt – **schwebend unwirksam** oder **nichtig** (§§ 1908i Abs. 1 Satz 1, 1828 bis 1832 BGB).

Von dieser Genehmigungspflicht gibt es folgende **Ausnahmen**:

Handeln mehrere Betreuer als **Mitbetreuer**, entfällt sie (§§ 1908i Abs. 1 Satz 1, 1812 Abs. 3 BGB).

Besteht das Geschäft ausschließlich in der **Annahme einer geschuldeten Leistung**, so ist die Genehmigung nach §§ 1908i Abs. 1 Satz 1, 1813 BGB nicht notwendig, wenn

- die Forderung nicht auf Geld oder Wertpapiere gerichtet ist,
- die Forderung weniger als 3.000,00 € beträgt oder vom Betreuer angelegtes Geld betrifft, wobei das wiederum nicht gilt, wenn ein Sperrvermerk i.S.v. § 1809 BGB besteht,
- über das Guthaben auf einem Girokonto verfügt wird,
- der Anspruch zu den Nutzungen des Mündelvermögens i.S.v. § 100 BGB gehört oder
- nur Zinsen, Kosten oder andere Nebenforderungen betrifft.

Die in § 1813 Abs. 1 Nr. 2 BGB genannte 3.000-Euro-Grenze betrifft die Forderung als solche, nicht den einzelnen in Empfang genommenen Betrag.[111] Andernfalls könnte die Genehmigungspflicht durch die Annahme mehrere Teilleistungen einfach umgangen werden. Auf das Guthaben auf einem Girokonto ist sie nicht mehr anwendbar: Über ein solches kann stets genehmigungsfrei verfügt werden und zwar nicht nur, wie der Wortlaut zu suggerieren scheint, in der Form der Abhebung des Geldes, sondern auch durch Überweisung, weil nämlich auch die Pflicht zur Überweisung von Ausführungen bereits aus dem Girovertrag folgt (vgl. § 675f Abs. 2 BGB) und ihr Abruf damit auch auf die Annahme einer geschuldeten Leistung hinausläuft.

Der Betreuer kann bei nur geringem Vermögen nach § 1817 Abs. 1 BGB auf seinen Antrag vom Betreuungsgericht von der Genehmigungspflicht aus § 1812 BGB **befreit** werden. Wenn die Voraussetzungen hierfür nicht vorliegen, kann das Betreuungsgericht ihm eine **allgemeine Ermächtigung** für alle oder einige der in § 1812 BGB genannten Geschäfte erteilen (§§ 1908i Abs. 1 Satz 1, 1825 Abs. 1 BGB). Das setzt voraus, dass ohne die Ermächtigung eine sinnvolle Vermögensverwaltung nicht möglich wäre (§§ 1908i Abs. 1 Satz 1, 1825 Abs. 2 BGB).

Eine Kontoverfügung, die zu einem **Sollsaldo** führen würde, enthält eine **Kreditaufnahme** und unterliegt daher der Genehmigungspflicht in §§ 1908i Abs. 1 Satz 1, 1822 Nr. 8 BGB. Auf die Höhe des Betrages kommt es nicht an.

c) Auflösung oder Gründung eines Erwerbsgeschäfts

Die **Genehmigung des Betreuungsgerichts** soll eingeholt werden, wenn der Betreuer im Namen des Betreuten ein Erwerbsgeschäft neu gründen oder aber ein bei Übernahme der Betreuung vorhandenes auflösen will (§§ 1908i Abs. 1 Satz 1, 1823 BGB). Das ist wieder eine Sollvorschrift. Ohne Genehmigung abgeschlossene Geschäfte sind wirksam. Die einzige **Sanktion** besteht in möglichen Schadensersatzpflichten nach §§ 1908i Abs. 1 Satz 1, 1833 BGB.

---

111   Erman/ *Schulte-Bunert* § 1813 BGB Rn. 3.

Soll ein bestehendes Erwerbsgeschäft als Ganzes veräußert oder (kaum praktisch) erworben werden, so gilt die strengere Vorschrift des §§ 1908i Abs. 1 Satz 1, 1822 Nr. 3 BGB.

d) Darlehen und abstrakte Verpflichtungen

Die **Genehmigung des Betreuungsgerichts** ist nach §§ 1908i Abs. 1 Satz 1, 1822 Nr. 8 bis 10 BGB erforderlich zur

- Kreditaufnahme,

- Ausstellung von Schecks (sofern indossierbar), Wechseln und Inhaberschuldverschreibungen und

- Übernahme einer Bürgschaft oder fremden Schuld.

Die Genehmigung ist aber entbehrlich, wenn der Betreuer zu einzelnen oder allen diesen Geschäften vom Betreuungsgericht **allgemein ermächtigt** wird (§§ 1908i Abs. 1 Satz 1, 1825 Abs. 1 BGB).

Geschäfte, die ohne die erforderliche Genehmigung vorgenommen werden, sind **schwebend unwirksam** bzw. **nichtig** (§§ 1908i Abs. 1 Satz 1, 1828 bis 1831 BGB).

e) Streng genehmigungspflichtige Geschäfte

Die **Genehmigung des Betreuungsgerichts** ist erforderlich und kann nur im Einzelfall erteilt werden für:

- Verfügungen über versperrt hinterlegte Sachen oder versperrte Geldanlagen (§§ 1908i Abs. 1 Satz 1, 1819, 1820 BGB),

- alle Immobiliengeschäfte mit Ausnahme des unentgeltlichen Erwerbs eines Grundstücks oder eines entsprechenden Rechtes (§§ 1908i Abs. 1 Satz 1, 1821 BGB),

- eine Reihe von Verfügungen über Erbteile, Pflichtteile u.Ä. (§§ 1908i Abs. 1 Satz 1, 1822 Nr. 1, 2, 2347 Satz 2 BGB),

- Erwerb und Veräußerung eines Erwerbsgeschäfts (§§ 1908i Abs. 1 Satz 1, 1822 Nr. 3 BGB),

- Landpacht (§§ 1908i Abs. 1 Satz 1, 1822 Nr. 4 BGB),

- langfristige Lehr-, Dienst- oder Arbeitsverträge (§§ 1908i Abs. 1 Satz 1, 1822 Nr. 6, 7 BGB),

- die Erteilung von Prokura i.S.v. §§ 48 ff. HGB (§§ 1908i Abs. 1 Satz 1, 1822 Nr. 11 BGB),

- den Abschluss eines Vergleichs (vgl. § 779 BGB), dessen Gegenstandswert € 3.000 übersteigt und der den Streitparteien nicht vom Gericht vorgeschlagen wurde (§§ 1908i Abs. 1 Satz 1, 1822 Nr. 12 BGB),

- den Verzicht auf Sicherheiten (§§ 1908i Abs. 1 Nr. 1, 1822 Nr. 13 BGB),

- die Kündigung und Aufhebung des Mietverhältnisses über die Wohnung des Betreuten (§ 1907 Abs. 1 BGB),

- den Abschluss eines Dauerschuldverhältnisses, das den Betreuten für länger als vier Jahre bindend zu wiederkehrenden Leistungen verpflichtet, außerdem für die Vermietung von Wohnraum (§ 1907 Abs. 3 BGB),

- die Ausstattung eines Kindes (vgl. § 1624 BGB) aus dem Vermögen des Betreuten (§ 1908 BGB).

Auch hier gelten bei **Verstößen** die §§ 1908i Abs. 1 Satz 1, 1828 bis 1831 BGB. Verträge sind (zunächst) schwebend unwirksam. Einseitige Geschäfte sind von Anfang an nichtig.

f) Verbotene Geschäfte

Schenkungen aus dem Vermögen des Betreuten darf der Betreuer nur unter sehr eingeschränkten Voraussetzungen machen (§§ 1908i Abs. 2 Satz 1, 1804 Satz 1 BGB).

Nach §§ 1908i Abs. 2 Satz 1, 1804 Satz 2 BGB sind zunächst **Pflicht- und Anstandsschenkungen** erlaubt. Darunter fallen z.B. Geburtstagsgeschenke, Trinkgelder und Ähnliches. Es muss sich aber nicht zwangsläufig immer um geringwertige Zuwendungen handeln.[112]

Nach § 1908i Abs. 2 Satz 1 BGB sind auch **andere Schenkungen** erlaubt, wenn mit ihnen einem Wunsch des Betreuten entsprochen wird *und* dieser Wunsch sich mit Rücksicht auf die Lebensverhältnisse des Betreuten im Rahmen des Üblichen bewegt (§ 1908i Abs. 2 Satz 1 BGB). Ohne einen konkreten Wunsch des Betreuten sind solche Geschenke unzulässig. Ein mutmaßlicher Wille des Betreuten genügt hierfür nicht. Die Gesetzesfassung ist allerdings zu eng, da sie mit dem Kriterium der Üblichkeit eine objektive Grenze zieht. Auch bei erlaubten Geschenken muss der Betreuer die Grenzen des § 1901 Abs. 3 BGB einhalten: Ist zu erwarten, dass der Betreute die Mittel, die ihm das Geschenk entziehen würde, selbst benötigt, und sei es nur, um sein Leben auch weiterhin nach seinen Wünschen und Vorstellungen gestalten zu können (§ 1901 Abs. 2 Satz 2 BGB), darf er dem Wunsch nicht entsprechen.

Nicht jede Zuwendung ohne eine unmittelbare Gegenleistung ist Schenkung. Der nachträglichen **Belohnung** einer besonderen Leistung (z.B. an einen Lebensretter) fehlt es an der Unentgeltlichkeit, wenn die Belohnung dem Geleisteten entsprechen soll. Die **Ausstattung** eines Kindes anlässlich seiner Verselbstständigung oder Heirat gilt ebenfalls nicht als Schenkung (siehe § 1624 BGB). Soll sie aus dem Vermögen des Betreuten erfolgen, gilt § 1908 BGB. Wenn Ehegatten einander größere Vermögenswerte unentgeltlich zuwenden, wird dies ebenfalls regelmäßig nicht als Schenkung aufgefasst, sondern als so genannte **ehebedingte Zuwendung**, ein familienrechtliches Geschäft eigener Art, über dessen Unentgeltlichkeit Streit herrscht. Im Betreuungsrecht sollte man sie wohl aber der Schenkung gleichstellen.

Ist eine Schenkung nach § 1908i Abs. 2 Satz 1 BGB erlaubt, so braucht sie nicht vom Betreuungsgericht genehmigt zu werden (falls nicht – wie bei einem Grundstück – die Verfügung über den geschenkten Gegenstand ihrerseits genehmigungspflichtig ist). Ist sie verboten, kann sie nicht genehmigt werden. Der Betreuer kann die Frage einer klärenden Entscheidung des Betreuungsgerichts nur zuführen, indem er die Schenkung ankündigt und den Rechtspfleger darum bittet, sie zu prüfen und ggf. eine Weisung zu erteilen.[113]

---

112 Vgl. etwa LG Kassel BtPrax 2012, 259: Schenkung von 40.000,00 € in vorweggenommener Erbfolge, um den Sohn der Betreuten aus einer unverschuldeten finanziellen Notlage zu befreien, die seine Lebensgrundlage gefährdet.

113 Zur Zulässigkeit einer solchen Verfahrensweise: LG Kassel BtPrax 2012, 259.

§§ 1908i Abs. 1 Satz 1, 1805 Satz 1 BGB verbietet dem Betreuer die **Verwendung** von Vermögen des Betreuten für eigene Zwecke. Auch Vermögenseinkünfte des Betreuten darf er nicht für eigene Zwecke verwenden. Tut er es dennoch, macht er sich – wenn er den Betreuten dadurch zugleich vorsätzlich schädigt – der Untreue (§ 266 StGB) schuldig. Außerdem haftet er für den dadurch entstandenen Schaden (§§ 1908i Abs. 1 Satz 1, 1833 BGB). Mindestens hat er das eigenverwendete Vermögen zu verzinsen (§§ 1908i Abs. 1 Satz 1, 1834 BGB).

Aber nicht erst die Verwendung von Betreutenvermögen ist verboten. Schon jede **Vermischung** von Vermögen des Betreuten mit dem eigenen des Betreuers verstößt nach allgemeiner Ansicht gegen §§ 1908i Abs. 1 Satz 1, 1805 Satz 1 BGB. Was dem Betreuten und was dem Betreuer gehört, muss jederzeit klar erkennbar sein. **Bargeld des Betreuten** darf der Betreuer daher nicht in den eigenen Geldbeutel stecken, eine an den Betreuten gerichtete Zahlung nicht über sein eigenes Konto laufen lassen. Die Rechtsprechung gesteht es dem Betreuer noch nicht einmal zu, ein offenes Treuhandkonto für den Betreuten auf seinen Namen zu eröffnen.[114] Das ist allerdings übermäßig streng, denn es zwingt den Betreuer ggf. dazu, das Giralgeld als Bargeld vorrätig zu halten, was für den Betreuten ungleich gefährlicher ist.[115]

Ebenso verboten ist die Vermischung von Vermögen mehrerer Betreuter miteinander.[116]

5. Interessenkollisionen

Zuweilen treten die Interessen des Betreuers und des Betreuten in Widerspruch zueinander. In einigen Fällen bilden solche Kollisionen schon kraft Gesetzes ein rechtliches Hindernis für das Handeln des Betreuers:

Nach § 181 BGB kann der Betreuer nicht bei dem gleichen Rechtsgeschäft sich selbst oder einen Dritten und den Betreuten vertreten (sog. **Insichgeschäft**). Ebenso wenig kann er bei demselben Rechtsgeschäft mehrere Beteiligte gleichzeitig vertreten. §§ 1908i Abs. 1 Satz 1, 1795 Abs. 1 Nr. 1 BGB dehnt dieses Verbot auf Geschäfte aus, an denen auf der anderen Seite ein naher **Angehöriger des Betreuers** beteiligt ist. Auch wenn das alles nicht der Fall ist, muss das Betreuungsgericht dem Betreuer die Vertretungsmacht für Geschäfte **entziehen**, bei denen die Interessen des Betreuers und die des Betreuten in erkennbarem Gegensatz zueinander stehen (§§ 1908i Abs. 1 Satz 1, 1796 BGB). Eine solche Interessenkollision muss der Betreuer entsprechend § 1901 Abs. 5 BGB dem Betreuungsgericht anzeigen.

Von diesen Vertretungsverboten sind Geschäfte ausgenommen, die ausschließlich in der **Erfüllung** einer bereits bestehenden Verbindlichkeit bestehen. Geld oder andere Sachen, die der Betreuer dem Betreuten oder umgekehrt schuldet, kann der Betreuer daher wirksam durch Insichgeschäft übereignen.

Eine weitere – ungeschriebene – Ausnahme wird für Geschäfte gemacht, die für den Betreuten **lediglich rechtlich vorteilhaft** sind, denn dadurch kann das Vermögen des Be-

---

114 KG NJW 1967, 1833; LG Krefeld Rpfleger 2001, 302.
115 *Fröschle*, in: Festschrift für Bienwald S. 87 ff.
116 BGH BtPrax 2019, 30.

treuten nicht gefährdet werden. Das betrifft unentgeltliche Zuwendungen des Betreuers an den Betreuten.

Kein Insichgeschäft liegt vor, wenn Betreuer und Betreuter **gleichgerichtete Willenserklärungen** abgeben. Besteht kein Interessengegensatz i.S.v. § 1796 BGB, kann der Betreuer daher z.B. in einer Versammlung sowohl sein eigenes als auch das Stimmrecht des Betreuten ausüben.

Soll ein dem Betreuer verbotenes Geschäft wirksam vorgenommen werden, muss der Betreute anderweitig vertreten sein, was praktisch durch Bestellung eines **Ergänzungsbetreuers** nach § 1899 Abs. 4 BGB möglich ist.

Die **Rechtsfolgen eines Verstoßes** gegen ein gesetzliches oder gerichtliches Vertretungsverbot ergeben sich aus §§ 177 ff. BGB, denn diese Vorschriften verbieten solche Geschäfte nicht schlechthin, sondern schränken nur die Vertretungsmacht ein. Der geschäftsfähige Betreute oder ein – später bestellter – Ergänzungsbetreuer kann einen Vertrag, den der Betreuer als verbotenes Insichgeschäft vorgenommen hat, daher durch nachträgliche Genehmigung wirksam machen (§ 177 Abs. 1 BGB).

Handelt der Betreute in einem der geschilderten Konfliktfälle selbst, verstößt das nicht unmittelbar gegen das Vertretungsverbot. Dann gilt Folgendes:

- Ist der Betreute **geschäftsunfähig**, ist das Geschäft – wie sonst auch – nach § 105 Abs. 1 BGB nichtig, wenn es nicht unter § 105a BGB fällt (Betreuter schenkt dem Betreuer eine Tafel Schokolade).

- Ist er geschäftsfähig, besteht aber ein **Einwilligungsvorbehalt**, gelten für die Erteilung der Einwilligung oder Genehmigung des Betreuers nach §§ 1903 Abs. 1 Satz 2, 107 ff. BGB dieselben Beschränkungen, die für die Vornahme des Rechtsgeschäfts durch den Betreuer gelten würden, andernfalls könnten die §§ 181, 1795, 1796 BGB ja bequem umgangen werden. Es ist dann für die Erteilung der Einwilligung oder Genehmigung ein Ergänzungsbetreuer notwendig, es sei denn, der Betreute kann ausnahmsweise ohne Einwilligung wirksam handeln (z.B. nach §§ 1903 Abs. 1 Satz 2, 107, 110 oder § 1903 Abs. 2 BGB).

- Ist der Betreute dagegen **voll geschäftsfähig**, ist das Geschäft voll wirksam. Das ist vor allem bei Schenkungen und letztwilligen Verfügungen äußerst problematisch, zumal es im späteren Streitfall der Betreute bzw. seine Erben sind, die die Beweislast für eine etwaige Geschäftsunfähigkeit des Betreuten trifft. Nur beim Behördenbetreuer ist die Annahme einer solchen Zuwendung von der **Genehmigung des Dienstvorgesetzten** abhängig. Bei Berufsbetreuern dürfte die Annahme gegen die Standesethik verstoßen, doch gibt es dafür bis jetzt keine einheitlichen Richtlinien.

Die Vertretungsverbote gelten auch im **Zivilprozess**, obwohl das nur § 1795 Abs. 1 Satz 3 BGB ausdrücklich ausspricht. Im Betreuungs- und Unterbringungsverfahren dagegen kann der Betreuer den Betreuten grundsätzlich vertreten, da hier die Vertretung eines Beteiligten durch den anderen nicht ausgeschlossen ist (s. auch § 10 Abs. 2 Nr. 2 FamFG, der sie sogar begünstigt). Hier kann sich ein Vertretungsverbot nur daraus ergeben, dass sie sich materiell in unvereinbarer Beteiligtenrolle gegenüberstehen (wie z.B., wenn es um die Festsetzung von Zahlungen des Betreuten an den Betreuer – §§ 292 Abs. 1, 168 Abs. 1 Satz 1

FamFG – geht). Nach §§ 303 Abs. 4, 335 Abs. 3 FamFG kann der Betreuer aber Beschwer-den stets auch im Namen des Betreuten erheben.

6. Befreite Betreuung

Befreite Betreuer sind:

- nach §§ 1908i Abs. 1 Satz 1, 1857a BGB der **Verein** und die **Behörde**,

- nach § 1908i Abs. 2 Satz 2 BGB außerdem bestimmte nahe **Angehörige des Betreu-ten** sowie **Vereins- und Behördenbetreuer**, es sei denn, das Betreuungsgericht ord-net schon bei der Bestellung etwas anderes an.

In der Praxis ist die Mehrheit der Betreuer befreit, denn es bleiben ja nur die selbständigen Berufsbetreuer und diejenigen ehrenamtlichen Betreuer übrig, die keine Angehörigen des Betreuten sind (ehrenamtliche Fremdbetreuer).

Für befreite Betreuer gelten gegenüber den oben geschilderten Pflichten bei der Vermö-gensverwaltung einige Erleichterungen:

- Nach § 1852 Abs. 2 BGB gelten für sie die **Genehmigungspflichten** der §§ 1810 und 1812 BGB nicht. Außerdem brauchen sie keine **Mündelsperre** nach § 1809 BGB zu vereinbaren.

- Nach § 1853 BGB sind sie von der Pflicht zur **Hinterlegung** von Inhaber- und Order-papieren und von der Eintragung eines Sperrvermerks im Schuldbuch befreit.

- Nach § 1854 BGB brauchen sie während der Betreuung anstelle der **regelmäßigen Rechnungslegung** nur (in zwei- bis fünfjährigen Abständen) eine regelmäßige Vermö-gensübersicht vorzulegen. Das Vermögensverzeichnis müssen sie jedoch ebenso erstel-len wie die Schlussrechnung bei Beendigung der Betreuung. Diese Schlussrechnung muss sich dann auf den gesamten Zeitraum der Betreuung beziehen, so dass diese Er-leichterung letztlich nur vorläufiger Natur ist.

Für die Behörde als Betreuer kann **Landesrecht** zusätzliche Befreiungen vorsehen (§ 1908i Abs. 1 Satz 2 BGB).

IV. Überwachung des Post- und Fernmeldeverkehrs

Art. 10 Abs. 1 GG stellt das Brief-, Post- und Fernmeldegeheimnis unter besonderen verfas-sungsrechtlichen Schutz. Dem trägt das Betreuungsrecht dadurch Rechnung, dass es Ein-griffe des Betreuers in diese Rechte nur zulässt, wenn das Betreuungsgericht sie besonders gestattet hat. Der äußeren Form nach erfolgt dies durch ausdrückliche Zuweisung entspre-chender **besonderer Aufgabenkreise** (§ 1896 Abs. 4 BGB). Allgemeine Formulierungen wie „persönliche Angelegenheiten" genügen nicht, nicht einmal die pauschale Zuweisung „aller Angelegenheiten".

1. Post- und Briefverkehr

Das **Postgeheimnis** betrifft den Umstand der Beförderung einer Sendung vom Absender zum Empfänger. Der Betreuer, dem das „Anhalten der Post" nicht übertragen ist, darf daher weder dafür sorgen, dass solche Sendungen auf ihn umgeleitet, noch auch nur, dass sie ihm zur Kenntnis gebracht werden. Für Maßnahmen, die schon beim Absender ansetzen, gilt das allerdings nicht. Der Betreuer darf diesen daher auch ohne besonderen Aufgabenkreis veranlassen, Sendungen nicht mehr an den Betreuten, sondern an ihn zu schicken. Da er – und nicht der Betreute – dann der Empfänger der Sendung ist, ist das Postgeheimnis des Betreuten davon nicht betroffen.

Das **Briefgeheimnis** schützt Absender und Empfänger einer Sendung vor der Öffnung durch einen Dritten. Einen an den Betreuten adressierten, verschlossenen Brief darf der Betreuer daher nur öffnen, wenn ihm das „Öffnen der Post" besonders übertragen ist. Der Schutz des Briefgeheimnisses entfällt aber, sobald die Sendung vom Empfänger geöffnet wurde. Dadurch wird sie zu einer gewöhnlichen Urkunde, die der Betreuer an sich nehmen darf. Der Empfänger kann ihm ferner das Öffnen gestatten.

Wenn der Betreuer Briefe des Betreuten kennen muss, um seine Aufgaben sachgerecht erfüllen zu können, hat er demnach folgende Möglichkeiten:

- Der Betreuer darf ohne Verstoß gegen das Post- und Briefgeheimnis Briefe lesen und an sich nehmen, die der Betreute bereits geöffnet hat.
- Der Betreuer darf an den Betreuten gerichtete Post mit dessen Einwilligung öffnen. Allerdings ist für eine wirksame Einwilligung erforderlich, dass der Betreute die Bedeutung des Briefgeheimnisses erkennen und nach dieser Erkenntnis entscheiden kann (natürliche Einsichtsfähigkeit).
- Der Betreuer kann Geschäftspartner des Betreuten bitten, wichtige Briefe direkt an ihn zu adressieren.
- Notfalls kann er den Absender bitten, ihm eine Kopie des Briefes noch einmal zu übersenden.

Nur wenn sich durch all diese Maßnahmen nicht sicherstellen lässt, dass der Betreuer von wichtiger Post Kenntnis erhält, muss er nach § 1901 Abs. 5 Satz 2 BGB anregen, seinen Aufgabenkreis entsprechend § 1896 Abs. 4 BGB zu erweitern.

Im Übrigen gilt natürlich auch für das Anhalten und Öffnen der Post § 1901 Abs. 2 Satz 2 und Abs. 3 BGB. Auch der Betreuer, dem dies übertragen ist, muss Briefe ungeöffnet an den Betreuten weiterleiten, wenn sie ersichtlich für die Betreuung ohne Bedeutung sind und auch ansonsten das Wohl des Betreuten nicht gefährden. Letzteres wird er ohne Öffnen und Lesen freilich oft nicht feststellen können. Die manchmal zu lesende Einschränkung „Öffnen und Anhalten der Post, soweit sie den Aufgabenkreis betreffen." ist daher nicht sinnvoll. Ob ein Brief die (sonstigen) Aufgabenkreise betrifft, weiß man meist erst, wenn man ihn geöffnet hat.

2. Fernmeldeverkehr

Das Fernmeldegeheimnis betrifft sowohl den Inhalt als auch die Tatsache von Telefongesprächen. Schon die Kenntnisnahme von Telefongesprächen des Betreuten ohne dessen Einverständnis greift in dieses Recht ein. Deswegen darf der Betreuer sich in den Telefonverkehr des Betreuten überhaupt nur einmischen, wenn ihm die „Entscheidung über den Fernmeldeverkehr" nach § 1896 Abs. 4 BGB übertragen ist. Das gilt z.B. auch schon für die Beantragung einer Rechnung mit Einzelverbindungsnachweis oder die Sperre von bestimmten Telefonnummern. Abschluss oder Kündigung eines Telefonvertrages fallen dagegen nicht unter § 1896 Abs. 4 BGB, weil sie in den Fernmeldeverkehr nicht direkt eingreifen, sondern dessen vertragliche Grundlagen betreffen.

3. Verkehr mit dem Anwalt

Analog zu § 148 StPO ist der Verkehr zwischen dem Betreuten und dem Anwalt, der ihn in einem Betreuungs- oder Unterbringungsverfahren vertritt, in jeder Hinsicht frei. Der Betreuer darf ihn weder durch Verbote einschränken (vgl. zum Umgangsverbot unten Seite 100), noch erfassen die in § 1896 Abs. 4 BGB genannten Aufgabenkreise diesen Verkehr. Das folgt aus der § 275 FamFG zugrunde liegenden Wertentscheidung. Es gilt für den Anwalt, der den Betreuten in anderen Gerichtsverfahren vertritt, daher nicht.

V. Betreuung in Wohnungsangelegenheiten

Die Betreuung in Wohnungsangelegenheiten darf nicht mit der Aufenthaltsbestimmung (dazu unten Seite 97 ff.) gleichgesetzt werden, obwohl sich beide Bereiche berühren und in der Regel verknüpft werden sollten. Sie sind im Übrigen teils vermögens-, teils persönlichkeitsrechtlicher Natur.

Die exakte Grenze zum Aufgabenkreis „Vermögensangelegenheiten" ist nicht leicht zu ziehen. Vom Letzteren sind Rechtsgeschäfte, die die Wohnung betreffen, wohl immer dann schon erfasst, wenn sie keinen oder nur geringen Bezug zum Persönlichkeitsaspekt des Wohnens haben, z.B. die Vertretung im Rahmen eines Mieterhöhungsverlangens des Vermieters, beim Beschluss über Wirtschaftsplan und Jahresabrechnung in Wohnungseigentümerversammlungen oder wenn eine bereits geräumte Wohnung gekündigt werden soll. Im Zweifel sollte die Erweiterung der Aufgabenkreise zumindest angeregt werden, wenn der Vermögensbetreuer Entscheidungen über die Wohnung treffen muss.

1. Betreten der Wohnung

Weder der Aufgabenkreis „Wohnungsangelegenheiten" noch erst recht irgendein anderer geben dem Betreuer die Befugnis, die Wohnung des Betreuten **gegen dessen Willen** oder ohne sein Wissen zu betreten. Das Recht an der Unverletzlichkeit der eigenen Wohnung ist vielmehr von Art. 13 GG in ähnlicher Weise geschützt wie das Post- und Fernmeldegeheimnis von Art. 10 GG. Eine § 1896 Abs. 4 BGB entsprechende Regelung im Betreuungsrecht fehlt dagegen. Einige Gerichte haben versucht, diese Lücke durch eine Analogie zu schließen.[117] Die Obergerichte sind dem aber nicht gefolgt. Sie halten ein Betreten der Wohnung des Betreuten durch den Betreuer gegen den erklärten Willen des Betreuten für unzulässig.[118] Nichts anderes kann für ein heimliches Betreten der Wohnung ohne Wissen des Betreuten gelten.

Kann der Betreute überhaupt nicht gefragt werden, weil er z.B. bewusstlos ist oder sich an einem unbekannten Ort aufhält, darf seine Wohnung dagegen betreten werden, wenn man davon ausgehen kann, dass er damit einverstanden wäre, wenn er sich dazu äußern

---

117 LG Berlin FamRZ 1996, 821, 825.
118 OLG Frankfurt BtPrax 1996, 71; BayObLG BtPrax 2001, 251.

könnte. Der Betreuer darf sie außerdem betreten, wenn der Betreute **jede tatsächliche Verfügungsmacht** über sie verloren hat, z.B. weil er sich für längere Zeit in Haft befindet oder geschlossen untergebracht wurde.

2. Aufgabe der Wohnung

Der Betreuer braucht eine **betreuungsgerichtliche Genehmigung** für

- die Kündigung des Mietvertrages über die Wohnung des Betreuten (§ 1907 Abs. 1 Satz 1 BGB),

- den Abschluss eines Aufhebungsvertrages mit dem Vermieter (§ 1907 Abs. 1 Satz 2 BGB).

Ein solcher Aufhebungsvertrag kann auch in einem gerichtlichen oder außergerichtlichen **Räumungsvergleich** enthalten sein, es sei denn, es ging nach unstreitiger Beendigung des Mietverhältnisses nur noch um die Bewilligung einer Räumungsfrist i.S.v. § 721 ZPO. Dann kann allerdings immer noch eine Genehmigung nach §§ 1908i Abs. 1 Satz 1, 1822 Nr. 12 BGB erforderlich sein.

§ 1907 Abs. 1 Satz 2 BGB ist entsprechend anwendbar, wenn die Wohnung dem Betreuten aufgrund eines anderen Rechtsverhältnisses (z.B. Leihvertrag) zum Gebrauch überlassen wurde.

Droht die Beendigung des Mietverhältnisses aus anderen Gründen, so muss der Betreuer dies dem **Betreuungsgericht mitteilen** (§ 1907 Abs. 2 Satz 1 BGB). Das ist z.B. der Fall, wenn er von einer Kündigung oder Abmahnung des Vermieters erfährt, aber auch schon, wenn der Betreuer von Umständen erfährt, die für den Vermieter einen Kündigungsgrund bilden. (Der Betreute zahlt die Miete nicht, stört ständig den Hausfrieden o.Ä.)

Außerdem muss es der Betreuer dem Betreuungsgericht mitteilen, wenn er die Wohnung des Betreuten **aufzugeben** beabsichtigt (§ 1907 Abs. 2 Satz 2 BGB), also z.B. den Haushalt auflösen will, um einen Verkauf vorzubereiten.

Die Mitteilungspflichten des § 1907 Abs. 2 BGB sollen das Betreuungsgericht in die Lage versetzen, schon im Vorfeld des drohenden Wohnungsverlustes Aufsichtsmaßnahmen nach §§ 1908i Abs. 1 Satz 1, 1837 Abs. 2 BGB ergreifen zu können, denn wenn die Wohnung erst einmal aufgegeben ist, kommen solche oft zu spät. Daher muss die Mitteilung **eine angemessene Zeit vorher** erfolgen, in der Regel mindestens eine Woche.

Damit der Betreuer den Schutz des § 1907 Abs. 2 Satz 2 BGB nicht einfach dadurch unterläuft, dass er die Wohnung mitsamt der Einrichtung **vermietet**, ist außerdem nach § 1907 Abs. 3 Alt. 2 BGB die Vermietung von Wohnraum genehmigungspflichtig. Die meisten Autoren möchten dies auf die vom Betreuten bisher bewohnte Wohnung beschränken.[119] Das mag richtig sein, ändert aber wenig, denn durch die Vermietung von Wohnraum wird der Betreute wegen des Kündigungsschutzes für Mieter langfristig gebunden, so dass sie zugleich unter die andere Alternative des § 1907 Abs. 3 BGB fällt.[120]

---

119 LG Münster BtPrax 1994,67; Jurgeleit/*Neumann* § 1907 BGB Rn. 65; Erman/*Roth* § 1907 BGB Rn. 7.
120 LG Wuppertal BtPrax 2008,91; HK-BUR/*Harms* § 1907 BGB Rn. 12.

VI. Betreuung in Gesundheitsangelegenheiten

1. Eingrenzung des Aufgabenkreises

Im Gesundheitsbereich kann es um dreierlei gehen, nämlich

- die zivilrechtlichen Beziehungen zwischen Arzt und Patient,

- die sozialversicherungsrechtlichen Beziehungen zwischen Arzt, Patient und Krankenkasse oder

- die als Rechtfertigungsgrund im Sinne des Straf- und Deliktsrechts wirkende Einwilligung in medizinische Behandlungen.

Alle drei Bereiche sind dem Betreuer jedenfalls dann übertragen, wenn ihm „alle Angelegenheiten", „alle persönlichen Angelegenheiten", „die Personensorge" oder „die Gesundheitsfürsorge" übertragen sind. Hat das Gericht eine engere Formulierung gewählt, kann der Betreuer auch nur für einen Teil der Aufgaben zuständig sein. Die oft gewählte Formulierung „Einwilligung in ärztliche Behandlungen" schließt dem Wortlaut nach nur die Zuständigkeit für die dritte Aufgabengruppe ein und ist daher im Regelfall zu eng.

2. Einwilligung in die ärztliche Behandlung

Sowohl ärztliche Eingriffe aller (auch leichter) Art als auch die Vergabe von Wirkstoffen stellen tatbestandlich eine Körperverletzung i.S.v. §§ 823 Abs. 1, 253 Abs. 2 BGB und § 223 Abs. 1 StGB dar, die einer Rechtfertigung bedarf. Für gewöhnlich wird die Heilbehandlung durch die **Einwilligung des Patienten** gerechtfertigt (vgl. § 630d Abs. 1 Satz 1 BGB). Eine wirksame Rechtfertigung setzt dann voraus, dass

- der Patient über die Behandlung und deren Risiken umfassend aufgeklärt worden ist (§§ 630d Abs. 2, 630e BGB),

- danach in die Behandlung eingewilligt hat,

- die Behandlung nach den Regeln der ärztlichen Kunst durchgeführt wird (falls nicht etwas anderes vereinbart wurde, vgl. § 630a Abs. 2 BGB) und

- nicht trotz Einwilligung sittenwidrig ist (§ 228 StGB).

Die rechtswidrige Behandlung eines Patienten ist strafbar und löst zivilrechtliche Ansprüche auf **Schadensersatz**, einschließlich eines angemessenen Schmerzensgeldes, aus (§§ 823 Abs. 1, 253 Abs. 2 BGB). Es kann jedoch an einem Schaden fehlen, wenn die Behandlung im Ergebnis erfolgreich und mit erheblichen körperlichen Beschwerden nicht verbunden war.

Die Wirksamkeit der Einwilligung ist nicht von der *allgemeinen* Geschäftsfähigkeit des Patienten abhängig. Vielmehr kommt es allein auf seine **Einwilligungsfähigkeit** an (§ 630d Abs. 1 Satz 2 BGB). Darunter versteht man die Fähigkeit, Zweck und Risiken der anstehenden Behandlung zu erfassen und auf der Grundlage dieser Erkenntnis einen freien Willen zu bilden. Es genügt dafür also, dass er in Bezug auf die anstehende Behandlung einsichts- und steuerungsfähig ist.

Die Einrichtung einer Betreuung für die Gesundheitssorge sagt über die Einwilligungsfähigkeit nichts. Auch ein Einwilligungsvorbehalt erfasst die Einwilligung nicht, weil sie keine Willenserklärung i.S.v. §§ 104 ff. BGB ist. Folglich gibt es, wenn ein Betreuter medizinisch behandelt werden soll, theoretisch nur zwei Möglichkeiten:

a) Einwilligungsfähiger Patient

Ist der Patient **einwilligungsfähig**, so kann **nur er selbst** wirksam in die Behandlung einwilligen. Er ist in seiner Entscheidung vollkommen frei. Eine Genehmigung des Betreuungsgerichts ist in keinem Fall erforderlich. Auf die Entscheidung des Betreuers, ob die Behandlung durchgeführt werden soll, kommt es dann gar nicht an. Eine gegen den Willen des einwilligungsfähigen Patienten durchgeführte Behandlung bleibt rechtswidrig, auch wenn der Betreuer eingewilligt hat. Die mit Einwilligung des Patienten durchgeführte Behandlung ist rechtmäßig, auch wenn der Betreuer sich dagegen ausgesprochen hat.

b) Einwilligungsunfähiger Patient

Ist der Patient **nicht einwilligungsfähig**, gilt die Entscheidung, die er in einer **Patientenverfügung** früher selbst getroffen hat. Das setzt voraus, dass diese Patientenverfügung den Anforderungen des § 1901a Abs. 1 BGB genügt, d.h., sie muss die Schriftform wahren (§ 126 BGB), und nach Eintritt der Volljährigkeit von dem zur Zeit ihrer Errichtung noch einwilligungsfähigen Patienten verfasst worden sein. Dem Betreuer obliegt es in diesem Fall nur, die Entscheidung des Patienten *durchzusetzen*. Er trifft sie nicht. Er darf sie auch nicht inhaltlich prüfen. Wohl aber muss er prüfen, ob die jetzige Behandlungssituation der in der Patientenverfügung vorhergesehenen und der dort geregelten entspricht.

Fehlt es auch an einer wirksamen oder auf die konkrete Situation zutreffenden Patientenverfügung ist es der Betreuer, der als „sonst Berechtigter" nach § 630d Abs. 1 Satz 2 BGB in die Behandlung einwilligen kann. Er ist bei dieser Entscheidung aber nicht frei, sondern nach § 1901a Abs. 2 BGB gebunden an:

* **Behandlungswünsche** des Betreuten, nämlich Äußerungen, die er zu medizinischen Behandlungen gemacht hat, ohne die Formalien des § 1901a Abs. 1 BGB einzuhalten (also z.B. noch als Minderjähriger oder nur mündlich oder zwar in Textform, aber ohne sie zu unterschreiben); und

* fehlen auch diese, an den **mutmaßlichen Willen des Betreuten**, für die er nach konkreten Anhaltspunkten suchen soll, wie sie sich z.B. aus dem Verhalten des Betreuten bei früheren Erkrankungen, seinen religiösen Überzeugungen oder sonst seiner allgemeinen Einstellung zu Krankheit, Behinderung und Tod ergeben können.

Der Entscheidung muss ein **Gespräch zwischen Arzt und Betreuer** vorausgehen. Angehörigen des Betreuten soll Gelegenheit gegeben werden, sich zu äußern, falls dies ohne erhebliche zeitliche Verzögerung möglich ist (§ 1901b BGB).

In bestimmten Fällen ist die Einwilligung des Betreuers nur mit **Genehmigung des Betreuungsgerichts** wirksam (vgl. dazu unten Seite 91).

Der **aktuelle Wille** des einwilligungsunfähigen Betreuten ist aber nicht etwa bedeutungslos, denn auch wenn er nicht einwilligungsfähig ist, darf er *gegen* seinen Willen nur unter den Voraussetzungen des § 1906a BGB behandelt werden (vgl. dazu unten Seite 93).

c) Feststellung der Einwilligungsfähigkeit

Ob der Patient einwilligungsfähig ist oder nicht, muss der Arzt – ggf. unter Zuziehung eines Psychiaters – sorgfältig prüfen. Das Ergebnis seiner Prüfung hat er – wie auch die Aufklärung und die Einwilligung – zu dokumentieren. Ist er trotz Beachtung der gebotenen Sorgfalt irrtümlich von einer wirksamen Einwilligung ausgegangen, schließt auch das die Strafbarkeit aus (putative Einwilligung). Hätte er den Irrtum aber erkennen können, hat er sich noch immer der fahrlässigen Körperverletzung (§ 229 StGB) schuldig gemacht. Auf der sicheren Seite ist der Arzt freilich immer dann, wenn *sowohl* der Patient *als auch* sein Betreuer in die Behandlung eingewilligt haben. Daher sollte sich der Betreuer einem solchen Ansinnen bei **zweifelhafter Einwilligungsfähigkeit** auch nicht versperren.

3. Eilige Behandlungen

Häufig kommt es vor, dass sich die Frage der Heilbehandlung bei einer einwilligungsunfähigen Person stellt, ohne dass ein gesetzlicher Vertreter für sie entscheiden könnte. Ein Betreuer ist vielleicht noch gar nicht bestellt worden, oder er existiert zwar schon, die Einwilligung in die Heilbehandlung fällt aber nicht in seinen Aufgabenkreis. Auch kann der Betreuer nicht rechtzeitig erreichbar sein.

Welche Vorgehensweise dann geboten ist, hängt von der Bedeutung der Behandlung und dem **Grad ihrer Eilbedürftigkeit** ab:

1. Kann die Behandlung aufgeschoben werden, bis – ggf. im Eilverfahren nach § 300 FamFG – ein Betreuer bzw. ein Ersatzbetreuer bestellt oder der Aufgabenkreis entsprechend erweitert ist, so muss sie bis dahin unterbleiben.

2. Andernfalls muss eine Entscheidung des Betreuungsgerichts gemäß §§ 1908i Abs. 1 Satz 1, 1846 BGB eingeholt werden. Das Gericht kann dann selbst **anstelle des Betreuers** in die Behandlung einwilligen, in eine Zwangsbehandlung allerdings nicht, wenn noch kein Betreuer bestellt ist (§ 1906a Abs. 1 Satz 2 BGB).

3. Wenn auch dies nicht abgewartet werden kann, ohne dass dem Patienten hierdurch Schaden droht, darf der Arzt die Behandlung durchführen, wenn die Behandlung dem objektiven Interesse des Patienten entspricht und er, wäre er einwilligungsfähig, der Behandlung vermutlich zustimmen würde. Der Arzt ist dann durch die **mutmaßliche Einwilligung** des Patienten gerechtfertigt (§ 630d Abs. 1 Satz 4 BGB).

4. Vertrags- und sozialversicherungsrechtliche Seite der Behandlung

Die wirksame Einwilligung allein kann jedoch für den Arzt keine ausreichende Behandlungsgrundlage sein, denn sie beseitigt nur die Rechtswidrigkeit der in der Behandlung liegenden Körperverletzung. Der Arzt kann aber keine Honorarforderungen auf sie stützen. Dazu muss zwischen Arzt und Patient außerdem ein **Behandlungsvertrag** (§ 630a BGB) abgeschlossen werden. Für seinen Abschluss gelten die Regeln über Rechtsgeschäfte.

Der Betreute muss, um einen solchen Behandlungsvertrag wirksam abschließen zu können, **geschäftsfähig** sein. Außerdem ist hierfür auch die Anordnung eines **Einwilligungsvorbehalts** möglich. Für den geschäftsunfähigen Patienten kann nur sein gesetzlicher Vertreter einen wirksamen Behandlungsvertrag abschließen.

Außer aus einem Behandlungsvertrag kann der Arzt jedoch unter Umständen Honoraransprüche aus **Geschäftsführung ohne Auftrag** haben, wenn die Übernahme der Behandlung dem objektiven Interesse und dem wirklichen oder mutmaßlichen Willen des Patienten entsprochen hat (§§ 677, 683 Satz 1, 670 BGB). Das ist vor allem in den Fällen so, in denen die Behandlung selbst durch mutmaßliche Einwilligung gerechtfertigt ist, denn die Voraussetzungen für die mutmaßliche Einwilligung und für die berechtigte Geschäftsführung ohne Auftrag decken sich in der Regel.

Ist der Betreute einwilligungsfähig und willigt er in die Behandlung ein, wird der Betreuer kaum anders können, als auch den Behandlungsvertrag abzuschließen (bzw. einen vom Betreuten selbst abgeschlossenen ggf. zu genehmigen), es sei denn, es gibt einen guten nicht medizinischen Grund, die Behandlung gerade durch *diesen* Arzt abzulehnen (z.B. weil er schon einmal versucht hat, den Betreuten bei der Rechnung zu betrügen).

Ist der Betreute einwilligungsfähig und lehnt er die Behandlung ab, kann der Betreuer einen Behandlungsvertrag nicht wirksam abschließen, denn der hätte ein gesetzlich verbotenes Tun zum Inhalt (§ 134 BGB).

Noch unübersichtlicher ist die Rechtslage, wenn der Betreute **gesetzlich krankenversichert** ist. Auch dann ist zwar der zwischen Arzt und Patient abzuschließende Behandlungsvertrag die zivilrechtliche Grundlage der Behandlungspflicht des Arztes. Mit der Behandlung erbringt er aber zugleich im Auftrag der Krankenkasse eine Sozialleistung, die die Krankenkasse durch eine an die Kassenärztliche Vereinigung (KV) gezahlte Pauschalvergütung schon bezahlt hat. Dem Arzt erwachsen nur Ansprüche gegen die KV, nicht gegen den Patienten oder die Krankenkasse.

Außerdem muss die Behandlung **beantragt** worden sein, weil nämlich Leistungen der gesetzlichen Krankenversicherung zu den Sozialleistungen gehören, die nur auf Antrag gewährt werden. Den Antrag kann der Patient direkt beim Arzt stellen. Um den Antrag wirksam stellen zu können, muss der Betreute wiederum **geschäftsfähig** sein (§ 11 Abs. 1 SGB X), andernfalls kann nur der Betreuer ihn stellen. Ob der Betreute, der geschäftsfähig ist, aber einem Einwilligungsvorbehalt unterliegt, den Antrag selbst stellen kann, ist umstritten. Nach § 11 Abs. 2 SGB X müsste er eigentlich handlungsunfähig sein, doch wird bei Minderjährigen angenommen, sie könnten ihn stellen und auch den Behandlungsvertrag abschließen, weil der Vertrag mangels Übernahme einer eigenen Zahlungspflicht für sie ausschließlich rechtlich vorteilhaft sei.

Immerhin kommt ohne einen wirksamen Antrag wiederum ein Anspruch des Arztes gegen die KV aus Geschäftsführung ohne Auftrag in Betracht.

5. Aufklärung

Die wirksame Einwilligung setzt – wie oben schon erwähnt – voraus, dass der Arzt vorher über Chancen, Risiken und Nebenwirkungen der Behandlung **aufgeklärt** hat *(informed consent)*. Aufgeklärt worden sein muss logischerweise diejenige Person, die in die Behandlung einzuwilligen hatte, also

- der einwilligungsfähige Patient selbst,
- beim einwilligungsunfähigen Patienten der Betreuer und
- im Falle der §§ 1908i Abs. 1 Satz 1, 1846 BGB der Richter.

Ist die Einwilligung ohne ausreichende Aufklärung erteilt worden, ist die Behandlung dennoch gerechtfertigt, wenn anzunehmen ist, dass die Einwilligung auch bei gehöriger Aufklärung erteilt worden wäre (hypothetische Einwilligung). Der **nicht einwilligungsfähige Patient** muss über die wesentlichen Aspekte der Behandlung informiert werden (§ 630e Abs. 5 BGB). Das ist aber kein Wirksamkeitserfordernis der Einwilligung, denn § 630d Abs. 2 BGB verweist nur auf § 630e Abs. 1 bis 4 BGB.

6. Betreuungsgerichtliche Genehmigungen

Eine betreuungsgerichtliche Genehmigung kann für medizinische Maßnahmen unter mehreren rechtlichen Aspekten erforderlich sein, nämlich:

- aufgrund der Tragweite der medizinischen Entscheidung (§ 1904 BGB),
- wenn die Behandlung in der Sterilisation des Patienten besteht (§ 1905 Abs. 2 Satz 1 BGB),
- den Entzug der Bewegungsfreiheit des Patienten bezweckt (§ 1906 Abs. 4 BGB) oder
- als Zwangsbehandlung gegen den natürlichen Willen des Patienten durchgeführt werden soll (§ 1906a Abs. 2 BGB).

Zur Sterilisation ist unten auf Seite 96 f. Näheres ausgeführt; der Fall des Entzugs der Bewegungsfreiheit wird im Zusammenhang mit den anderen Freiheitsentziehungen (unten Seite 100 ff.) näher erörtert. Hier soll daher nur auf die Genehmigungspflichten nach § 1904 Abs. 1 und Abs. 2 BGB und § 1906a Abs. 2 BGB eingegangen werden.

a) Genehmigungen nach § 1904 BGB

§ 1904 Abs. 1 BGB sieht vor, dass die **Einwilligung** in eine Behandlung genehmigt wird, wenn die Behandlung **im qualifizierten Sinne gefährlich** ist.

Gefährlich im Sinne von § 1904 Abs. 1 Satz 1 BGB sind Behandlungen nur, wenn die mit ihnen verbunden Risiken in zweierlei Hinsicht qualifiziert sind, nämlich:

- **Von Bedeutung sind nur das Risiko des Todes oder eines schweren und länger dauernden gesundheitlichen Schadens.**

    Ein **schwerer Schaden** ist z.B. der Verlust eines wichtigen Körpergliedes, der Verlust oder die starke Einschränkung der Beweglichkeit, der Sprache, des Sehens oder Hörens.[121] Auch soziale Folgen können einen gesundheitlichen Schaden zum schweren Schaden machen. Dies wird z.B. von den bei Neuroleptikabehandlung zuweilen auftretenden Dyskinesien angenommen.[122] Das sind unwillkürliche Gesichtszuckungen, die den Patienten zwar nicht unmittelbar belasten, ihn aber durch ihre Wirkung auf andere gesellschaftlich ausgrenzen.

    Länger dauernd ist ein Schaden dann, wenn er auch nach Abschluss der Behandlung nicht innerhalb eines Jahres wieder abklingt.[123] Nebenwirkungen, die nur während der Behandlung auftreten (reversible Nebenwirkungen), fallen nur unter § 1904 Abs. 1

---

121 Bienwald/*Hoffmann* § 1904 BGB Rn. 50.
122 LG Berlin BtPrax 1993, 66, 68.
123 BT-Drucks. 11/4528 S. 141.

Satz 1 BGB, wenn die Behandlung länger als ein Jahr andauern soll.[124] Bei besonders gravierenden Nebenwirkungen können kürzere Zeiträume ausreichen.

- **Die Gefahr muss außerdem erheblich sein.**

  Das ist dann der Fall, wenn **einige Wahrscheinlichkeit** für ihr Auftreten spricht. In exakten Prozentzahlen lässt sich dies nicht ausdrücken.[125] Je schwerwiegender die befürchtete Folge ist, desto geringere Anforderungen werden an den Grad der Wahrscheinlichkeit zu stellen sein.[126] Eine sehr seltene Nebenfolge löst die Genehmigungspflicht jedenfalls noch nicht aus.

Maßgeblich sind für § 1904 Abs. 1 Satz 1 BGB außerdem nur die bei **kunstgerechter** Durchführung der Behandlung drohenden Gefahren. Die Möglichkeit eines Kunstfehlers ist – auch wenn sie naheliegen sollte – nicht zu berücksichtigen. Denn Kunstfehler mit zum Teil fatalen Folgen drohen bei sehr vielen medizinischen Maßnahmen. Würden sie in die Prüfung einbezogen, verlöre § 1904 BGB seinen Charakter als Ausnahmenorm.

Die **praktische Bedeutung** von § 1904 Abs. 1 Satz 1 BGB ist eher gering. Das liegt an dem Zusammenspiel der in § 1904 Abs. 1 Satz 2, Abs. 4 BGB geregelten Ausnahmen und den Vorschriften des § 298 FamFG für das gerichtliche Genehmigungsverfahren, denn:

Die betreuungsgerichtliche Genehmigung ist **nicht erforderlich**, wenn mit dem Aufschub der Behandlung Gefahr verbunden ist (§ 1904 Abs. 1 Satz 2 BGB). Wann immer die Behandlung nicht ohne Gefahr für den Patienten aufgeschoben werden kann, bis das gerichtliche Genehmigungsverfahren abgeschlossen ist, kann der Betreuer ohne die gerichtliche Genehmigung in die Behandlung einwilligen. Die Genehmigung braucht auch nicht nachgeholt zu werden.

Im Genehmigungsverfahren sind andererseits zwingend die **persönliche Anhörung** des Betreuten durch das Gericht (§ 298 Abs. 1 Satz 1 FamFG) und die Einholung eines **Sachverständigengutachtens** (§ 298 Abs. 4 Satz 1 FamFG), das nicht von dem behandelnden Arzt stammen soll (§ 298 Abs. 4 Satz 2 FamFG), vorgeschrieben. Eilentscheidungen unter Umgehung dieser Vorschriften sind nicht zulässig. Dies bedeutet, dass die Genehmigung nicht innerhalb ganz kurzer Zeit erteilt werden kann, sondern einige Tage bis mehrere Wochen für das Verfahren veranschlagt werden müssen. Es gibt aber nur sehr wenige Behandlungen, die gefährlich i.S.v. § 1904 Abs. 1 Satz 1 BGB sind, trotzdem dem Wohl des Patienten entsprechen und ohne Schaden für ihn aufgeschoben werden können.

Praktische Bedeutung gewinnt § 1904 Abs. 1 Satz 1 BGB vor allem:

- bei **Dauerbehandlungen**, denn bei ihnen kann § 1904 Abs. 1 Satz 2 BGB allenfalls den Beginn rechtfertigen, nicht aber ihre Fortsetzung über den Zeitpunkt hinaus, zu dem die gerichtliche Entscheidung herbeigeführt werden kann, und

- bei nicht dringenden Operationen, bei denen die Hauptgefahr im **Narkoserisiko** liegt. Das Narkoserisiko eines gesunden Erwachsenen liegt bei kunstgerechter Behandlung unterhalb der Schwelle des § 1904 Abs. 1 Satz 1 BGB. Das ändert sich aber, wenn alte,

---

124 Bienwald/*Hoffmann* § 1904 BGB Rn. 51.
125 Jürgens/*Marschner* § 1904 BGB Rn. 5.
126 Bienwald/*Hoffmann* § 1904 BGB Rn. 52.

gebrechliche oder gesundheitlich vorgeschädigte Patienten unter Narkose gesetzt werden sollen.

Nach § 1904 Abs. 2 BGB ist die **Nichterteilung** oder der **Widerruf** der Einwilligung in eine Behandlung genehmigungspflichtig, wenn dem Betroffenen *ohne* die Behandlung eine der beschriebenen gefährlichen Folgen droht, vor allem, wenn die Behandlung lebenserhaltend ist.

Aus der Vorschrift folgt indirekt, dass lebenserhaltende Behandlungen **vorläufig rechtmäßig** sind, auch wenn eine Einwilligung des Betreuers nicht vorliegt, weil er sie verweigern will. In der Nichterteilung der Genehmigung durch das Gericht liegt dann zugleich die Einwilligung des Gerichts in die Behandlung, die diejenige des Betreuers ersetzt. Das ist erforderlich, weil auch lebenserhaltende medizinische Eingriffe ohne jede Rechtfertigung rechtswidrige Körperverletzungen wären.

Nach § 1904 Abs. 4 BGB ist weder die Genehmigung nach § 1904 Abs. 1 BGB noch diejenige nach § 1904 Abs. 2 BGB erforderlich, wenn behandelnder **Arzt und Betreuer sich darüber einig** sind, dass die Entscheidung entweder vom Patienten selbst in einer die vorliegende Situation erfassenden Patientenverfügung i.S.v. § 1901a Abs. 1 BGB schon getroffen ist oder dass sie § 1901a Abs. 2 BGB entspricht. Sie bleibt erforderlich, wenn Arzt und Betreuer sich zwar einig sind, ein Gespräch nach § 1901b Abs. 1 BGB aber nicht durchführen.[127] Auch wenn sich Arzt und Betreuer einig sind, aber unsicher sind, ob sie die Patientenverfügung richtig interpretieren oder die Behandlungswünsche bzw. den mutmaßlichen Willen richtig ermittelt haben, kann der Betreuer ein Genehmigungsverfahren mit dem Ziel einleiten, durch das Gericht die Nichterforderlichkeit der Genehmigung bestätigt zu bekommen (sog. Negativattest).[128]

b) Zwangsbehandlung

Der Betreute, der sich weigert, in eine medizinische Behandlung einzuwilligen, darf nach § 1906a Abs. 1 Satz 1 BGB mit Einwilligung des Betreuers gegen seinen Willen in ein Krankenhaus gebracht und dort behandelt werden, wenn

- er einwilligungsunfähig ist,
- die Voraussetzungen des § 1901a BGB für eine Einwilligung des Betreuers vorliegen,
- vorher versucht worden ist, ihn von der Notwendigkeit der Behandlung zu überzeugen,
- durch die Zwangsbehandlung vom Betreuten ein erheblicher Gesundheitsschaden abgewendet werden soll und
- sie hierfür auch verhältnismäßig (nämlich: geeignet, erforderlich und angemessen) ist.

Erforderlich ist die Zwangsbehandlung nur, wenn die Gesundheitsgefahr nicht „durch keine weniger belästigende Maßnahme" abgewendet werden kann. Hier kann sich die Frage stellen, ob eine **Dauerunterbringung** nach § 1906 Abs. 1 Nr. 1 BGB eine solche andere zumutbare Maßnahme ist. Hierauf kann es eine eindeutige Antwort aber nicht geben, weil die Grundrechte der persönlichen Freiheit (Art. 2 Abs. 2 Satz 2 GG) und der körper-

---

127 AG Nordenham FamRZ 2011, 1327
128 BGH BtPrax 2014, 268.

lichen Unversehrtheit (Art. 2 Abs. 2 Satz 1 GG) in keinem Rangverhältnis zueinander stehen. Es ist vielmehr im Einzelfall abzuwägen, was aus Sicht des Betreuten letztlich der für ihn weniger einschneidende Eingriff in sein Leben darstellt. Das kann vor allem auch von der Erfolgsaussicht der Behandlung abhängen.[129]

Die Zwangsbehandlung bedarf der betreuungsgerichtlichen **Genehmigung** (§ 1906a Abs. 2 BGB). Die Erteilung der Genehmigung erfolgt im **Unterbringungsverfahren** (§ 312 Satz 2 FamFG), das weiter unten (Seite 104 ff.) näher dargestellt ist, wobei gegenüber dem Verfahren zur Genehmigung der Unterbringung aber folgende Unterschiede bestehen:

- Ein Verfahrenspfleger ist stets erforderlich (§ 317 Abs. 1 Satz 3 FamFG).
- Die Beschlussformel muss die Durchführung und die Dokumentation der Behandlung durch den Arzt näher regeln (§ 323 Abs. 2 FamFG).
- Die Höchstdauer der Genehmigung beträgt sechs Wochen. Bei einer Verlängerung schon über insgesamt zwölf Wochen hinaus ist ein externer Gutachter zu beauftragen (§ 329 Abs. 1 und 3 FamFG).
- Per einstweiliger Anordnung kann die Genehmigung nur für jeweils zwei Wochen und insgesamt nicht für mehr als sechs Wochen erteilt werden (§ 333 Abs. 2 FamFG)

§ 1906a BGB ist erst auf Intervention des Bundesverfassungsgerichts hin in das Gesetz aufgenommen worden.[130] Vorher war es nicht möglich, eine Person einer Zwangsbehandlung zu unterziehen, die sich der Behandlung durch Flucht nicht hätte entziehen können oder wollen. Die Vorschrift enthält aber immer noch eine Ungereimtheit, weil sie ihrem klaren Wortlaut nach nur stationäre Behandlungen in einem Krankenhaus umfasst. Das ist insofern sinnvoll als rein ambulante Zwangsbehandlungen die Gefahr bergen, dass eine Nachsorge nicht gewährleistet werden könnte. Diese Bedenken bestehen jedoch gegen eine Zwangsbehandlung in einem Heim nicht. Dort kann die pflegerische Nachsorge ebenso wie die ärztliche Aufsicht gewährleistet werden. Gerade Pflegebedürftige werden durch das Verbringen in ein Krankenhaus aber erheblich zusätzlich belastet.

Für **ärztliche Zwangsmaßnahmen** fehlt eine § 1906 Abs. 2 Satz 2 BGB entsprechende Regelung. Die Genehmigung ist also immer vor der Maßnahme einzuholen. Das bedeutet aber nicht, dass man einen Betreuten sogar sterben lassen muss, weil die gerichtliche Genehmigung für die Zwangsbehandlung zu spät käme. Dem Betreuer sind zwar die Hände gebunden. Der Arzt kann und muss dann aber selbst abwägen, ob die Zwangsbehandlung durch Notstand (§ 34 StGB) gerechtfertigt ist.

7. Einzelfälle

a) Organspende

Die Organspende durch einen **hirntoten Menschen** ist keine Angelegenheit mehr, für die der Betreuer als solcher zuständig ist. Denn mit dem Hirntod enden aus juristischer Sicht

---

129 Vgl. BVerfGE 128, 282 Rn. 51.
130 BVerfG BtPrax 2016, 182.

das Leben des Betreuten und damit auch die Betreuung. Die sich anschließende Organ-spende ist ein Akt der Totenfürsorge. Die §§ 3, 4 Transplantationsgesetz (TPG) regeln ab-schließend, unter welchen Voraussetzungen die postmortale Organspende zulässig ist. Ausnahmsweise kann der Betreuer zu einer Entscheidung berufen sein, wenn er dem Be-treuten i.S.v. § 4 Abs. 2 Satz 5 TPG besonders nahegestanden hat.

Eine **zu Lebzeiten** des Betreuten durchgeführte Organspende setzt dessen Einwilligungs-fähigkeit voraus (vgl. § 8 Abs. 1 Nr. 1 a TransplG) und unterliegt schon deshalb nicht der Entscheidung des Betreuers.

b) Schwangerschaftsabbruch

Die Besonderheit beim Schwangerschaftsabbruch liegt in der Abstufung, die § 218a StGB für seine Zulässigkeit vornimmt.

Für den (medizinisch oder kriminologisch) **indizierten Schwangerschaftsabbruch** (§ 218a Abs. 2, 3 StGB) gilt nichts Besonderes. Er ist durch Einwilligung der Schwangeren verbunden mit den besonderen Gefahren gerechtfertigt, die der Schwangeren bei Fortset-zung der Schwangerschaft drohen. Ist die Schwangere einwilligungsunfähig, kann ihr ge-setzlicher Vertreter die Einwilligung in ihrem Namen erteilen, denn § 218a StGB schließt gesetzliche Vertretung nicht aus. Für Wünsche der Schwangeren gelten – wie sonst auch – §§ 1901a, 1901b BGB, wobei eine Abtreibung gegen den erklärten Willen der einwilli-gungsunfähigen Schwangeren nur unter den Voraussetzungen des § 1906a BGB in Frage kommt.

Der Schwangerschaftsabbruch nach der **Beratungslösung** (§ 218a Abs. 1 StGB) beruht dagegen auf der Berücksichtigung der besonderen Konfliktlage, die die Schwangerschaft für die Schwangere darstellt. Das schließt es m.E. aus, dass die Entscheidung über einen solchen Schwangerschaftsabbruch für die einwilligungsunfähige volljährige Schwangere von einem Betreuer getroffen wird. Denn der Betreuer kann sich in einer solchen Konflikt-lage nicht befinden. Auch die Beratung ist so deutlich auf die Situation der Schwangeren abgestellt, dass die – dann ja eigentlich gesetzlich vorgeschriebene – Beratung des Betreu-ers keinen Sinn ergeben würde. Eine Abtreibung nach § 218a Abs. 1 StGB kommt daher nur bei einwilligungsfähigen Schwangeren in Frage, dann ohne Mitwirkung des Betreuers.

c) Medizinische Versuche

Klinische Medikamentenversuche setzen grundsätzlich die persönliche Einwilligung des sowohl geschäfts- als auch einwilligungsfähigen Patienten voraus (§ 40 Abs. 1 Satz 3 Nr. 3 AMG). Ein Betreuer kann wirksam einwilligen, wenn der Versuch für den Betreuten selbst von Nutzen ist und eine Erprobung auf anderem Wege (d.h. an einwilligungsfähigen Volljährigen) ausscheidet (vgl. § 41 Abs. 3 AMG).

Die Einwilligung des Betreuers in medizinische Versuche folgt **ansonsten** den allgemeinen Regeln. Die Teilnahme hängt damit nicht notwendig von einem Eigeninteresse des Patien-ten ab, wenn sein wirklicher früher geäußerter oder sein mutmaßlicher Wille für die Teil-nahme spricht oder wenn sie einem aktuellen Wunsch des Betreuten entspricht und sein Wohl nicht entgegensteht.

d) Sterilisation

Während die Sterilisation bei Minderjährigen – ohne Rücksicht auf ihre Einwilligungsfähigkeit – verboten ist (§ 1631c BGB), ist sie bei Volljährigen grundsätzlich erlaubt. Auch hier gilt, dass **einwilligungsfähige Patienten** selbst wirksam einwilligen können. Die Einwilligungsfähigkeit muss sich hierbei (da die Risiken des Eingriffs eher gering sind) vor allem darauf beziehen, die Bedeutung der Fortpflanzungsfähigkeit und ihres Verlustes zu erkennen.

Bei **einwilligungsunfähigen Volljährigen** kann ein Betreuer in die Sterilisation einwilligen. Das Gesetz stellt hierfür allerdings hohe materielle und formelle Hürden auf.

Die **formellen Voraussetzungen** für die mit Einwilligung des Betreuers durchgeführte Sterilisation sind folgende:

- Es ist ein **zusätzlicher Betreuer** erforderlich, der nur diesen Aufgabenkreis haben darf (§ 1899 Abs. 2 BGB). Verein oder Behörde können nicht zum Sterilisationsbetreuer bestellt werden (§ 1900 Abs. 5 BGB).

- Die **Betreuungsgerichtliche Genehmigung** der Einwilligung des Betreuers in die Sterilisation ist erforderlich (§ 1905 Abs. 2 Satz 1 BGB).

- Im **Genehmigungsverfahren** muss der Betroffene von dem Richter, der auch die Entscheidung trifft, also **im doppelten Sinne persönlich angehört** werden (§§ 297 Abs. 1, Abs. 4 FamFG). Es sind sowohl ein **medizinisches Gutachten** (das nach § 297 Abs. 6 Satz 3 FamFG nicht vom behandelnden Arzt stammen soll) als auch eines zu **unterschiedlichen anderen Aspekten** der Entscheidung einzuholen (§ 297 Abs. 6 Satz 1 FamFG). Ein **Verfahrenspfleger** muss bestellt werden, selbst wenn das Gericht es nicht für erforderlich hält (§ 297 Abs. 5 FamFG).

- Der Eingriff darf frühestens **zwei Wochen** nach Bekanntgabe der Entscheidung über die Genehmigung ausgeführt werden (§ 1905 Abs. 2 Satz 2 BGB).

Materielle Voraussetzungen für die Zulässigkeit der Sterilisation sind:

- Die Sterilisation darf **nicht gegen den Willen** des Betroffenen durchgeführt werden (§ 1905 Abs. 1 Satz 1 Nr. 1 BGB). Gemeint ist hier nicht der freie Wille. Einsichts- und Steuerungsfähigkeit sind nicht erforderlich. Diese Vorschrift soll vielmehr jede Art von Zwangssterilisation ausschließen. § 1905 Abs. 1 Satz 1 Nr. 1 BGB steht einer Sterilisation in jedem Verfahrensstadium entgegen. Selbst nach Erteilung der gerichtlichen Genehmigung kann der Betreute durch seinen Widerspruch die Sterilisation also jederzeit noch verhindern, solange der Eingriff nicht ausgeführt ist. In einer sehr umstrittenen[131] Entscheidung vertritt das *OLG Hamm* allerdings die Auffassung, dass sich der Wille des Betreuten gegen die Sterilisation als solche richten muss. Wehrt er sich dagegen nur ganz allgemein gegen jede ärztliche Behandlung, soll dies einer Sterilisation nicht grundsätzlich im Wege stehen.[132]

---

131 A.A.: *Hoffmann*, BtPrax 2001, 235; Pöld-Krämer, BtPrax 2001, 237; Jürgens/*Jürgens* § 1905 BGB Rn. 7; BtKomm/*Roth* E Rn. 39; wie das OLG Hamm aber: Jurgeleit/*Meier* § 1905 BGB Rn. 13.

132 OLG Hamm BtPrax 2001, 168.

- Der Betreute muss **dauernd einwilligungsunfähig** sein (§ 1905 Abs. 1 Satz 1 Nr. 2 BGB). Besteht eine Chance, dass er die Einwilligungsfähigkeit wiedererlangt, soll er die Entscheidung nämlich selbst treffen können.

- Es muss eine **Schwangerschaft drohen** (§ 1905 Abs. 1 Satz 1 Nr. 3 BGB), und zwar nicht notwendigerweise bei der Betreuten selbst. Es können auch betreute Männer sterilisiert werden.[133] Die Schwangerschaft muss aber konkret bevorstehen, d.h., die Person, um die es geht, muss **sexuell aktiv** sein. Es genügt nicht, dass eine Schwangerschaft für die nähere oder fernere Zukunft abstrakt möglich erscheint.[134]

- Für die Frau, bei der eine Schwangerschaft droht, muss diese eine **Gefahr** für ihr Leben oder für schwerwiegende körperliche oder seelische Schäden bilden (§ 1905 Abs. 1 Satz 1 Nr. 4 BGB). Beispielhaft nennt das Gesetz den seelischen Schaden, der der Frau drohen kann, wenn ihr das Kind wegen Erziehungsunfähigkeit weggenommen werden müsste (§ 1905 Abs. 1 Satz 2 BGB). Der Wortlaut erwähnt nur Maßnahmen nach §§ 1666, 1666a BGB. Ein seelischer Schaden kann der Frau aber auch drohen, wenn solche Maßnahmen deshalb nicht erforderlich sind, weil ihre elterliche Sorge schon wegen Geschäftsunfähigkeit ruht (§ 1673 Abs. 1 BGB).

- Weder die genannte Gefahr noch die Schwangerschaft dürfen **anders abgewendet** werden können. Ein Schwangerschaftsabbruch ist allerdings wegen des damit verbundenen Eingriffs in Rechtsgüter des Kindes keine zu berücksichtigende Alternative.[135] Andere Empfängnisverhütungsmethoden müssen dagegen immer ausscheiden, damit die Sterilisation zulässig ist. Aus diesem Grund ist sie z.B. bei Behinderten, die auf Dauer in Pflegeeinrichtungen untergebracht sind, in der Regel unzulässig, weil dort für die regelmäßige Einnahme von Kontrazeptiva gesorgt werden kann.

Bei der **Durchführung des Eingriffs** ist schließlich von mehreren in Betracht kommenden Methoden die schonendste anzuwenden (§ 1905 Abs. 2 Satz 3 BGB).

Diese Hürden sind so hoch, dass Verfahren dieser Art in der Praxis kaum vorkommen.[136] Das muss nicht bedeuten, dass auch kaum noch Sterilisationen von Behinderten vorkommen. Es ist vielmehr zu vermuten, dass Sterilisationen vor allem bei behinderten Frauen häufig durchgeführt werden, nachdem der behandelnde Arzt die Patientin für einwilligungsfähig erklärt – und damit das ganze geschilderte Verfahren umgangen – hat.[137]

VII. Bestimmung von Aufenthalt und Umgang

Aus der Verweisung auf § 1632 BGB in § 1908i Abs. 1 Satz 1 BGB folgt, dass dem Betreuer auch die Bestimmung des Aufenthalts und des Umgangs des Betreuten übertragen werden kann. Der Aufgabenkeis „Aufenthaltsbestimmung" wird häufig, der der „Umgangs-

---

133 BT-Drucks. 11/4528 S. 79; in der Literatur allerdings streitig, dafür MünchKomm/*Schwab* § 1905 BGB Rn. 25; Beck-OK/*Bamberger/Roth* § 1905 BGB Rn. 6; HK-BUR/*Hoffmann* § 1905 BGB Rn. 71; *Bienwald* § 1905 BGB Rn. 18; dagegen Erman/*Roth* § 1905 BGB Rn. 24; Jurgeleit/*Meier* § 1905 BGB Rn. 16.
134 BayObLG BtPrax 2001, 204.
135 So auch – allerdings mit falscher Begründung – BT-Drucks. 11/4528 S. 79.
136 Lt. *Deinert*, BtPrax 2012, 242 f. gab es im Jahre 2011 in ganz Deutschland 41 (2010: 38; 2009: 68) genehmigte Sterilisationen bei insgesamt rund 1,3 Millionen Betreuungen.
137 *Zinsmeister* BtPrax 2012, 227, 231

bestimmung" dagegen nur selten explizit eingerichtet. Beides ist in der umfassenden Übertragung der „Personensorge" oder der „persönlichen Angelegenheiten" enthalten.

Ein **Einwilligungsvorbehalt** kann in diesem Bereich zwar angeordnet werden. Er erfasst aber das eigentliche Aufenthalts- und Umgangsbestimmungsrecht nicht, sondern nur damit zusammenhängende Rechtshandlungen, wie z.B. Anträge auf Ausstellung eines Passes, Verlängerung einer Aufenthaltsberechtigung, Reisebuchung usw. Der Einwilligungsvorbehalt für die Aufenthaltsbestimmung ist der **Meldebehörde mitzuteilen** (§ 309 Abs. 2 FamFG). Der Zweck dieser Regelung ist unklar, zumal die Pflicht zur An- und Abmeldung statt des Betreuten den Betreuer schon trifft, wenn er den *Aufgabenkreis* der Aufenthaltsbestimmung hat, nicht erst, wenn dafür ein Einwilligungsvorbehalt angeordnet wird (siehe § 17 Abs. 3 Satz 3 BMG).

1. Aufenthaltsbestimmung

Den tatsächlichen Aufenthalt des Betreuten darf der Betreuer festlegen, wenn der Betreute die Einsicht darin verloren hat, an welchem Aufenthaltsort ihm Gefahren drohen, oder zumindest die Fähigkeit, nach dieser Einsicht zu handeln.

Aber selbst wenn der Betreuer danach das Recht zur Festlegung des Aufenthalts hat, muss er weiterhin § 1901 Abs. 3 BGB beachten: Wünsche des Betreuten genießen so lange Vorrang, wie sie nicht seinem Wohl zuwiderlaufen. Dabei sind gewisse Gefahren hinzunehmen, solange sie den Präferenzen des Betroffenen entsprechen. Lebt der Betreute z.B. in einer Wohnung, die nur über eine steile Treppe zu erreichen ist, so hat er die damit verbundene Sturzgefahr selbst gewählt. Sie allein kann daher kein Grund sein, ihn aus dieser Wohnung zu nehmen und in ein Heim einzuweisen, nur weil er inzwischen krankheitsbedingt die Einsicht in die Sturzgefahr verloren hat. Etwas anderes gilt freilich, wenn die Sturzgefahr erst aus der Krankheit resultiert oder durch sie eine andere Dimension angenommen hat.

Eine andere Frage ist, wie der Betreuer sein Aufenthaltsbestimmungsrecht **durchsetzt.** Hierzu gilt folgendes:

Hält sich der Betreute bei einem Dritten auf, der sich weigert, ihn herauszugeben, hat der Betreuer den **Herausgabeanspruch** aus §§ 1908i Abs. 1 Satz 1, 1632 Abs. 1 BGB, den er gerichtlich geltend machen kann, wofür statt des in § 1632 Abs. 3 BGB genannten Familiengerichts das Betreuungsgericht zuständig ist.[138] Das Gericht kann den zur Herausgabe verpflichteten Dritten nach § 89 FamFG durch Ordnungsgeld und Ordnungshaft zur Erfüllung anhalten oder anordnen, dass gegen ihn und ggf. auch gegen den Betreuten selbst unmittelbarer Zwang angewendet wird (§ 90 FamFG). Das Gericht ordnet aber die Herausgabe gar nicht erst an, wenn sie dem Wohl des Betreuten nicht entspricht.

Wenn der Betreute einer gerichtlich genehmigten **geschlossenen Unterbringung** oder einer **stationären Zwangsbehandlung** zugeführt werden soll, darf der Betreuer nach § 326 FamFG die Betreuungsbehörde um Unterstützung ersuchen, die wiederum vom Be-

---

138 OLG Frankfurt FamRZ 2003, 964.

treuungsgericht zur Anwendung von unmittelbarem Zwang gegen den Betreuten ermächtigt werden kann.

In allen **anderen Fällen** fehlt für eine zwangsweise Durchsetzung des Ortswechsels die Rechtsgrundlage.[139] Der Betreuer ist darauf verwiesen, den Betreuten von der Befolgung seiner Entscheidung zu überzeugen.

Ist der Betreute **unbekannten Aufenthalts**, gibt das Aufenthaltsbestimmungsrecht dem Betreuer die Befugnis, ihn vermisst zu melden und von der Kriminalpolizei suchen zu lassen. Diese wird ihn aber nur ermitteln, nicht gegen seinen Willen festhalten, es sei denn, sie hält dies aufgrund des Zustandes, in dem er angetroffen wird, für erforderlich. Muss der Betreute zu seinem eigenen Schutz dringend festgehalten werden, kann der Betreuer eine Genehmigung zur Unterbringung erwirken. Wenn er diese vorweisen kann, kann der vermisste Betreute von der Polizei festgehalten werden.

Die **Genehmigung des Betreuungsgerichts** ist für einfache Maßnahmen der Aufenthaltsbestimmung nicht erforderlich, denn der Gesetzgeber hat in §§ 1906, 1906a BGB abschließend regeln wollen, wann der Betreuer für Maßnahmen, die die Freiheit des Betroffenen einschränken, eine Genehmigung benötigt. Die Anwendung von Gewalt ist mangels Rechtsgrundlage gar nicht genehmigungsfähig, wenn es nicht um eine geschlossene Unterbringung geht.

2. Bestimmung des Umgangs

Umgang ist der Kontakt des Betreuten mit der Außenwelt, gleichgültig in welcher Form. Briefwechsel und Telefongespräche gehören ebenso dazu wie wechselseitige Besuche. Aus §§ 1908i Abs. 1 Satz 1, 1632 Abs. 2 BGB folgt, dass es dem Betreuer obliegen kann, diesen Umgang näher zu regeln. Es muss dies dann allerdings zum Wohl des Betreuten erforderlich sein,[140] z.B. weil der Umgang seine Gesundheit beeinträchtigen kann.

Nahen Angehörigen des Betreuten steht zwar kein eigenständiges Umgangsrecht zu, weil §§ 1684 f. BGB nur für Minderjährige gelten. Das Interesse von Angehörigen am Umgang mit dem Betreuten ist aber zu beachten, weil dies der Schutz von Ehe und Familie (Art. 6 Abs. 1 GG) gebietet.

Zur **Durchsetzung** des Umgangsbestimmungsrechts hat der Betreuer die sich aus §§ 1908i Abs. 1 Satz 1, 1632 Abs. 3 BGB ergebende Möglichkeit, das Betreuungsgericht einzuschalten, das den Umgang mit dem Betreuten näher reglementieren oder auch ganz verbieten und das Verbot durch Verhängung von Ordnungsgeld und Ordnungshaft nach § 89 FamFG auch vollziehen kann.[141]

Wie der Betreuer seine Bestimmung über den Umgang dem Betreuten gegenüber durchsetzen kann, hängt von der Art des Umgangs ab, um den es geht. Will er brieflichen oder telefonischen Kontakt unterbinden, ist das effektiv möglich, wenn ihm der Aufgabenkreis des § 1896 Abs. 4 BGB zusteht. Im Übrigen stehen ihm gegen den Betreuen auch hier

---

139 OLG Hamm BtPrax 2003, 42 f.
140 BayObLG BtPrax 2003, 38 f.
141 BayObLG FamRZ 2002, 907.

keine Zwangsmittel zu, so dass der persönliche Umgang nur bei einem Betreuten wirklich effektiv unterbunden werden kann, der sich in einer Einrichtung befindet und diese nicht verlassen kann oder jedenfalls nicht verlässt.

Den Umgang mit dem Rechtsanwalt, der den Betreuten im Betreuungs- oder Unterbringungsverfahren vertritt, darf der Betreute in keinem Fall unterbinden (siehe oben Seite 85).

VIII. Freiheitsentziehungen

1. Zusammenhang mit der Aufenthaltsbestimmung

Da der Betreuer nicht als reine Privatperson handelt, sondern sein Recht zur Aufenthaltsbestimmung aus einem staatlichen Verleihungsakt ableitet, ist Art. 104 Abs. 2 GG zu beachten.[142] Auch familienrechtliche Freiheitsentziehungen bedürfen deshalb einer richterlichen Entscheidung (Art. 104 Abs. 2 Satz 1 GG) in Form der Genehmigung des Betreuungsgerichts (§ 1906 Abs. 2 Satz 1 BGB).

§ 1906 Abs. 2 Satz 1 BGB steht demnach in direktem Zusammenhang mit Art. 104 Abs. 2 GG. Daraus ist zu schließen, dass mit „Freiheit" – wie dort – die „persönliche Freiheit" gemeint ist, die Art. 2 Abs. 2 Satz 2 GG schützt. Das ist die Freiheit, den jeweiligen Aufenthaltsort ungehindert zu verlassen, also die Fortbewegungsfreiheit.[143] Eingriffe in die allgemeine Handlungsfreiheit (Art. 2 Abs. 1 GG) unterfallen § 1906 BGB nicht.

Klar ist auch, dass der Betreuer freiheitsentziehende Maßnahmen nur veranlassen kann, wenn die Aufenthaltsbestimmung zu seinem Aufgabenkreis gehört. Es genügt auch, wenn der Aufgabenkreis „freiheitsentziehende Maßnahmen" umfasst. Ob das stets *zusätzlich* erforderlich ist,[144] ist m.E. zweifelhaft. § 1906 Abs. 5 BGB schreibt die ausdrückliche Nennung allerdings für die Vollmacht vor.

2. Freiheitsentziehung durch Unterbringung

a) Begriff

Es ist nicht immer ganz einfach, zwischen freiheitsentziehender Unterbringung (§ 1906 Abs. 1 BGB), Freiheitsentziehung ohne Unterbringung (§ 1906 Abs. 4 BGB) und Maßnahmen zu unterscheiden, denen ein freiheitsentziehender Charakter überhaupt fehlt.

Ob eine Freiheitsentziehung durch Unterbringung vorliegt, wird für gewöhnlich nach der „Düsseldorfer Formel" bestimmt:[145] Freiheitsentziehend untergebracht ist, wer „auf einem beschränkten Raum festgehalten [wird], [wessen] Aufenthalt überwacht und [wessen] Aufnahme eines Kontaktes mit Personen außerhalb des Raumes durch Sicherungsmaßnahmen verhindert wird, [dies] wird in der Regel nur auf die Unterbringung in einem geschlossenen Heim oder einer geschlossenen Anstalt … zutreffen." Wegen § 1906 Abs. 4 BGB ist klar, dass es Freiheitsentziehung auch ohne Unterbringung und Unterbrin-

---

142 BVerfGE 10, 302.
143 OLG Hamm BtPrax 1997, 162, 163.
144 So z.B. MünchKomm/*Schwab* § 1906 BGB Rn. 6.
145 OLG Düsseldorf NJW 1963, 398.

gung auch ohne Freiheitsentziehung geben kann. Damit § 1906 Abs. 1 BGB anwendbar ist, ist daher zweierlei erforderlich, nämlich dass

- die persönliche Bewegungsfreiheit des Betreuten durch Festhalten auf einen beschränkten Raum begrenzt wird und

- die Freiheitsentziehung dort, wo der Betreute lebt, institutionalisiert ist, nicht etwa auf individuell den Betreuten treffenden Einzelmaßnahmen beruht.[146]

Einschließen im Zimmer, Anbinden, Ruhigstellung durch Medikamente sind – weil Individualmaßnahmen – Freiheitsentziehungen ohne Unterbringung. Für sie gilt (wenn überhaupt) § 1906 Abs. 4 BGB (dazu unten Seite 108 ff.). Ein hoher Zaun um das ganze Gelände mit verschlossenen Eingängen oder das ganztägige Abschließen der Eingangstür begründen dagegen – weil sie alle Heimbewohner treffen – eine Freiheitsentziehung durch Unterbringung. § 1906 Abs. 1 BGB ist anwendbar.[147]

Gar keine Freiheitsentziehung liegt vor, wenn der Betreute sich ohnehin **nicht fortbewegen kann**. Ein komatöser Patient, der aus Platzmangel auf die geschlossene Station verlegt wird, ist dort nicht freiheitsentziehend untergebracht. *Kann* sich der Betreute nicht fortbewegen, ist es unerheblich, ob er dies *will*. Von einer Freiheitsentziehung ist jedoch noch auszugehen, wenn nicht ausgeschlossen werden kann, dass der Betroffene sich noch willkürlich fortbewegen könnte.[148]

Es fällt auch nicht unter § 1906 BGB, wenn der Betreute sich **mit seinem Einverständnis** in einer geschlossenen Einrichtung befindet. Da ein solches Einverständnis schon den Tatbestand der Freiheitsentziehung ausschließt, genügt dafür auch der natürliche Wille des Betreuten. Einsichts- und Steuerfähigkeit sind grundsätzlich nicht erforderlich. Immerhin muss er aber *erkannt* haben, dass er sich nicht frei fortbewegen kann, damit man von einem solchen Einverständnis ausgehen kann. Es genügt nicht schon, dass er bisher keine Tendenz zum Verlassen der Einrichtung gezeigt hat.

Das gilt freilich nur, **solange** dieses Einverständnis besteht. Will der Betreute die Einrichtung später erkennbar verlassen, liegt es nicht mehr vor. Dem Betreuten muss dann das Verlassen der Einrichtung ermöglicht werden. Verzögerungen organisatorischer Art muss er nur hinnehmen, wenn sie sich auf einen Zeitraum von maximal 30 Minuten beschränken.[149] Er darf jedoch mit Einverständnis des Betreuers festgehalten werden, wenn die Voraussetzungen des § 1906 Abs. 1 BGB vorliegen und Gefahr im Verzug vorliegt, denn dann kann der Betreuer die weitere – jetzt freiheitsentziehende – Unterbringung auch ohne vorherige gerichtliche Genehmigung veranlassen (§ 1906 Abs. 2 Satz 2 BGB).

---

146 LG Ulm FamRZ 2010, 345.
147 AG Stuttgart-Bad Cannstatt BtPrax 1996, 35.
148 BGH BtPrax 2012, 206.
149 BGH BtPrax 2015, 65.

b) Voraussetzungen

Die freiheitsentziehende Unterbringung ist nach § 1906 Abs. 1 BGB unter folgenden materiellrechtlichen Voraussetzungen zulässig:

1. Sie muss zum **Wohl des Betreuten** erforderlich sein. Die familienrechtliche Unterbringung ist daher nicht im ausschließlichen Interesse anderer zulässig. Ist der Schutz anderer oder der Allgemeinheit dringend erforderlich, muss vielmehr eine Unterbringung nach dem StGB oder den Landesgesetzen über die Unterbringung psychisch Kranker (z.B. nach § 10 ff. PsychKG-NRW) erfolgen.

2. Es muss einer der in § 1906 Abs. 1 BGB genannten **Unterbringungsgründe** gegeben sein, also:

   - Suizidgefahr,

   - die Gefahr der Selbstschädigung an Leib oder Leben oder

   - die Notwendigkeit einer ohne die Unterbringung nicht durchführbaren medizinischen Untersuchung oder Behandlung.

3. Der Unterbringungsgrund muss kausal auf eine psychische Krankheit oder geistige oder seelische Behinderung zurückgehen. Der Betreute muss sich also gerade wegen seiner krankheitsbedingten Einsichts- oder Steuerungsunfähigkeit in der Lage befinden, die die Unterbringung rechtfertigt.[150]

4. Mildere Möglichkeiten dürfen keinen Erfolg versprechen.

5. Die freiheitsentziehende Unterbringung muss auch im Übrigen **verhältnismäßig** sein.

c) Die einzelnen Unterbringungsgründe

(i) Suizidgefahr

Eine Suizidgefahr festzustellen kann im Einzelfall schwierig sein. Dennoch setzt die Unterbringung voraus, dass Suizidalität sicher feststeht. Ein reiner Verdacht in diese Richtung reicht nicht aus.

Etwas anderes dürfte aber für die Feststellung der Kausalität einer bestehenden psychischen Erkrankung für die Suizidgefahr gelten. Denn schon im Allgemeinen sind nur die wenigsten Selbstmorde echte Bilanzselbstmorde. Umso unwahrscheinlicher ist ein frei verantworteter Selbstmord bei festgestellter psychischer Krankheit. Außerdem sind die Folgen einer zu Unrecht unterlassenen Unterbringung wegen Suizidgefahr weit schwerwiegender als die einer zu Unrecht erfolgten Unterbringung, denn akut suizidal sind Patienten in der Regel nur wenige Tage, so dass die Unterbringung wegen Suizidgefahr in der Regel auch nur für einen kurzen Zeitraum in Betracht kommt.

---

150 BGH FamRZ 2016, 807.

(ii) Gefährdung an Leben oder Gesundheit

Gesundheits- und Lebensgefahren können vor allem entstehen durch

- zielloses Umherirren bei Verwirrtheitszuständen,

- Verkehrsunsicherheit infolge zu starker geistiger Behinderung,

- gesundheitsschädliche Formen von Verwahrlosung,

- drohenden Alkoholrückfall bei einer körperlichen Vorschädigung, die die Alkohol-abstinenz medizinisch erforderlich macht.

Hiervon stellen nur die beiden erstgenannten Fälle unproblematische Unterbringungs-gründe dar.

Bei Verwahrlosung muss dagegen sehr sorgfältig geprüft werden, ob sie wirklich ein ge-sundheitsschädliches Ausmaß annimmt, andernfalls ist sie kein Grund, einem Menschen die Freiheit zu entziehen. Außerdem wird gerade die Verwahrlosung oft auch mit weniger einschneidenden Mitteln zu beseitigen oder wenigstens auf ein gesundheitsverträgliches Maß zu reduzieren sein.

Auch bei einem **drohenden Alkoholrückfall** kommen zuweilen mildere Mittel zur Ab-wendung in Frage. Vor allem aber ist dort sehr sorgfältig zu prüfen, ob die Gefahr tatsäch-lich kausal auf der psychischen Krankheit oder geistigen oder seelischen Behinderung des Betreuten beruht, denn im Prinzip hat jeder erwachsene Mensch das Recht, sich durch Dro-gen selbst zu schädigen.

Besonders problematisch ist die Frage, ob auch eine **mittelbare Selbstgefährdung** als Unterbringungsgrund genügen kann. Darunter versteht man die Gefährdung des Betreu-ten durch die Reaktion anderer auf sein Verhalten. Das dafür im Gesetzgebungsverfahren genannte Beispiel – der Betreute gefährdet durch sein Verhalten die familiäre Unterstüt-zung, ohne die sich wiederum die Krankheit verschlimmern würde[151] – leuchtet mir nicht ein. Immerhin kann im Extremfall einmal eine Eigengefährdung dadurch entstehen, dass der Betroffene sich aggressiv gegen Dritte verhält und hierdurch Gegenreaktionen verur-sacht.[152]

Unproblematisch ist auch das nicht. Eine so einschneidende Maßnahme wie der Entzug der persönlichen Freiheit darf nicht von der mehr oder weniger verständigen Reaktion der Umwelt auf Krankheit oder Behinderung abhängen. Man wird dies daher jedenfalls auf Extremfälle beschränken müssen.[153]

(iii) Behandlung und Untersuchung

Die Unterbringung zur Untersuchung oder Behandlung setzt dem Wortlaut des Gesetzes nach nur voraus, dass die medizinische Maßnahme andernfalls nicht möglich ist. Im Prinzip kommt es darauf, welche Krankheit festgestellt oder behandelt werden soll, nicht an. Es wird sich aber hier in der Regel um die psychische Krankheit handeln, die die Betreuung erst begründet hat, weil ja für die Behandlung somatischer Krankheiten ein psychiatrisches

---

151 BT-Drucks. 11/4528 S. 146.
152 BGH NJW 2018, 1548; OLG Karlsruhe FGPrax 2009, 36.
153 Ganz gegen eine Unterbringung wegen mittelbarer Selbstgefährdung: HK-BUR/*Rink* § 1906 BGB Rn. 21.

Krankenhaus gar nicht geeignet ist. Eine psychische Erkrankung kann auch dann vorliegen, wenn sie auf Alkoholmissbrauch zurückzuführen ist, auch wenn Alkoholismus alleine – auch hier – nicht als psychische Erkrankung gilt.[154]

Gälte das alles ohne jede Einschränkung, würde es aber die Unterbringung jedes Betreuten rechtfertigen, der seine Krankheit nicht einsieht. Eine solch weite Auslegung von § 1906 Abs. 1 Nr. 2 BGB entspricht jedoch nicht den Intentionen des Betreuungsgesetzes und stünde auch im offenen Widerspruch zu dem sehr eng gefassten § 1906 Abs. 1 Nr. 1 BGB. Folglich ist die Norm dahin einschränkend auszulegen, dass die Unterbringung zur Untersuchung oder Behandlung zudem **Verhältnismäßigkeit im engeren Sinne** voraussetzt.

Die Behandlung der Anlasskrankheit kann folglich nur dann als Unterbringungsgrund in Frage kommen, wenn dem Betreuten über das schlichte Krankbleiben hinaus weitere Schäden drohen und diese so erheblich sind, dass sie schwerer wiegen als die Beeinträchtigung, die er durch die Unterbringung erleidet.[155] Auch die Wahrscheinlichkeit weiterer Schäden ist in diese Abwägung einzubeziehen.[156] Und auch bei anderen Krankheiten kommt die Unterbringung nach § 1906 Abs. 1 Nr. 2 BGB nur in Betracht, wenn sie den Betreuten stärker beeinträchtigen als die Unterbringung.

Auch die **Unterbringung zur Untersuchung** nach § 1906 Abs. 1 Nr. 2 BGB setzt die positive Feststellung des Unterbringungsgrundes voraus. Soll die Untersuchung erst ergeben, ob eine Unterbringung notwendig ist, kann sie ggf. auf §§ 322, 284 FamFG gestützt werden.

Die Unterbringung zur Behandlung kommt nicht in Betracht, wenn feststeht, dass der Betreute sich dort nicht behandeln lassen würde und die Voraussetzungen für die Genehmigung einer **Zwangsbehandlung** (dazu oben Seite 93 f.) nicht vorliegen. Sie kann jedoch angeordnet werden, wenn die begründete Hoffnung besteht, dass er in der Klinik dann doch davon überzeugt werden kann, die Behandlung zu dulden.[157]

Die Unterbringung nach § 1906 Abs. 1 Nr. 2 BGB setzt voraus, dass der Betreute ohne die geschlossene Unterbringung sich der Behandlung **durch Ortswechsel entziehen** würde. Lehnt er lediglich die Behandlung ab, ohne Weglauftendenzen zu zeigen, kommt sie nicht in Frage.[158]

d) Betreuungsgerichtliche Genehmigung

Das Verfahren zur Genehmigung einer Unterbringung nach § 1906 Abs. 2 Satz 1 BGB gehört zu den Unterbringungssachen des Betreuungsgerichts (vgl. § 312 Nr. 1 FamFG).

---

154 BGH NJW-RR 2015, 770
155 BVerfG NJW 1998, 1774, 1775.
156 BGH BtMan 2006, 99.
157 BGH NJW 2012, 3234.
158 BGH BtPrax 2008, 115.

(i) Verfahren

Das Verfahren ist im Interesse des Betroffenen streng reglementiert:

- Der Betroffene ist **persönlich** anzuhören, und das Gericht hat sich einen **persönlichen Eindruck** von ihm zu verschaffen (§ 319 FamFG), wobei dieselben Ausnahmen gelten wie im Betreuerbestellungsverfahren.

- Die Einholung eines **Sachverständigengutachtens** ist zwingend vorgeschrieben (§ 321 FamFG), notfalls durch Vorführung oder Unterbringung zu erzwingen (§§ 322, 283, 284 FamFG).

- Ein **Verfahrenspfleger** ist unter denselben Voraussetzungen erforderlich wie im Betreuungsverfahren (§ 317 Abs. 1 FamFG). Da die Unterbringung voraussetzt, dass der Betroffene ihren Sinn nicht zu erkennen vermag, wird es zur Wahrnehmung seiner Interessen regelmäßig notwendig sein, einen Verfahrenspfleger zu bestellen. Das Gericht muss es jedenfalls immer begründen, wenn es *keinen* Verfahrenspfleger bestellt hat (§ 317 Abs. 2 FamFG).

- Die Unterbringungsgenehmigung wird erst mit Rechtskraft der Entscheidung **wirksam** (§ 324 Abs. 1 FamFG). Das bedeutet, dass eine von einem Beteiligten eingelegte Beschwerde aufschiebende Wirkung hat. Die Beschwerde kann immer auch der Betreute einlegen, weil er nach § 316 FamFG als **verfahrensfähig** gilt. Allerdings kann das Gericht auch die **sofortige Wirksamkeit** der Entscheidung anordnen (§ 324 Abs. 2 FamFG). Dann hat eine Beschwerde keine aufschiebende Wirkung.

(ii) Ablauf, Aufhebung und Verlängerung

Die Genehmigung wird immer nur zeitlich begrenzt erteilt (§ 329 Abs. 1 FamFG). Höchstenfalls darf sie für **ein Jahr**, und nur wenn das *offensichtlich* nicht ausreicht, auch für **zwei Jahre** erteilt werden. Das bedarf nach der Rechtsprechung eingehender Begründung, aus der klar hervorgeht, weshalb ein Jahr nicht ausreichen soll.[159] In gewisser Weise ist das paradox, denn etwas, das ausführlich begründet werden soll, kann ja eigentlich nicht offensichtlich sein.

Fallen die Voraussetzungen für die Unterbringung schon vor Ablauf der Frist weg, ist der Betreuer verpflichtet, sie **sofort zu beenden** (§ 1906 Abs. 3 Satz 1 BGB). Außerdem muss das Gericht die Genehmigung dann von Amts wegen vorzeitig aufheben (§ 330 Satz 1 FamFG). Der Betreuer muss es dem Gericht mitteilen, wenn er die Unterbringung beendet (§ 1906 Abs. 3 Satz 2 BGB). Mit der Entlassung des Betroffenen aus der Unterbringung ist die Unterbringungsgenehmigung **verbraucht**. Die neuerliche Unterbringung bedarf einer neuen Genehmigung, auch wenn die alte Genehmigung noch nicht abgelaufen ist.[160] Nicht verbraucht wird die Genehmigung durch eine von vornherein nur als kurzzeitig geplante Unterbrechung des Freiheitsentzugs. In engen Grenzen kann es ferner zulässig sein, den Betroffenen ohne Verbrauch der Genehmigung probehalber zu entlassen, wenn nur so zuverlässig festgestellt werden kann, ob die Unterbringungsgründe weggefallen sind.

---

159 BGH BtPrax 2016, 150; OLG München BtPrax 2005, 113 ff.
160 OLG Hamm BtPrax 2000, 34.

Ist die Unterbringung über den Ablauf der Genehmigung hinaus notwendig, so kann diese **verlängert** werden. Hierfür gelten dieselben Verfahrensvorschriften wie für die erste Erteilung der Genehmigung (§ 329 Abs. 2 Satz 1 FamFG). Dauert die Unterbringung schon mehr als vier Jahre an, soll das im Verlängerungsverfahren einzuholende Sachverständigengutachten in der Regel von einem **neutralen Arzt** stammen (§ 329 Abs. 2 Satz 2 FamFG). Der Gefährdungsbegriff des § 1906 Abs. 1 Nr. 1 BGB verändert sich während der Unterbringung nicht; eine ernste und konkrete Gefahr für Leib oder Leben ist auch für die weitere Unterbringung ausreichend. Mit zunehmender Dauer ist die Verhältnismäßigkeit der weiteren Unterbringung aber zunehmend strenger zu prüfen.[161]

Wird die Genehmigung nicht verlängert, endet sie mit ihrem Ablauf ohne Weiteres. Der Betreute muss dann aus der Anstalt entlassen werden, andernfalls machen die Beteiligten sich – bei Vorsatz – wegen Freiheitsberaubung (§ 239 StGB) strafbar. Im Übrigen schulden sie, auch wenn sie nur fahrlässig handeln, Schadensersatz (§§ 823 Abs. 1, 253 Abs. 2 BGB).

(iii) Entziehung der Restfreiheit

Eine besondere Situation entsteht, wenn dem Betreuten, der schon untergebracht ist, durch **zusätzliche Maßnahmen** auch noch (ein Teil) der ihm in der geschlossenen Einrichtung zustehenden Restfreiheit entzogen werden soll. Für solche Maßnahmen scheint § 1906 Abs. 4 BGB nach seinem Wortlaut („ohne untergebracht zu sein") nicht zu gelten. Das kann aber schon deshalb nicht richtig sein, weil zusätzliche Freiheitsentziehungen den Charakter der Unterbringung hin zu noch wesentlich einschneidenderen Einschränkungen der Bewegungsfreiheit verändern. § 1906 Abs. 4 BGB ist daher auch auf sie anzuwenden.

(iv) Eilfälle

Wenn die Zeit nicht ausreicht, um das oben beschriebene Verfahren zum Abschluss zu bringen, kann das Betreuungsgericht nach § 331 FamFG die Unterbringung auch durch **einstweilige Anordnung** vorläufig genehmigen. Die Voraussetzungen hierfür sind:

1. Es müssen **dringende Gründe für die Annahme** sprechen, dass die Voraussetzungen für eine Unterbringung vorliegen und ein dringendes Bedürfnis für das sofortige Tätigwerden besteht (§ 331 Satz 1 Nr. 1 FamFG).

2. Es muss ein **ärztliches Zeugnis** zur Notwendigkeit der Unterbringung vorliegen (§ 331 Satz 1 Nr. 2 FamFG).

3. Ein **Verfahrenspfleger** muss bestellt und angehört und **der Betroffene persönlich angehört** worden sein (§ 331 Satz 1 Nr. 3 und 4 FamFG).

Bei **Gefahr im Verzug**, das heißt, wenn auch dieses verkürzte Verfahren nicht abgewartet werden kann, ohne dass dem Betreuten ein Schaden droht, kann das Gericht die unter 3. genannten Verfahrenshandlungen auch erst nach Erlass der einstweiligen Anordnung *nachholen* (§ 332 FamFG, **beschleunigte einstweilige Anordnung).**

Die durch einstweilige Anordnung erteilte Genehmigung darf auf **höchstens sechs Wochen** befristet werden (§ 333 Abs. 1 Satz 1 FamFG). Ihre Verlängerung durch weitere einstweilige Anordnung auf insgesamt **drei Monate** ist zulässig (§ 333 Abs. 1 Satz 2

---

161 BGH NJW 2018, 1548

FamFG), nachdem ein Sachverständiger angehört worden ist. Nicht notwendig ist, dass schon sein schriftliches Gutachten vorliegt. Soweit die **Zwangsbehandlung** vorläufig genehmigt wird, betragen diese Fristen **zwei Wochen** und **sechs Wochen** (§ 333 Abs. 2 FamFG).

Wenn selbst die vorherige Genehmigung durch beschleunigte einstweilige Anordnung mit nicht hinnehmbaren zusätzlichen Gefahren für den Betreuten verbunden wäre, darf der Betreuer ihn zunächst **ohne Genehmigung unterbringen** (§ 1906 Abs. 2 Satz 2 BGB). Die Genehmigung muss dann unverzüglich (d.h.: ohne schuldhaftes Zögern, vgl. die Definition in § 121 Abs. 1 Satz 1 BGB) **nachgeholt** werden. Das heißt für den Betreuer, dass er so bald wie irgend möglich das Betreuungsgericht einschalten muss. Die Gerichte sind verpflichtet, täglich von 06:00 Uhr bis 21:00 Uhr zu diesem Zweck einen Notdienst bereitzuhalten.[162] Während dieser Zeit ist das Gericht daher sofort zu informieren.

Wie lange das Gericht dann für die Entscheidung braucht, liegt nicht in der Verantwortung des Betreuers. Solange keine abschlägige Entscheidung vorliegt, bleibt der Betreuer zur weiteren Unterbringung berechtigt. Für das Gericht gilt freilich, dass es ebenfalls unverzüglich entscheiden muss (Art. 104 Abs. 2 Satz 2 GG), ggf. zunächst durch einstweilige Anordnung. Ist der **Betreuer nicht rechtzeitig erreichbar**, kann die Unterbringung auch direkt vom Betreuungsgericht nach §§ 1908i Abs. 1 Satz 1, 1846 BGB angeordnet werden. Nach § 334 FamFG müssen dazu aber die Voraussetzungen vorliegen, unter denen die Genehmigung durch einstweilige Anordnung erteilt werden könnte. Auch die Zeitgrenzen aus § 333 FamFG sind anwendbar.

Dem Wortlaut nach gelten die §§ 1908i Abs. 1 Satz 1, 1846 BGB auch für den Fall, dass **noch kein Betreuer bestellt** ist, doch ist für solche Personen eigentlich die öffentlich-rechtliche Unterbringung die vom Gesetz vorgesehene Möglichkeit. Deshalb setzt die Rechtsprechung für diese Fälle einer Unterbringungsanordnung nach den §§ 1908i Abs. 1 Satz 1, 1846 BGB enge Grenzen: Zulässig ist sie nur, wenn dringende Gründe für die Annahme bestehen, dass

- ein Betreuer bestellt werden wird,

- dieser die Genehmigung der Unterbringung beantragen wird und

- diese Genehmigung erteilt werden wird.

Das folgt aus § 331 Satz 1 Nr. 1 FamFG, denn dringende Gründe für die Annahme, dass eine Genehmigung nach § 1906 Abs. 2 Satz 1 BGB erteilt werden wird, bestehen nur, wenn es ebenso wahrscheinlich ist, dass überhaupt ein Betreuer, der die Unterbringung veranlasst, bestellt wird. Das Gericht muss dann außerdem dafür sorgen, dass dem Betroffenen **danach unverzüglich** zumindest ein vorläufiger Betreuer bestellt wird.[163]

---

162 BVerfG BtPrax 2018, 188.
163 BGH BtPrax 2002, 162.

3. Freiheitsentziehung in sonstiger Weise

a) Begriff

Eine Freiheitsentziehung in sonstiger Weise nach § 1906 Abs. 4 BGB liegt vor, wenn die Fortbewegungsfreiheit eines Betreuten auf Veranlassung des Betreuers durch individuelle, personenbezogene Maßnahmen eingeschränkt wird. Weil jedoch unsere Freiheit im Alltag fast ständig irgendwie beschränkt ist, bedarf § 1906 Abs. 4 BGB einer einschränkenden Interpretation, wenn er keinen uferlosen Anwendungsbereich bekommen soll.

Deshalb ist in dem Wort „soll" ein finales Tatbestandsmerkmal zu sehen. Nur Maßnahmen, deren **Zweck** es ist, dem Betreuten die Fortbewegungsfreiheit (wenigstens teilweise) zu nehmen, sind von Bedeutung. Maßnahmen, die hierauf nicht abzielen, fallen selbst dann nicht darunter, wenn die Freiheitsbeschränkung notwendige Nebenfolge ist.

Hauptzweck der Maßnahme braucht die Freiheitsentziehung nicht zu sein. Es reicht aus, wenn sie eines von mehreren verfolgten Endzielen oder ein **Zwischenziel** ist. Die Gabe eines ruhigstellenden Medikaments ist daher Freiheitsentziehung nach § 1906 Abs. 4 BGB, wenn die Ruhigstellung das beabsichtigte Ziel der Medikation ist oder durch die Ruhigstellung ein anderer therapeutischer Erfolg erreicht werden soll (z.B. das leichtere Abheilen einer Verletzung), nicht aber, wenn es sich lediglich um die unerwünschte Nebenwirkung eines Medikaments handelt.[164]

Mechanische Fixierungsmaßnahmen (Bettgitter, Gurte) sind freiheitsentziehende Maßnahmen, wenn sie zumindest *auch* eine willkürliche Ortsveränderung verhindern sollen.[165] Sie sind es nicht, wenn sie lediglich verhindern sollen, dass der Betroffene bei dem von vornherein ohne jeden Zweifel untauglichen Versuch einer Ortsveränderung stürzt.

Außerdem bleiben Freiheitsbeschränkungen außer Betracht, die sich aus seiner psychischen Störung ergeben. **Alltägliche Vorgänge** werden nicht dadurch zu freiheitsentziehenden Maßnahmen, dass sie sich für den Kranken oder Behinderten so auswirken. Eine Treppe ist nicht deshalb eine freiheitsentziehende Maßnahme, weil der Behinderte sie nicht überwinden kann. Wer aufgrund seiner Altersdemenz ein vollkommen gewöhnliches Schloss nicht öffnen kann, ist nicht durch dieses Schloss, sondern durch die Krankheit in seiner Freiheit beeinträchtigt. Wird ein besonderer Schließmechanismus angebracht, der von dementen Bewohnern nicht bedient werden kann, ist das zwar für die betroffenen Bewohner Freiheitsentzug, fällt aber – weil anstalts- und nicht personenbezogen – unter § 1906 Abs. 1 BGB.[166]

Auf das **Mittel**, mit dem die Freiheit entzogen wird, kommt es nicht an. Es kann daher auch genügen, dass der Betreute ständig überwacht und ggf. durch einfaches Zurückführen am Arm am Verlassen eines beschränkten Bereichs gehindert wird, selbst wenn keinerlei mechanische Barrieren existieren.

---

164 OLG Hamm BtPrax 1997, 162; großzügiger allerdings OLG Bamberg BtPrax 2012, 175, wonach bereits ein „vorrangig therapeutischer Zweck" die Anwendung von § 1906 Abs. 4 BGB ausschließt.

165 BGH BtPrax 2012, 206.

166 LG Ulm FamRZ 2010, 1764.

Ob ein **Personenortungssystem** freiheitsentziehenden Charakter hat, hängt von seiner Zweckbestimmung ab. Soll damit verhindert werden, dass die damit ausgestatteten Bewohner einen begrenzten Raum verlassen, ist das so.[167] Soll es nur ihr Auffinden erleichtern, nachdem sie die Einrichtung verlassen haben, stellt das keinen Freiheitsentzug dar.[168]

b) Entsprechende Anwendung der Vorschriften über die Unterbringung

Nach § 1906 Abs. 4 BGB gilt für die Freiheitsentziehung in sonstiger Weise § 1906 Abs. 1 und 2 BGB sinngemäß. Das bedeutet:

- Die **materiellrechtliche Zulässigkeit** der freiheitsentziehenden Maßnahmen richtet sich nach § 1906 Abs. 1 BGB. Unter anderem gilt auch hier das Prinzip der Erforderlichkeit. Unter Umständen können freiheitsentziehende Maßnahmen eine Unterbringung oder auch die Unterbringung freiheitsentziehende Maßnahmen entbehrlich machen. Zwischen beidem besteht kein eindeutiges Stufenverhältnis. Es muss im Einzelfall festgestellt werden, welche Alternative den Betreuten insgesamt am geringsten beeinträchtigt.

- Außerdem ist grundsätzlich die **betreuungsgerichtliche Genehmigung** erforderlich (§ 1906 Abs. 2 Satz 1 BGB). Das Verfahren ist fast dasselbe wie bei der Unterbringung, nur dass anstelle eines Sachverständigengutachtens auch die Einholung eines **ärztlichen Attestes** ausreicht (§ 321 Abs. 2 FamFG).

§ 1906 Abs. 4 BGB kennt aber auch Ausnahmen von der Gleichstellung der freiheitsentziehenden Maßnahmen mit der Unterbringung, nämlich

- für den **häuslichen Bereich**, denn dann befindet sich der Betreute nicht „in einer Anstalt, einem Heim oder einer sonstigen Einrichtung",

- wenn die Freiheitsentziehung weder **länger dauert** noch **regelmäßig** erfolgt.[169]

Das Gesetz regelt aber andererseits auch nicht, unter welchen Voraussetzungen in den von § 1906 Abs. 4 BGB ausgesparten Situationen freiheitsentziehende Maßnahmen denn dann zulässig sind. Dass sie es überhaupt nicht sind, ist schlecht möglich, denn dann würden nicht hinnehmbare Wertungswidersprüche entstehen. Die *einmalige* Fixierung wäre verboten, während die *regelmäßige* Fixierung unter den Voraussetzungen des § 1906 Abs. 1, 2 BGB erlaubt wäre. Der bisher zuhause gepflegte Betreute müsste erst in eine Einrichtung geschafft werden, damit Freiheitsentziehungen zulässig sind. Das kann der Gesetzgeber nicht gemeint haben. Natürlich kann er auch nicht gemeint haben, dass sie in diesen Situationen *ohne Weiteres* zulässig sind,[170] sie können vielmehr durch Notstand (§ 34 StGB), bei einem vollkommen unansprechbaren Betreuten auch durch mutmaßliche Einwilligung gerechtfertigt sein.[171]

---

167 LG Ulm FamRZ 2009, 544.
168 OLG Brandenburg FamRZ 2006, 1481.
169 BGH NJW 2015, 865, 866.
170 BayObLG BtPrax 2003, 37.
171 OLG Bamberg BtPrax 2012, 175.

F. Vergütung und Aufwendungsersatz

I. Grundsätze

Vergütung ist Bezahlung für die geleistete Tätigkeit. **Aufwendungsersatz** ist die Erstattung freiwillig erbrachter Vermögensopfer.

Die **Grundregel** – von der es allerdings zahllose Ausnahmen gibt – lautet: Der Betreuer erhält seine materiellen *Aufwendungen* ersetzt (§§ 1908i Abs. 1 Satz 1, 1835 Abs. 1 Satz 1 BGB). Er arbeitet aber „ehrenamtlich" (§§ 1908i Abs. 1 Satz 1, 1836 Abs. 1 Satz 1 BGB), erhält demnach für seinen *Arbeitseinsatz* kein Geld.

Auch für die Frage, **von wem** der Betreuer Vergütung oder Aufwendungsersatz erhält, gibt es eine **Grundregel**, die lautet: Wer die entsprechenden Mittel dazu hat, muss die Rechtsfürsorge, die ihm zuteilwird, selbst bezahlen. Ansonsten zahlt die Staatskasse.

Die **Grenze der Pflicht zur Kostentragung** für den Betreuten wird durch die §§ 1836c bis 1836e BGB gezogen. Danach gilt:

Ein Betreuter ist nach §§ 1908i Abs. 1 Satz 1, 1836d BGB **mittellos**, wenn er die fälligen Beträge aus den von ihm einzusetzenden Mitteln überhaupt nicht, nicht sofort, nicht vollständig oder nur dann zahlen könnte, wenn er zuvor einen gesetzlichen Unterhaltsanspruch gerichtlich geltend machte.

Welches die **einzusetzenden Mittel** sind, folgt gemäß §§ 1908i Abs. 1 Satz 1, 1836c BGB denselben Regeln, wie sie für die Hilfen nach den Kapiteln 5 bis 9 SGB XII gelten, nämlich §§ 82, 85 Abs. 1, 86 und 87 SGB XII für das **Einkommen** und § 90 SGB XII – inklusive der dazu erlassenen Durchführungsverordnung – für das **Vermögen**. Es ist damit von dem Einkommen, das den zweifachen Eckregelsatz zuzüglich Familienzuschlägen übersteigt, ein der Billigkeit entsprechender Betrag einzusetzen. Das Vermögen muss bis auf das sog. Schonvermögen eingesetzt werden.

Hat die Staatskasse infolge Mittellosigkeit geleistet, kann sie den Betreuten und seine Erben deswegen **in Regress** nehmen, soweit und sobald einzusetzende Mittel vorhanden sind. Der Anspruch verjährt nach drei Jahren, auch wenn in diesem Zeitraum wegen fehlender Mittel kein Regress möglich war.[172]

II. Vergütung

Von dem Grundsatz der Unentgeltlichkeit der §§ 1908i Abs. 1 Satz 1, 1836 Abs. 1 Satz 1 BGB gibt es zwei Ausnahmen:

Einen **Anspruch auf Vergütung** hat derjenige, von dem festgestellt wurde, dass er die Betreuung berufsmäßig führt (§§ 1908i Abs. 1 Satz 1, 1836 Abs. 1 Satz 2 BGB und § 1 Abs. 2 Satz 1 VBVG). Wegen der Einzelheiten einer solchen Vergütung verweist das BGB auf ein besonderes Gesetz, das Vormünder- und Betreuervergütungsgesetz (VBVG). Die Vergütung wird aus der Staatskasse gezahlt, wenn der Betreute mittellos ist (§ 1 Abs. 2 Satz 2 VBVG).

---

172 BGH FGPrax 2012, 109 (LS).

Auch sonst kann das Gericht dem Betreuer nach seinem **Ermessen** eine Vergütung bewilligen, wenn der Umfang oder die Schwierigkeit der Geschäfte dies rechtfertigen und soweit der Betreute nicht mittellos ist (§§ 1908i Abs. 1 Satz 1, 1836 Abs. 2 BGB).

1. Pauschalvergütung des Berufsbetreuers

Berufsbetreuer erhalten nach §§ 4 bis 5a VBVG **Fallpauschalen** als Vergütung. Das Gesetz unterscheidet zwischen

- der allgemeinen Fallpauschale aus § 5 VBVG und

- den Zusatzpauschalen des § 5a VBVG.

Die allgemeinen Fallpauschalen folgen aus drei dem VBVG angefügten Tabellen, wobei:

- **Tabelle A** für Betreuer ohne nutzbare Fachkenntnisse der in § 4 Abs. 3 VBVG genannten Art (§ 4 Abs. 2 VBVG),

- **Tabelle B**, wenn die nutzbaren Fachkenntnisse aus einem **Berufsabschluss** oder einer vergleichbaren Ausbildung herrühren (§ 4 Abs. 3 Nr. 1 VBVG), und

- **Tabelle C**, wenn die nutzbaren Fachkenntnisse auf einem **Hochschulabschluss** oder einer vergleichbaren Ausbildung beruhen (§ 4 Abs. 3 Nr. 2 VBVG),

gilt. Sind Fachkenntnisse eines Betreuers allgemein nutzbar, wird nach §§ 4 Abs. 4 Satz 1, 3 Abs. 2 VBVG vermutet, dass sie dies auch für die konkrete Betreuung sind, falls das Betreuungsgericht nicht schon bei der Bestellung etwas anderes festgesetzt hat.

Die **Vergütungstabellen** differenzieren dann wiederum jeweils nach den in § 5 Abs. 1 VBVG genannten drei Faktoren, nämlich

- der Dauer der Betreuung,

- der Wohnsituation des Betreuten und

- dessen Mittellosigkeit.

Beispiel

 Wer also z.B. als Diplom-Sozialarbeiter einen nicht mittellosen, in einer Einrichtung lebenden Betreuten im zweiten Halbjahr betreut, erhält hierfür die allgemeine Fallpauschale C3.1.2 in Höhe von monatlich € 229,00 €.

Was eine **stationäre Einrichtung** ist und was ihr vergütungsrechtlich gleichsteht, wird in § 5 Abs. 2 VBVG näher definiert. Vergütungsrelevant ist das aber überdies nur, wenn der Betreute dort seinen *gewöhnlichen* Aufenthalt hat. Das setzt voraus, dass sich der Lebensmittelpunkt des Betreuten entsprechend verlagert hat. Wird ein Betreuer während des Urlaubs seiner Angehörigen beispielsweise für drei Wochen in Kurzzeitpflege verbracht, so ist das nicht als Fall in einer Einrichtung abzurechnen – auch nicht für diese drei Wochen.

Die Frage, was Mittellosigkeit bedeutet, wird in § 1836d BGB geklärt. Der für die Fallpauschale entscheidende Zeitpunkt ist für jeden Abrechnungsmonat gesondert dessen Ende (§ 5 Abs. 4 VBVG).

Die allgemeine Fallpauschale wird zwar nach Monaten berechnet, aber **nach Tagen festgesetzt** (§ 5 Abs. 2 Satz 3 VBVG) und nur **in Quartalen** ausgezahlt (§ 9 VBVG). Für Anteile eines Monats werden entsprechende Anteile an der monatlichen Pauschale gezahlt, falls nicht der ganze Monat vergütet wird oder falls sich einer der für die Vergütung maßgeblichen Parameter im Laufe des Monats ändert.

Monate sind nach § 5 Abs. 2 Satz 2 VBVG nicht die Kalender-, sondern die Betreuungsmonate, die ab dem **Wirksamwerden der ersten Bestellung** eines Betreuers gerechnet werden. Der Verweis auf §§ 187, 188 BGB bedeutet, dass der Tag der Wirksamkeit der Bestellung nicht vergütet wird, wohl aber der Tag, an dem die Betreuung geendet hat. Der Verweis auf § 191 bedeutet, dass in einem nicht vollständigen Betreuungsmonat 1/30 der Monatspauschale gezahlt wird, unabhängig davon, wie viele Tage der Monat hat.

Beispiel

 X wird mit Wirkung vom 3. August zum Betreuer des mittellosen, in der eigenen Wohnung lebenden Y bestellt. Y stirbt am 26. Dezember. X ist Berufsbetreuer mit nutzbarer Hochschulausbildung.

*X kann zunächst das vollständige Quartal vom 4. August bis 3. November abrechnen. Er erhält für jeden der drei ersten Betreuungsmonate die **Pauschale C1.2.1 in Höhe von 339,00 €**, für alle drei Monate zusammen also 1.017,00 €. Diese Abrechnung kann er am 4. November vornehmen.*

*Nach dem Ende der Betreuung kann er auch das Rumpfquartal vom 4. November bis 26. Dezember abrechnen. Darin steckt noch ein vollständiger Monat (4. November bis 3. Dezember), für den er die **Pauschale C2.2.1 in Höhe von 277,00 €** erhält.*

*Der Stundenansatz für die dann noch zu vergütenden 23 Tage beträgt **23/30 von 277,00 € = 212,37 €**. Insgesamt kann er für das zweite Abrechnungsquartal also 489,37 € abrechnen.*

Mehrwertsteuer wird auf die Betreuervergütung nicht geschuldet (§ 4 Nr. 16 Buchst. k UStG).[173]

Auch wer eine **Gegenbetreuung** berufsmäßig führt, erhält hierfür die allgemeine Fallpauschale.

Ist ein **Verhinderungsbetreuer** aufgrund tatsächlicher Verhinderung des Betreuers tätig geworden, so muss nach § 6 Satz 2 VBVG die Fallpauschale **aufgeteilt** werden. Der Verhinderungsbetreuer erhält genau die Tage mit je 1/30 der entsprechenden Fallpauschale vergütet, während derer er sowohl bestellt als auch der Hauptbetreuer verhindert war. Die entsprechende Anzahl von Tagen wird diesem dann abgezogen.

Die Tätigkeit eines **Ergänzungsbetreuers** (bei rechtlicher Verhinderung) mindert die Fallpauschale des Betreuers dagegen nicht.

---

173 Laut BFH FamRZ 2013, 1222 gilt das nicht erst seit Inkrafttreten von § 4 Nr. 16 k UStG, sondern folgte bereits vorher direkt aus Art. 13 Teil A Abs. 1 Buchst. g der Richtlinie 77/388/EWG.

Neben der Fallpauschale erhält der Berufsbetreuer keinen Aufwendungsersatz. § 5a VBVG billigt ihm jedoch in bestimmten Fällen, die typischerweise einen besonderen Aufwand erzeugen, **Zusatzpauschalen** zu. Es gibt davon insgesamt drei:

- Eine einmalige **Übernahmepauschale** von 200,00 € erhält ein Betreuer, der die Betreuung von einem ehrenamtlichen Betreuer übernimmt (§ 5a Abs. 2 VBVG).

- Umgekehrt erhält eine **Abgabepauschale**, wer zu Gunsten eines ehrenamtlichen Betreuers entlassen wird. Diese beträgt 150% der zur Zeit der Entlassung zu zahlenden allgemeinen Fallpauschale (§ 5a Abs. 3 VBVG).

- Eine **Vermögensverwaltungspauschale** von 30,00 € pro Abrechnungsmonat erhält der Betreuer, wenn die Verwaltung bestimmter Vermögenswerte zu seinem Aufgabenkreis gehört, nämlich eine Wohnung, die weder der Betreute noch sein Ehegatte bewohnt, ein Erwerbsgeschäfts oder Anlagevermögen von mehr als 150.000,00 €. Die Vermögenspauschale wird nicht aufgeteilt, sondern in voller Höhe gezahlt, auch wenn diese Voraussetzungen nur während eines einzigen Tages des Abrechnungsmonats vorliegen (§ 5a Abs. 1 VBVG).

2. Vergütung des Berufsbetreuers nach Zeitaufwand

Wer als Berufsbetreuer zum **Ergänzungsbetreuer** oder **Sterilisationsbetreuer** bestellt wurde, wird nach §§ 6 Satz 1 und 3 VBVG nach seinem konkreten Zeitaufwand vergütet.

Dies geschieht nach **Stundensätzen**, deren Abstufung in § 3 Abs. 1 VBVG den gleichen Kriterien folgt wie bei § 4 Abs. 3 VBVG – nämlich entscheidend auf die nutzbaren Fachkenntnisse abstellt. Die Stundensätze betragen 23,00 € 29,50 € und 39,00 €. Sie werden je **tatsächlich geleisteter Arbeitsstunde** gezahlt, soweit diese für die Erledigung der übertragenen Angelegenheit erforderlich war.

Die Stundensätze aus § 3 Abs. 1 VBVG sind im Übrigen nur dann absolut verbindlich, wenn die Vergütung aus der Staatskasse gezahlt wird. Ist der Betreute nicht mittellos, kann das Betreuungsgericht nach § 3 Abs. 3 VBVG auch **einen höheren Stundensatz** bewilligen, falls dies dadurch gerechtfertigt ist, dass die Betreuung besondere Schwierigkeiten aufweist.

Soweit der Betreuer nach §§ 6 Satz 1, 3 VBVG abzurechnen hat, gibt es keinen festen Zeitpunkt für die **Fälligkeit** des Anspruchs. Er kann theoretisch jederzeit die vorgenommenen Tätigkeiten abrechnen. Üblich ist bei Betreuungen, die eine konkrete Angelegenheit betreffen, allerdings die Abrechnung nach deren Erledigung. Der Betreuer kann nach § 3 Abs. 4 VBVG **Abschlagszahlungen** verlangen.

3. Vergütung des Betreuungsvereins

Ist ein Betreuungsverein als solcher zum Betreuer bestellt (§ 1900 Abs. 1 BGB), so kann er keine Vergütung fordern (§§ 1908i Abs. 1 Satz 1, 1836 Abs. 3 BGB).

Ist ein Mitarbeiter des Vereins zum **Vereinsbetreuer** bestellt, so gelten nach § 7 VBVG dieselben Regeln wie für die Vergütung eines selbständigen Berufsbetreuers – also die §§ 4 bis 6 VBVG, allerdings mit der Maßgabe, dass die Forderung dem Verein und nicht dem Vereinsbetreuer zusteht (§ 7 Abs. 3 VBVG).

Die einzige Besonderheit besteht darin, dass die Berufsbetreuereigenschaft beim Vereinsbetreuer unterstellt wird. § 1 Abs. 1 VBVG gilt für ihn nicht.

4. Ermessensvergütung

Einem Betreuer, der die Betreuung nicht berufsmäßig führt, kann nach §§ 1908i Abs. 1 Satz 1, 1836 Abs. 2 BGB ausnahmsweise ebenfalls eine Vergütung bewilligt werden, wenn dies aufgrund des Umfangs und der Schwierigkeit der Betreuung gerechtfertigt erscheint.

Die Höhe der Vergütung ist auf die vom Betreuten nach § 1836c BGB einzusetzenden Mittel beschränkt. Sie wird **nie aus der Staatskasse** gezahlt.

Da sich die Höhe der Vergütung nach dem Umfang der Betreuung richtet, ist auch sie nach Stundensätzen zu zahlen. Der Aufwand kann entweder vom Betreuer nachgewiesen werden oder ist zu schätzen. Die Höhe der Stundensätze steht im Ermessen des Gerichts.

Eine Ermessensvergütung kann wegen § 1899 Abs. 1 Satz 3 BGB nicht bewilligt werden, wenn bereits ein anderer Betreuer für denselben Fall vergütet wird.

5. Vergütung der Betreuungsbehörde

Wird die Behörde als solche zum Betreuer bestellt (§ 1900 Abs. 4 VBVG), kann sie eine Vergütung nicht erhalten (§§ 1908i Abs. 1 Satz 1, 1836 Abs. 3 BGB).

Wird ein Mitarbeiter der Behörde zum **Behördenbetreuer** bestellt, so kann der Behörde hierfür gemäß § 8 Abs. 1 Satz 1 VBVG eine **Ermessensvergütung** unter den gleichen Voraussetzungen wie einem nicht berufsmäßigen Betreuer bewilligt werden. Der Behördenbetreuer selbst kann nichts fordern (§§ 8 Abs. 3, 7 Abs. 3 VBVG).

III. Aufwendungsersatz

1. Grundregeln

Nach §§ 1908i Abs. 1 Satz 1, 1835 Abs. 1 Satz 1, 670 BGB erhält der Betreuer Aufwendungen, die er zur Ausführung der Betreuung gehabt hat, wie ein Beauftragter ersetzt, nämlich: wenn er sie für erforderlich halten durfte.

Aufwendungen sind alle in Geld messbaren Opfer, die im Zuge der Erfüllung der zum Amt des Betreuers gehörenden Pflichten angefallen sind. Hierzu gehören auch diejenigen Pflichten, die nach Beendigung des Amtes zu erfüllen sind (§§ 1908i Abs. 1 Satz 1, 1890 ff. BGB). Es gehören hierher Porto, Telefongebühren, Schreibauslagen, Parkgebühren, Reisekosten usw. Entscheidend ist, dass sie *ex ante* betrachtet objektiv erforderlich erschienen.

Da dies zur persönlichen Betreuung gehört, fallen grundsätzlich auch Kosten der Besuche beim Betreuten darunter, soweit sie zur Erfüllung einer Besprechungspflicht (§ 1901 Abs. 3 Satz 3 BGB), der Feststellung der Wertvorstellungen des Betroffenen oder dem Aufbau bzw. der Pflege eines Vertrauensverhältnisses notwendig sind. Wie weit das geht, ist in der Vergangenheit Gegenstand zahlloser Prozesse gewesen. Es lässt sich nicht abstrakt festlegen. Letzten Endes steht dem Betreuer dabei auch ein gewisser Beurteilungsspielraum zu.[174]

Besteht der Aufwand in Fahrten des Betreuers mit dem **eigenen Pkw,** kann er hierfür nur pauschal € 0,30 pro gefahrenen Kilometer verlangen (§§ 1908i Abs. 1 Satz 1, 1835 Abs. 1 Satz 1 BGB i.V.m. § 5 Abs. 2 Nr. 2 JVEG).

Nicht unter die §§ 1908i Abs. 1 Satz 1, 1835 Abs. 1 Satz 1 BGB fällt es, wenn der Betreuer im Namen des Betreuten Verträge mit Dritten schließt und diese aus eigener Tasche erfüllt. Er zahlt dann vielmehr auf fremde Schuld und erwirbt einen direkten Regressanspruch gegen den Betreuten aus § 812 Abs. 1 Satz 1, 2. Alt. BGB, den er – auch bei Mittellosigkeit – nur gegen diesen verfolgen kann.

Dasselbe gilt auch, wenn der Betreuer ein Geschäft im eigenen Namen tätigt, das objektiv eines des Betreuten ist (verdeckte Stellvertretung). Auch hier entsteht ein Erstattungsanspruch gegen den Betreuten selbst, nicht jedoch gegen die Staatskasse, die immer nur den Aufwand der Betreuung schuldet.

Das BGB sieht im Allgemeinen den Einsatz der Arbeitszeit eines Menschen nicht als geldwerte Leistung an. Deshalb kann der Betreuer Aufwendungsersatz für seinen Zeitaufwand in der Regel nicht verlangen. Eine Ausnahme gilt dann, wenn der Betreuer für den Betreuten im Rahmen des von ihm ausgeübten **Berufs oder Gewerbes** tätig wird. Das ist z.B. der Fall, wenn der Betreuer von Beruf Arzt ist und den Betreuten selbst behandelt, oder wenn der Betreuer Rechtsanwalt ist und den Betreuten vor Gericht vertritt. In einem solchen Fall kann der Betreuer **Aufwendungsersatz** in Höhe der für diese Tätigkeit ihm sonst üblicherweise zustehenden Vergütung verlangen (§§ 1908i Abs. 1 Satz 1, 1835 Abs 3 BGB), der Anwalt also nach Maßgabe des Rechtsanwaltsvergütungsgesetzes (RVG), der Arzt nach der Gebührenordnung für Ärzte (GoÄ). Man nennt dies Aufwendungsersatz für kommerzialisierte Arbeitszeit. Unterliegt der Betreuer in diesem Beruf der Umsatzsteuerpflicht, muss er auch den Aufwendungsersatzanspruch aus § 1835 Abs. 3 BGB entsprechend versteuern.[175]

Wer dagegen **die Betreuung als solche** im Rahmen seiner beruflichen Tätigkeit führt, kann dies nicht als Aufwand für kommerzialisierte Arbeitszeit abrechnen, sondern ist insofern auf den Anspruch auf Vergütung als Berufsbetreuer verwiesen.

Nur ehrenamtliche Betreuer können Aufwendungen für eine angemessene Vermögensschadens- und **Haftpflichtversicherung** ersetzt verlangen (§§ 1908i Abs. 1 Satz 1, 1835 Abs. 2 Satz 1 BGB), und zwar sogar dann, wenn ihnen eine Ermessensvergütung bewilligt wird. Bei Berufsbetreuern ist der Versicherungsaufwand dagegen immer mit der Vergütung abgegolten (§§ 1908i Abs. 1 Satz 1, 1835 Abs. 2 Satz 2 BGB).

Alle Bundesländer haben eine **Gruppenversicherung für alle ehrenamtlichen Betreuer** abgeschlossen. Soweit diese Versicherung reicht, kann dem ehrenamtlichen Betreuer ein zu erstattender Versicherungsaufwand nicht mehr entstehen. Da aber die Deckungssummen für Vermögensschäden in diesen Gruppenversicherungen begrenzt

---

174 BayObLG FamRZ 1997, 740.
175 BFH FamRZ 2013, 1222.

sind, kann es bei sehr vermögenden Betreuten notwendig sein, eine zusätzliche Vermögensschadenversicherung abzuschließen.

2. Pauschalierung

In vielen Fällen kommt es allerdings nicht zur konkreten Abrechnung des Aufwendungsersatzes, weil er auf zwei verschiedenen Wegen pauschaliert werden kann:

a) Aufwandsentschädigung

Alle Betreuer, denen **keine Vergütung** bewilligt wird, können nach §§ 1908i Abs. 1 Satz 1, 1835a Abs. 1 Satz 1 BGB statt des Aufwendungsersatzes eine pauschalierte Aufwandsentschädigung in Höhe des 19fachen Stundenhöchstsatzes für die Zeugenentschädigung (§ 22 Satz 1 JVEG) verlangen. Das sind bei 21,00 € Stundenhöchstsatz **399,00 € pro Jahr.**

Zu zahlen ist sie immer, wenn seit Beginn der Betreuung ein (weiteres) volles Jahr verstrichen ist (§§ 1908i Abs. 1 Satz 1, 1835a Abs. 2 BGB). Es gilt also nicht das Kalenderjahr, sondern ein mit dem Tag der Bestellung zum Betreuer beginnendes besonderes Geschäftsjahr. Bei Beendigung der Betreuung ist für das angefangene Geschäftsjahr ein entsprechender Anteil zu zahlen.

Der Betreuer kann sich **für jedes Geschäftsjahr neu entscheiden**, ob er den Aufwand konkret nachweisen und Aufwendungsersatz verlangen oder ob er die Aufwandsentschädigung geltend machen will. Er braucht die Entscheidung aber nicht im Voraus zu treffen. Er kann Aufstockung der Gesamtsumme auf die Pauschale selbst dann noch verlangen, wenn er für Aufwendungen aus dem betreffenden Zeitraum bereits Ersatz erhalten hat, jedoch nur in Höhe der noch verbleibenden Differenz (§§ 1908i Abs. 1 Satz 1, 1835a Abs. 1 Satz 2 BGB). Die *Kumulation* von Aufwandsentschädigung und Aufwendungsersatz ist ausgeschlossen.

Auch eine Kumulation von **Vergütung und Aufwandsentschädigung** ist unzulässig. Wird dem Betreuer eine Ermessensvergütung bewilligt, muss er sich eine für diese Zeit schon erhaltene Aufwandsentschädigung hierauf anrechnen lassen, soweit er nicht nachträglich noch seinen konkreten Aufwand belegen kann.

Wer als **unterhaltspflichtiger Angehöriger** eine (bis auf den Unterhaltsanspruch) mittellose Person betreut, wird sinnvollerweise nur die Aufwendungsentschädigung geltend machen. Denn wegen anderer Forderungen würde er nach § 1836c Nr. 1 BGB auf den Unterhaltsanspruch des Betreuten gegen sich verwiesen. Für die Pauschale wird genau das aber durch §§ 1908i Abs. 1 Satz 1, 1835a Abs. 3 BGB ausdrücklich ausgeschlossen. Sie wird ohne Rücksicht auf Unterhaltsansprüche des Betreuten gegen den Betreuer gezahlt.

b) Abgeltung durch Fallpauschale

Für Berufsbetreuer, die eine Fallpauschale nach §§ 4, 5 VBVG erhalten, ist damit auch **der normale Aufwand abgegolten** (§ 4 Abs. 5 Satz 1 VBVG).

Möglich bleibt gemäß § 4 Abs. 2 Satz 2 VBVG lediglich die zusätzliche Abrechnung von **kommerzialisierter Arbeitszeit**, was aber voraussetzt, dass der Berufsbetreuer neben der Betreuertätigkeit noch einen *weiteren* Beruf selbständig ausübt und im Rahmen dieses zweiten Berufs für den Betreuten tätig geworden ist.

Zu Abgrenzungsschwierigkeiten kann das bei Berufsbetreuern führen, die zugleich **Rechtsanwalt** sind. Denn auch die Anwaltstätigkeit besteht ja in der Besorgung von Rechtsangelegenheiten. Hier ist entscheidend darauf abzustellen, ob ein nicht rechtskundiger Betreuer in derselben Lage einen Rechtsanwalt eingeschaltet hätte.[176] Ist das der Fall, ist der Anwalt als Anwalt tätig geworden und kann diese Tätigkeit über die Fallpauschale hinaus nach §§ 1908i Abs. 1 Satz 1, 1835 Abs. 3 BGB mit den Sätzen des RVG abrechnen.

c) Verbleibende Fälle

Konkreten Aufwand rechnet daher im Ergebnis nur eine kleine Zahl von Einzelbetreuern ab, nämlich

- **ehrenamtliche Betreuer**, die eine Ermessensvergütung nach §§ 1908i Abs. 1, 1836 Abs. 2 BGB erhalten, auf die pauschale Aufwandsentschädigung verzichten oder deren Aufwand die Pauschale übersteigt,

- diejenigen **Berufsbetreuer**, die nach § 6 Satz 1 und § 3 VBVG nach konkretem Zeitaufwand vergütet werden.

3. Betreuungsverein

Auch beim **Vereinsbetreuer** gilt, dass der Aufwendungsersatz durch die nach § 7 Abs. 1, 4 bis 5a VBVG gezahlte Fallpauschale **abgegolten** ist.

Nur soweit der Betreuungsverein für den Vereinsbetreuer nach §§ 7 Abs. 2, 6 Satz 1 und 3 VBVG nach konkretem Zeitaufwand abrechnet, kann der Verein außerdem die dem Betreuer konkret entstandenen Aufwendungen ersetzt verlangen.

§ 1835 Abs. 3 BGB gilt für den Vereinsbetreuer insgesamt nicht.

Ist der **Betreuungsverein** als solcher zum Betreuer bestellt (§ 1900 Abs. 1 BGB), erhält er Aufwendungsersatz, soweit der Betreute nicht mittellos ist, aus dessen Vermögen. Aus der Staatskasse erhält er in diesem Fall keine Zahlungen (§§ 1908i Abs. 1 Satz 1, 1835 Abs. 5 Satz 1 BGB). Die Pauschalierung nach § 1835a BGB ist nicht zulässig.

4. Betreuungsbehörde

Die Betreuungsbehörde kann ihren konkreten Aufwand immer nur aus den nach § 1836c BGB einzusetzenden Mitteln des Betreuten ersetzt verlangen. Aus der Staatskasse erhält sie keinen Ersatz.

Das folgt für die Tätigkeit des **Behördenbetreuers** aus § 8 Abs. 2 VBVG und soweit die **Behörde** als solche zum Betreuer bestellt wurde, aus §§ 1908i Abs. 1 Satz 1, 1835 Abs. 5 Satz 1 BGB.

---

176 BVerfG BtPrax 2000, 254, 255; OLG Karlsruhe FGPrax 2001, 76.

5. Vorschuss und Zinsen

Aus §§ 1908i Abs. 1 Satz 1, 1835 Abs. 1 Satz 1, 669 BGB folgt, dass der Betreuer nicht erst auf den Ersatz schon entstandener Aufwendungen verwiesen ist. Falls ihm überhaupt Aufwendungsersatz zusteht, kann er für konkret vorhersehbare Aufwendungen außerdem **Vorschuss** verlangen. Die Höhe des Vorschusses bestimmt sich nach den voraussehbaren Kosten. Wird der Vorschuss nicht verbraucht, ist er zurückzuzahlen.

Der Betreuer kann vom Tag der Aufwendungen an außerdem **4% Zinsen** auf den Aufwendungsersatz verlangen. Das folgt aus §§ 256 Satz 1, 246 BGB.

IV. Verfahren

Für die Geltendmachung der Vergütung verweist § 292 Abs. 1 FamFG auf § 168 FamFG, eine Norm aus dem Abschnitt über Kindschaftssachen. Der Betreuer kann die Vergütung danach in einem **vereinfachten Verfahren der freiwilligen Gerichtsbarkeit** geltend machen und ist nicht auf den gewöhnlichen Klageweg angewiesen.

1. Ansprüche gegen die Staatskasse

Ist der Betreute mittellos i.S.v. §§ 1908i Abs. 1 Satz 1, 1836d BGB, muss der Betreuer seine Ansprüche dem Betreuungsgericht gegenüber geltend machen. Das kann in zwei Formen erfolgen:

- Der Betreuer kann die einfache **Zahlbarmachung** (§§ 292 Abs. 1, 168 Abs. 1 Satz 4 FamFG i.V.m. § 2 JVEG) beantragen. Das Betreuungsgericht entscheidet dann formlos über die Auszahlung der Beträge aus der Staatskasse. Wird dem Antrag nicht stattgegeben, steht dem Betreuer hiergegen kein Rechtsmittel zu. Er muss dann erst einen Antrag auf förmliche Festsetzung durch Beschluss stellen.

- Der Betreuer kann die **gerichtliche Festsetzung** nach §§ 292 Abs. 1, 168 Abs. 1 Satz 1 FamFG beantragen. Dann entscheidet das Gericht förmlich durch Beschluss über die Höhe der dem Betreuer zustehenden Ansprüche und zugleich über einen eventuellen Regress gegen den Betreuten (§§ 292 Abs. 1, 168 Abs. 1 Satz 2, 3 FamFG).

Die gerichtliche Festsetzung von Vergütung und Aufwendungsersatz ist außer auf Antrag des Betreuers auch auf Antrag des Betreuten und von Amts wegen möglich. Auch eine einfache Abrechnung kann das Gericht daher zum Anlass nehmen, die Ansprüche gerichtlich festzusetzen.

Im Festsetzungsverfahren hat das Gericht **den Betreuten anzuhören**, falls er nicht von jeder Zahlung freigestellt ist (§§ 292 Abs. 1, 168 Abs. 4 FamFG). Die Form der Anhörung ist nicht vorgeschrieben. Die schriftliche Anhörung oder die eines Verfahrenspflegers genügen. Ein Verfahrenspfleger ist im Übrigen unter den in § 276 Abs. 1 Satz 1 FamFG genannten Voraussetzungen zu bestellen.

Weil Ansprüche gegen die Staatskasse von der Mittellosigkeit des Betreuten abhängen, muss der Betreuer nach §§ 292 Abs. 1, 168 Abs. 2 Satz 1 FamFG die **Einkommens- und Vermögensverhältnisse** des Mündels darlegen. Das verpflichtet ihn aber nicht etwa dazu, besondere Ermittlungen anzustellen. Er muss lediglich vollständig und wahrheitsgemäß angeben, was er weiß, und dies gegebenenfalls an Eides Statt versichern (§§ 292 Abs. 1, 168 Abs. 2 Satz 2 FamFG, 118 Abs. 2 Satz 1 ZPO). Ermittlungen anzustellen, ist dann Sache des Gerichts (vgl. §§ 292 Abs. 1, 168 Abs. 2 Satz 2 FamFG, 118 Abs. 2 Satz 2 ZPO und § 26 FamFG).

2. Ansprüche gegen den Betreuten

Nur wenn dem Betreuer die Sorge für das Vermögen nicht zusteht, ist auch gegen den vermögenden Betreuten die gerichtliche Festsetzung des Aufwendungsersatzes nach §§ 292 Abs. 1, 168 Abs. 1 Satz 1 Nr. 1 FamFG zulässig. Wenn ihm die Vermögenssorge zusteht, kann er den Aufwendungsersatz dem Vermögen des Betreuten dagegen ohne Weiteres entnehmen. Das ist – da der Anspruch direkt aus dem Gesetz folgt – ein reines Erfüllungsgeschäft, so dass § 181 BGB nicht im Wege steht. Entnimmt er zu viel, ist er allerdings ungerechtfertigt bereichert und muss den Überschuss zurückzahlen und zwar wegen §§ 1908i Abs. 1 Satz, 1834 BGB mit Zinsen.

Eine **Vergütung** schuldet der Betreute dagegen niemals allein aufgrund des Gesetzes, sie muss immer vom Gericht **bewilligt** werden. Dies erfolgt in Form der gerichtlichen Festsetzung nach §§ 292 Abs. 1, 168 Abs. 1 Satz 1 Nr. 2 FamFG.

Sobald das Gericht die Vergütung festgesetzt hat, kann sie der Betreuer, der das Vermögen des Betreuten verwaltet, selbst entnehmen. Im Übrigen ist der Festsetzungsbeschluss ein Titel, aus dem die **Zwangsvollstreckung** betrieben werden kann (§ 95 Abs. 1 Nr. 1 FamFG).

3. Ausschlussfrist

Ansprüche auf **Aufwendungsersatz** erlöschen, wenn sie nicht binnen 15 Monaten geltend gemacht werden (§§ 1908i Abs. 1 Satz 1, 1835 Abs. 1a BGB). Die Frist beginnt mit dem Tag, an dem die Aufwendungen entstanden sind.

Die **Aufwandsentschädigung** (§§ 1908i Abs. 1 Satz 1, 1835a BGB) muss innerhalb von drei Monaten nach Ablauf des Jahres geltend gemacht werden, in dem sie fällig geworden ist. Hiermit ist das *Kalenderjahr* gemeint.[177] Das bedeutet, dass jemand, der am 15. August 2018 zum Betreuer bestellt worden ist und folglich erstmals am 15. August 2019 die Aufwandspauschale verlangen konnte, diese bis zum 31. März 2020 geltend machen muss.

Für die **Vergütung des Berufsbetreuers** gilt nach § 2 VBVG dieselbe Ausschlussfrist wie für den Aufwendungsersatz. Sie beginnt aber nicht, solange er nach § 9 Satz 1 VBVG noch gar nicht abrechnen kann.[178]

Es handelt sich bei diesen Fristen um **materiellrechtliche Ausschlussfristen**. Sind sie abgelaufen, erlischt der Vergütungsanspruch. Ob der Betreuer das Fristversäumnis zu vertreten hat, ist irrelevant. Wiedereinsetzung in den vorigen Stand ist nicht möglich. Da es sich um Fristen zur Vornahme einer Handlung handelt, gilt allerdings § 193 BGB: Fällt das Ende

177 OLG Frankfurt BtPrax 2004, 243.
178 BGH BtPrax 2013, 109.

119

der Frist auf einen Samstag, Sonntag oder Feiertag, verlängert sie sich bis zum nächsten Werktag.

Keine Frist gilt dagegen für die **Ermessensvergütung** (siehe § 1836 Abs. 3 BGB und § 8 Abs. 4 VBVG). Sie unterliegt zwar der Verjährung. Eine Forderung verjährt jedoch nicht, solange sie nicht fällig ist, und fällig wird der Anspruch erst mit gerichtlicher Festsetzung. Daher gibt es für den Antrag auf eine Ermessensvergütung letztlich überhaupt keine Zeitgrenze. Allerdings wird es mit zunehmendem Zeitablauf immer weniger der Billigkeit entsprechen, die Vergütung noch zu gewähren.

V. Formularzwang

Schon seit 1. Juli 2004 sind die Landesregierungen ermächtigt, für die Abrechnung von Berufsbetreuern verpflichtende Vordrucke einzuführen und ihre Einreichung in elektronischer Form verbindlich vorzuschreiben (§ 292 Abs. 2 FamFG). Soweit das geschieht, entspricht jede andere Form der Abrechnung nicht mehr den gesetzlichen Vorschriften und wahrt die Frist nicht. Kein Bundesland hat bislang einen solchen Formularzwang eingeführt.

VI. Ansprüche des Verfahrenspflegers

Der im Betreuungs- oder Unterbringungsverfahren bestellte Verfahrenspfleger erhält nach §§ 277 Abs. 1, 318 FamFG dem Grundsatz nach unter denselben Voraussetzungen Vergütung und Aufwendungsersatz wie ein Betreuer. Es gelten allerdings folgende Unterschiede:

- Der Verfahrenspfleger kann keinen Ersatz für **kommerzialisierte Arbeitszeit** und keine pauschalierte **Aufwandsentschädigung** verlangen. Wird ein Anwalt zum Verfahrenspfleger bestellt und stellt das Gericht zugleich fest, dass er hierbei **anwaltsspezifische Tätigkeiten** erbringt, erhält er statt der in §§ 277, 318 FamFG vorgesehenen Vergütung die im RVG für die jeweilige Tätigkeit vorgesehenen Anwaltsgebühren.[179]

- Der Verfahrenspfleger erhält nach § 277 Abs. 5 Satz 1 FamFG Zahlungen immer aus der **Staatskasse**. Das Verfahren richtet sich nach §§ 277 Abs. 5 Satz 2, 168 Abs. 1 FamFG. Es entspricht dem Verfahren, nach dem ein Betreuer Ansprüche gegen die Staatskasse erhebt.

- Wer Verfahrenspflegschaften berufsmäßig führt, erhält regelmäßig **Vergütung nach konkretem Aufwand** entsprechend § 3 Abs. 1 VBVG, wobei – da ja stets die Staatskasse haftet – eine Erhöhung der Stundensätze ausgeschlossen ist.

- Ausnahmsweise kann das Gericht jedoch auch eine **Fallpauschale** nach § 277 Abs. 2 FamFG festsetzen. Diese umfasst dann Vergütung und Aufwendungsersatz (aber nicht die Umsatzsteuer). Sie ist anhand der geschätzten Zahl der voraussichtlich anfallenden Arbeitsstunden zu bemessen, die mit den Vergütungssätzen aus § 3 Abs. 1 VBVG multipliziert wird. Letztere werden hierzu jedoch – wegen der mit abgegoltenen Aufwendungen – um 4,00€ erhöht, so dass die Sätze 27,00 €, 33,50 € und 43,00 € betragen.

---

179 BVerfG FamRZ 2000, 1284

- Der **Regress** gegen den Betreuten wegen der an den Verfahrenspfleger gezahlten Beträge richtet sich nicht nach § 1836e BGB, sondern erfolgt in der Form der Erhebung von gerichtlichen Auslagen. Inhaltlich ändert sich dadurch aber nichts. Der Betreute wird – wenn überhaupt – mit diesen Kosten wiederum nur in den Grenzen seiner durch § 1836c BGB definierten Leistungsfähigkeit belastet.

- Verfahrenspfleger unterfallen der Ausnahme in § 4 Nr. 16 Buchst. k UStG nicht. Sie schulden auf ihre Entschädigung daher auch Umsatzsteuer, die ihnen jedoch zusätzlich aus der Staatskasse erstattet wird (§ 277 Abs. 2 Satz 2 FamFG i.V.m. § 3 Abs. 1 Satz 3 VBVG).

Teil 2: Fälle zum Betreuungsrecht

Im diesem zweiten Teil des Buchs folgen nun Übungsfälle zur Lernkontrolle. Jeder der Fälle ist mit einer Liste der Themen versehen, die behandelt werden. Auf diese Weise kann der Lernende entscheiden, wann er sich an welche Übungsfälle wagen möchte. In groben Zügen folgen die Themen der Reihenfolge im Kurzlehrbuch. Wer das ganze Buch systematisch durcharbeitet, wird feststellen, dass er dadurch nach und nach in die Lage versetzt wird, auch die Fälle zu lösen.

Zu allen Übungsfällen wird im dritten Teil des Buchs (Seite 159 ff.) eine Musterlösung angeboten. Sie ist aber nicht dazu da, dem Leser im Sinne eines endgültigen Richtig oder Falsch ein Ergebnis zu präsentieren, sondern soll ihm die Kontrolle ermöglichen, ob er sich mit der von ihm vorher selbst gefundenen Lösung auf dem Boden einer stimmigen juristischen Argumentation bewegt.

Das Lösen von Fällen ist unabdingbarer Bestandteil jeder Erarbeitung juristischen Fachwissens. Sein Vorteil ist, dass man sich der Arbeit annähert, die auch in der täglichen Praxis verlangt wird, nämlich die einschlägigen Regeln auf einen gegebenen Lebenssachverhalt anzuwenden.

Das Lernen mit Fällen hat aber zugleich auch einen Nachteil: Es schärft zu sehr den Blick für konkrete Detailfragen. Beherrschen kann man ein Rechtsgebiet aber nur, wenn man dessen Systematik verstanden hat. Das ist durch das Lernen anhand von Fällen allein nicht zu erreichen.

Es wird daher folgende Vorgehensweise empfohlen:

- Erarbeiten Sie in einem ersten Schritt den Überblick über ein Thema. Verwenden Sie hierzu das Kurzlehrbuch und den Gesetzestext. Lesen Sie auch die Paragraphen, die im Lehrbuch nicht besprochen wurden, und versuchen Sie, ihre Bedeutung selbständig zu erkennen!

- Prüfen Sie in einem zweiten Schritt, ob Sie anhand der erworbenen Kenntnisse einen das Thema behandelnden Fall selbständig lösen können!

- Vergleichen Sie im dritten Schritt Ihre Lösung mit der Musterlösung!

- Ordnen Sie nun gewonnene Detailkenntnisse gedanklich in das System ein und – wenn das nicht gelingt – wiederholen Sie das ganze Thema, ggf. unter Verwendung weiterführender Literatur!

Das Studienbuch unterstellt, dass dem Löser die kompletten Texte des Bürgerlichen Gesetzbuchs (BGB), des Vormünder- und Betreuervergütungsgesetzes (VBVG), des Betreuungsbehördengesetzes (BtBG) und des Gesetzes über das Verfahren in Familiensachen und in Angelegenheiten der Freiwilligen Gerichtsbarkeit (FamFG) zur Verfügung stehen. Wenn für die Lösung eines Falls andere Gesetze benötigt werden, findet sich ein entsprechender Hinweis über dem Sachverhalt.

▶ *Einfach und schnell zugänglich sind Gesetze aller Art im Internet über die Seiten* www.gesetze-im-internet.de *und www.dejure.org*

Fall 1 – Wilhelm Siebenhühner

Themen

- Anordnung einer Betreuung
- Umfang des Aufgabenkreises
- Subsidiarität gegenüber der Vollmacht
- Betreuerauswahl
- funktionelle Zuständigkeit des Rechtspflegers

Zusätzliche Hilfsmittel

Text des Rechtspflegergesetzes (RPflG)

Sachverhalt

Der 83-jährige Wilhelm Siebenhühner, der ein beträchtliches Vermögen besitzt, leidet schon seit längerer Zeit an einer fortschreitenden Altersdemenz, die sein Leben immer unüberschaubarer für ihn werden lässt. In den letzten Monaten ließen seine räumliche und zeitliche Orientierung sowie sein Gedächtnis so stark nach, dass er nun nicht mehr in der Lage ist, seine recht umfangreichen Vermögensangelegenheiten und persönlichen Angelegenheiten selbst zu besorgen.

Seine Tochter Marianne Kohlmeier regt daraufhin beim zuständigen Amtsgericht eine Betreuerbestellung an, wobei sie angibt, selbst für die Übernahme einer ehrenamtlichen Betreuung ihres Vaters zur Verfügung zu stehen, da sie der Meinung ist, dass bestimmte Dinge nur innerhalb der Familie vernünftig geregelt werden können. Sie erzählt, dass es von ihrem Vater wohl auch ein Schriftstück hierzu geben müsse, das ihr Bruder Anton in Besitz habe und nicht herausgeben wolle.

Nachdem das Betreuungsgericht schließlich dieses Schriftstück in Händen hält, stellt sich heraus, dass es sich um einen von Wilhelm Siebenhühner handschriftlich verfassten Text handelt, in dem er vorschlägt, seine Nachbarin Heike Katlewski, eine freiberuflich tätige Betreuerin, solle seine Angelegenheiten regeln, wenn er selbst dazu nicht mehr fähig sei. Der auf den 28. Dezember 2016 datierte Text stammt aus einer Zeit, als Wilhelm noch voll bei Sinnen war.

Aus derselben Zeit stammt auch eine mit „Patientenverfügung" überschriebene Erklärung von Wilhelm Siebenhühner, die wie folgt lautet: „Alle Entscheidungen über medizinische Maßnahmen übertrage ich für den Fall meiner eigenen Entscheidungsunfähigkeit hiermit meiner Tochter Marianne Kohlmeier."

Fragen

Frage 1: Wie konnte das Betreuungsgericht Anton Siebenhühner dazu bringen, das in seinen Händen befindliche Schriftstück herauszugeben?

Frage 2: Ist eine Rechtliche Betreuung erforderlich? Auf welche Angelegenheiten sollte sie erstreckt werden?

Frage 3: Wen sollte das Gericht zum Betreuer bestellen, wenn sowohl Marianne Kohlmeier als auch Heike Katlewski zur Übernahme grundsätzlich bereit sind, Heike Katlewski allerdings nur im Rahmen ihrer Berufstätigkeit?

Frage 4: Halten Sie weitere Entscheidungen des Betreuungsgerichts für erforderlich?

Frage 5: Angenommen, Marianne Kohlmeier ist zur Betreuerin bestellt worden. Nach einiger Zeit zieht sie jedoch in eine andere, weit entfernte Stadt, so dass sie ihren Vater nur noch sehr selten besuchen kann. Sie möchte die Betreuung loswerden. Ist das möglich?

Frage 6: Für welche der angesprochenen Verrichtungen ist der Rechtspfleger zuständig?

▶ *Die Lösungen finden Sie auf Seite 159 ff.*

Fall 2 – Hermann Neuninger

Themen

- Anordnung einer Betreuung
- Reichweite von Vollmachten
- Eignung zum Betreuer

Sachverhalt

Hermann Neuninger ist schon seit seiner Jugend an einer chronisch verlaufenden schizophrenen Psychose erkrankt. Inzwischen ist er 42 Jahre alt und hat ein sogenanntes Residualsyndrom ausgebildet, das sich wie eine schwere geistige Behinderung auswirkt. Er kann nur noch einfache Sätze sprechen, seine Umwelt nicht mehr sinnvoll erfassen und lebt in einem Pflegeheim.

Bisher haben sich noch seine Eltern um ihn gekümmert. Als es ihm eine Zeit lang sehr gut gegangen war, waren sie mit ihm bei einem Notar. Dort ließ er folgende Vollmacht beurkunden:

> „Für den Fall, dass sich meine Krankheit so verschlimmert, dass ich meine Angelegenheiten nicht mehr sinnvoll wahrnehmen kann, sollen meine Eltern und nach deren Tod mein Bruder Anton berechtigt sein, mein Vermögen zu verwalten."

Die Eltern sind inzwischen gestorben und haben ein Vermögen von gut € 1.200.000, vorwiegend in Form von Grundstücken hinterlassen. Erben sind Anton und Hermann Neuninger geworden. Anton Neuninger möchte sich gerne mit seinem Bruder über das Erbe auseinandersetzen und den Grundbesitz zwischen sich und seinem Bruder aufteilen. Der Notar erklärt ihm aber, dass er das mit der Vollmacht seines Bruders nicht könne. Er wendet sich deshalb an das Betreuungsgericht mit der Bitte, einen Betreuer zu bestellen.

Fragen

Frage 1: Weshalb nutzte die notariell beurkundete Vollmacht Anton Neuninger nichts bei der Erbauseinandersetzung mit Hermann? Wie hätte sie formuliert sein müssen, damit das Problem nicht auftritt?

Frage 2: Welche Verfahrenshandlungen hat das Gericht vorzunehmen, bevor es für Hermann Neuninger einen Betreuer bestellt?

Frage 3: Welche Aufgabenkreise sollten einem Betreuer Ihrer Meinung nach übertragen werden?

Frage 4: Kann auch Anton Neuninger zum Betreuer bestellt werden und wenn ja, gilt das für alle von Ihnen vorgeschlagenen Aufgabenkreise?

Frage 5: Kann der Heimleiter des Pflegeheims, in dem Hermann Neuninger lebt, Betreuer werden?

Frage 6: Ist ein Gegenbetreuer notwendig?

▶ *Die Lösungen finden Sie auf Seite 163 ff.*

Fall 3 – Mauritius Worringer

Themen

- Voraussetzungen einer einstweiligen Anordnung
- Einwilligungsvorbehalt/Voraussetzungen und Wirkung

Zusätzliche Hilfsmittel

§ 3 der Bundesrechtsanwaltsordnung (BRAO)

Sachverhalt

Mauritius Worringer ist 97 Jahre alt, sehr reich und hat eine weitverzweigte Verwandtschaft, aber keine direkten Nachkommen. Seine verschiedenen Neffen und Nichten sind daher ob des sie erwartenden Erbes schon voller Vorfreude.

In letzter Zeit beobachten sie allerdings, dass Mauritius Worringer, der schon immer ein Sonderling war, zunehmend extrem teure Hobbys pflegt. So unternimmt er Weltreisen, leistet sich mehrere Luxuswagen, hat das Golfspielen angefangen und geht öfter auf einer eigens dafür gecharterten Yacht in der Karibik zum Hochseefischen. Die Verwandten führen das auf den Einfluss der 28-jährigen Marina Lebegut zurück, die Mauritius Worringer als seine „Verlobte" bezeichnet.

Markus Gierig, einer der Neffen, kommt auf die Idee, dass das wohl nicht mit rechten Dingen zugehen könne. Er beantragt am 4. Juli 2018 beim zuständigen Betreuungsgericht die Bestellung eines Betreuers und die Anordnung eines Einwilligungsvorbehalts. Er schildert hierbei den angeblichen Altersabbau von Mauritius Worringer in leuchtenden Farben. Außerdem legt er ein von seinem Bruder Stefan Gierig, einem Internisten, ausgestelltes ärztliches Attest vor, wonach ein hirnorganisches Psychosyndrom mit zeitweiligen Verwirrtheitszuständen vorliege. Schließlich weist er noch darauf hin, dass Mauritius Worringer seines Wissens vorhabe, in den nächsten Tagen den Kaufvertrag für einen weiteren Ferrari zu unterschreiben. Das Gericht bestellt daraufhin noch am selben Tag durch einstweilige Anordnung ohne vorherige Anhörung des Mauritius Worringer die Schwester von Markus und Stefan Gierig, Sieglinde Gierig, zur Betreuerin und ordnet einen Einwilligungsvorbehalt für alle Vermögensangelegenheiten an, ferner die sofortige Wirksamkeit des Beschlusses. Dieser Beschluss, den das Gericht am 6. Juli 2018 der Geschäftsstelle übergibt, wird Sieglinde Gierig, für die das alles aus heiterem Himmel kommt, am 11. Juli 2018 zugestellt.

Als Marina Lebegut dies hört, ist sie entsetzt. Sie beauftragt Rechtsanwalt Schmalheimer, der sich von Mauritius Worringer eine Verfahrensvollmacht unterschreiben lässt und sich im Betreuungsverfahren als dessen Anwalt legitimiert.

Über den Gesundheitszustand von Mauritius Worringer wird ein Gutachten erstattet, aus dem sich ergibt, dass er an einer leichten Demenz leidet, die seine Einsichts- und Steuerungsfähigkeit zwar deutlich beeinträchtigt, aber nicht ausschließt. Mauritius Worringer erklärt bei der persönlichen Anhörung, er sei zwar mit einer Betreuung einverstanden, wolle aber nicht seine „bucklige Verwandtschaft" bestellt haben und „entmündigen" lassen wolle er sich auf keinen Fall. Am 16. November 2018 ergeht daraufhin ein Beschluss des Betreuungsgerichts, durch den im Hauptsacheverfahren ein Berufsbetreuer bestellt, die Anordnung eines Einwilligungsvorbehalts abgelehnt wird.

Fragen

Frage 1: Unterstellen Sie einmal, Sie hätten – wie auch das Betreuungsgericht in dem Fall – dem Markus Gierig all seine Behauptungen geglaubt: Hätten Sie den Beschluss vom 4. Juli 2018 ebenfalls mit diesem Inhalt erlassen?

Frage 2: Sind folgende Geschäfte, denen Sieglinde Gierig jeweils nicht zugestimmt hat, wirksam zustande gekommen oder später wirksam geworden:

- Kaufvertrag über einen Pkw Ferrari am 5. Juli 2018,
- Einkauf von 200 g Schinken und drei Eiern am 20. Juli 2018,
- Mietvertrag über eine Hochseeyacht am 29. Oktober 2018?

Frage 3: Konnte der Einwilligungsvorbehalt irgendeinen Einfluss auf die Wirksamkeit der Bestellung des Rechtsanwalts Schmalheimer zum Verfahrensvertreter haben?

▶ *Die Lösungen finden Sie auf Seite 166 ff.*

Fall 4 – Erna Bruckner

Themen

- Bestellung mehrerer Betreuer
- Betreuerwechsel
- Haftung für Pflichtwidrigkeiten
- Pflichtenkatalog/Bindung an Wünsche

Zusätzliche Hilfsmittel

Text des Rechtspflegergesetzes (RPflG)

Sachverhalt

Erna Bruckner ist 47 Jahre alt und leidet an einer schizophrenen Psychose mit schweren Depressionen und phasenweise auftretenden Halluzinationen. Sie lebt dauerhaft in einem (offenen) Heim für psychisch kranke Menschen. Zu ihrem Betreuer mit dem Aufgabenkreis „Vermögensangelegenheiten" ist der Rechtsanwalt Peter Maurer bestellt worden.

Im April 2018 muss Peter Maurer sich einer Operation mit anschließender Rehabilitation unterziehen. Er weiß, dass er für ca. sechs Wochen seinen Beruf nicht wird ausüben können. Er teilt dies dem Betreuungsgericht mit, das daraufhin „für die Zeit der Verhinderung des Betreuers" die Diplom-Sozialpädagogin Helena Orth zur zusätzlichen Berufsbetreuerin bestellt. Helena Orth besucht im April und Mai 2018 Erna Bruckner zweimal im Heim. Beide verstehen sich auf Anhieb. Deshalb schreibt Erna Bruckner im Juni 2018 einen Brief an das Betreuungsgericht, sie wolle viel lieber Frau Orth als ihre Betreuerin haben als Herrn Maurer. Nach Anhörung von Herrn Maurer bestellt das Betreuungsgericht mit Beschluss vom 6. Juli 2018 Frau Orth zur Betreuerin und entlässt Herrn Maurer als Betreuer.

Bei der Sichtung der ihr vom Vorbetreuer Peter Maurer übergebenen Unterlagen stellt Helena Orth fest, dass Erna Bruckner Eigentümerin einer Eigentumswohnung ist, die leer steht. Aus Gesprächsnotizen ergibt sich, dass Herr Maurer über eine Vermietung dieser Wohnung nachgedacht und dies auch mit Frau Bruckner besprochen hatte. Frau Bruckner habe jedoch darauf bestanden, dass man das Haus guten Gewissens an niemanden vermieten könne, weil es von „bösen Mächten" beseelt sei, die für den frühen Tod jedes Bewohners sorgen würden.

Frau Bruckner benötigt zum Leben (inklusive der Heim- und der Betreuungskosten) etwa € 2.200 monatlich, die sie aus ihren Einnahmen ohne Weiteres bestreiten kann. Ihr (ererbtes) Vermögen beläuft sich auf ca. € 750.000.

Frau Orth überlegt, ob es nicht unvernünftig war, die Eigentumswohnung nicht zu vermieten und ob sie die Frau Bruckner hierdurch entgangenen Einnahmen vielleicht von Herrn Maurer verlangen soll.

Fragen

Frage 1: Aufgrund welcher Vorschrift ist Frau Orth neben Herrn Maurer zunächst zur zusätzlichen Betreuerin bestellt worden? War hierfür der Richter oder der Rechtspfleger zuständig?

Frage 2: Aufgrund welcher Vorschrift hat das Betreuungsgericht dann Herrn Maurer entlassen und Frau Orth zur alleinigen Betreuerin bestellt? War hierfür der Richter oder der Rechtspfleger zuständig?

Frage 3: Kann Frau Orth im Namen von Frau Bruckner von Herrn Maurer Ersatz für die entgangenen Mieteinnahmen verlangen?

▶ *Die Lösungen finden Sie auf Seite 169 ff.*

Fall 5 – Ilona Blank

Themen

- Betreten der Wohnung
- Vermögensverwaltung
- Pflichtenkatalog/Bindung an Wünsche
- Betreuungsgerichtliche Genehmigungen

Sachverhalt

Die geschiedene, 56-jährige Ilona Blank lebt in Siegen in einer Dachgeschoss-Eigentums-wohnung, als sie im September 2018 beim Bergsteigen verunglückt und sich schwere Kopfverletzungen zuzieht. Sie wird von den Ärzten zunächst in ein künstliches Koma versetzt.

Als die behandelnden Ärzte im Oktober 2018 feststellen, dass sie das künstliche Koma noch weiter werden aufrechterhalten müssen, die Frage der Bezahlung der Behandlung aber ungeklärt ist, regen sie die Bestellung eines Betreuers an. Am 14. November 2018 wird die selbständige Diplom-Sozialpädagogin Margarete Packzu zur Betreuerin mit dem Aufgabenkreis „alle Angelegenheiten" bestellt. Bis zu diesem Zeitpunkt belaufen sich die Behandlungskosten – inklusive des Rücktransports aus den Alpen – bereits auf etwa 20.000,00 €.

Margarete Packzu öffnet mit einem in den Sachen der Ilona Blank vorgefundenen Schlüssel deren Wohnung und stellt die Einkommens- und Vermögensverhältnisse fest: Ilona Blank hat außer der Wohnung – die einen Verkehrswert von ca. 120.000,00 € hat – kein nennenswertes Vermögen. Laut einer Scheidungsvereinbarung stehen ihr € 300 monatlicher Unterhalt von ihrem Ehemann zu. Bisher hat sie sich durch verschiedene sporadische Tätigkeiten Geld dazuverdient, das nun auch nicht mehr fließt. Es stellt sich ferner heraus, dass Ilona Blank seit ihrer Scheidung, durch die sie aus der Familienversicherung ihres Mannes ausschied, bei keiner Krankenkasse mehr angemeldet ist. Ilona Blank holt das bei der Kasse, bei der sie früher einmal versichert war, nun nach, erhält aber postwendend eine Rechnung über rückständige Beiträge von 35.000,00 €.

Als im Januar 2019 das künstliche Koma beendet wird, stellt sich heraus, dass Ilona Blank dauerhaft hirngeschädigt ist und auch künftig keine selbständigen Entscheidungen mehr wird treffen können. Sie wird außerdem auf den Rollstuhl angewiesen sein, so dass ein Weiterleben in der Dachgeschosswohnung ausscheidet.

Margarete Packzu beschließt daraufhin, den Haushalt der Ilona Blank aufzulösen, einen Platz in einer geeigneten Einrichtung zu suchen und die Dachgeschosswohnung zu verkaufen. Bis jetzt befindet sich Ilona Blank noch immer im Krankenhaus. Als Margarete Packzu sie dort besucht und sie zu den Plänen befragt, äußert Ilona Blank den Wunsch, ihre eigene Wohnung zu behalten.

Fragen

Frage 1: Durfte Margarete Packzu die Wohnung der Ilona Blank ohne deren Wissen betreten?

Frage 2: Weshalb musste sie die Frage der Auflösung des Haushalts mit Ilona Blank besprechen? Darf sie das dennoch? Was muss sie ggf. noch beachten?

Frage 3: Angenommen, das Geld vom Wohnungsverkauf (ca. € 120.000) ist auf Ilona Blanks Girokonto eingegangen. Margarete Packzu möchte nun die Beitragsrückstände bei der Krankenversicherung begleichen. Was muss sie tun? Was hat mit dem Rest des Geldes zu geschehen?

Frage 4: Was würde sich an Ihrer Antwort zu Frage 3 ändern, wenn Margarete Packzu Vereinsbetreuerin wäre?

Hinweis:

Solange Beitragsrückstände bei der gesetzlichen Krankenversicherung bestehen, schuldet diese nur notfallmäßige Behandlungen.

▶ *Die Lösungen finden Sie auf Seite 171 ff.*

Fall 6 – Elvira Förster I

Themen

- Gerichtliche Maßnahmen im Betreuungsverfahren
- Einwilligungsvorbehalt

Sachverhalt

Elvira Förster ist stark altersverwirrt. Ihr Kurzzeitgedächtnis ist praktisch erloschen. Sie hat in letzter Zeit merkwürdige Geschäfte getätigt, z.B. beim Versandhaus jede Woche ein neues Kleid bestellt, weil sie es jeweils sofort wieder vergessen hatte.

Da inzwischen erhebliche Schulden aufgelaufen waren, bestellte das Betreuungsgericht für Frau Förster aufgrund eines Attestes ihres Hausarztes durch einstweilige Anordnung den Dipl.-Sozialarb. Peter Heinzelmann zum vorläufigen Betreuer mit den Aufgabenkreisen „Vermögensangelegenheiten, Aufenthaltsbestimmung, Wohnungs- und Gesundheitsangelegenheiten".

Frau Förster, die seit Jahrzehnten allein in ihrem eigenen Haus lebt und ihrer Umgebung gegenüber über die Maßen misstrauisch ist, weigert sich beharrlich, den Richter oder einen Gutachter in ihr Haus zu lassen. Auf das Gericht oder „zu so einem Irrendoktor" geht sie freiwillig nicht.

Fragen

Frage 1: Warum hat das Betreuungsgericht noch keine endgültige Betreuerbestellung vornehmen können?

Frage 2: Was muss es tun, wenn Frau Förster bei ihrer Weigerung, sich untersuchen oder vom Richter anhören zu lassen, bleibt?

Frage 3: Für wie lange kann das Gericht einen Betreuer vorläufig bestellen?

Frage 4: Wird es voraussichtlich einen Einwilligungsvorbehalt anordnen?

▶ *Die Lösungen finden Sie auf Seite 173 ff.*

Fall 7 – Elvira Förster II

Themen

- Pflichtenkatalog
- Vermögensverwaltung/Betreuungsgerichtliche Genehmigungen

Sachverhalt

Einige Zeit später ist Elvira Förster (aus Fall 6) in einer Demenz-WG gut untergekommen und hat Vertrauen zu Herrn Heinzelmann gefasst. Daher fragt er sie, ob sie damit einverstanden ist, dass er ihr Haus nach Wertsachen durchsucht. Sie bejaht dies. Er findet dort in einer Tüte unter der Matratze 50.000,00 € in bar. Als er nach der Herkunft des Geldes fragt, verlangt sie die Herausgabe. Sie bewahre ihre Ersparnisse schon seit 60 Jahren unter der Matratze auf und wolle das auch weiterhin so tun. Das sei am sichersten.

Nochmal einige Zeit später hat sich die Lage beruhigt. Herr Heinzelmann ist endgültig zum Betreuer bestellt. Frau Förster lebt in einem Altersheim. Ihre finanziellen Verhältnisse sind wieder geordnet. Ihr Hausrat staubt, bis auf einen kleinen Teil, den sie ins Altenheim mitnehmen konnte, vor sich hin. Herr Heinzelmann möchte als nächstes den restlichen Hausrat verkaufen und das Haus renovieren lassen und vermieten. Hierzu benötigt er einen Teil der inzwischen vorschriftsmäßig auf einem Sparkassenbuch angelegten 50.000,00 €.

Fragen

Frage 1: War Herr Heinzelmann berechtigt, das Haus von Frau Förster zu betreten und das Geld an sich zu nehmen?

Frage 2: Hätte Herr Heinzelmann das Geld Frau Förster zur Aufbewahrung in der Demenz-WG herausgeben dürfen?

Frage 3: Was muss Herr Heinzelmann beachten, bevor er seine das Haus betreffenden Pläne in die Tat umsetzt?

▶ *Die Lösungen finden Sie auf Seite 175 ff.*

Fall 8 – Heinrich Weingarten I

Themen

- Vermögenssorge/Genehmigungspflichten

Zusätzliche Hilfsmittel

§§ 1, 2 des Apothekengesetzes (ApoG)

Sachverhalt

Heinrich Weingarten, ein wohlhabender Apotheker in Köln, steht seit einem Autounfall vor zwei Monaten unter Betreuung, da er aufgrund der schweren Hirnverletzungen, die er davongetragen hat, im dauernden Wachkoma liegt. Als selbständiger Berufsbetreuer u.a. für alle Vermögensangelegenheiten wurde ihm kürzlich Björn Funke zur Seite gestellt.

Björn Funke hat für den Apothekenbetrieb von Heinrich Weingarten einen Käufer gefunden und einen Kaufvertrag mit ihm abgeschlossen. Er stellt sich vor, den erwarteten Erlös von ca. 2.000.000,00 € teils in Aktien, teils in Schuldverschreibungen des Bundes anzulegen.

Fragen

Frage 1: Braucht Björn Funke für diese Geschäfte die Zustimmung des Betreuungsgerichts? Wird er diese erhalten? Was wäre die Konsequenz, wenn er sie ohne diese Genehmigung vornimmt?

Frage 2: Was muss das Betreuungsgericht vor Erteilung der Genehmigung beachten?

▶ *Die Lösungen finden Sie auf Seite 177 ff.*

Fall 9 – Heinrich Weingarten II

Themen

- Tod des Betreuten

Sachverhalt

Am 15. Juli 2018 bestellt Björn Funke um 17.00 Uhr im Namen von Heinrich Weingarten (aus Fall 8) beim Versandhaus Brunnen für € 175 noch einige neue Schlafanzüge, von denen er annimmt, dass Herr Weingarten sie brauchen würde, weil seine alten Schlafanzüge völlig zerschlissen sind. Was Björn Funke nicht ahnt, ist, dass Herr Weingarten am selben Morgen um 10.00 Uhr plötzlich verstorben ist.

Am 16. Juli 2018 informiert Björn Funke Ramona Weingarten, die als Tochter die einzige Angehörige des Verstorbenen – und seine Alleinerbin – ist, über dessen Tod. Er erklärt ihr, dass sie sich nun auch um die Beerdigung kümmern müsse. Sie erklärt, sie müsse jetzt zuerst einmal trauern. Daraufhin organisiert Björn Funke die Beerdigung. Als das Beerdigungsunternehmen die Kosten von Ramona Weingarten verlangt, zahlt diese zwar das meiste davon, nicht jedoch den Grabstein, der ihr zu prunkvoll erscheint. Sie erklärt, den müsse schon Björn Funke zahlen. Der habe schließlich den Auftrag erteilt. Sie selbst hätte nie und nimmer einen solch teuren Grabstein ausgewählt. Björn Funke zahlt an das Bestattungsinstitut 8.000,00 € für den Grabstein und verlangt das Geld nun von Ramona Weingarten. Diese weigert sich zu zahlen. Außerdem will sie auch die Schlafanzüge nicht bezahlen.

Fragen

Frage 1: Muss Ramona Weingarten die Schlafanzüge bezahlen?

Frage 2: Welche Ansprüche hat Björn Funke gegen Ramona Weingarten wegen des Grabsteins?

▶ *Die Lösungen finden Sie auf Seite 179 ff.*

Fall 10 – Charlotta Kindermann

Themen

- Wirksamwerden der Betreuung
- Gesundheitsangelegenheiten

Zusätzliche Hilfsmittel

§ 218a des Strafgesetzbuchs (StGB)

Sachverhalt

Die am 4. November 2000 geborene Charlotta Kindermann leidet seit früher Jugend an einer chronischen schizophrenen Psychose mit Residualsyndrom. Eine wesentliche Besserung der Krankheit ist ausgeschlossen. Sie ist durch diese Krankheit extrem suggestibel. Vorausschauend planende Entscheidungen vermag sie nicht zu treffen. Den Alltag kann sie jedoch mit Unterstützung in einer eigenen kleinen Wohnung bewältigen. Schon durch Beschluss des Betreuungsgerichts vom 27. September 2018 ist Frau Birgit Spießer zu ihrer Betreuerin bestellt worden. Als Aufgabenkreise nennt der Beschluss unter anderem die Gesundheitsangelegenheiten.

Am 4. November 2018 ruft Charlotta um 3.00 Uhr früh bei Frau Spießer an, weil sie starke Schmerzen im rechten Unterbauch und Fieber hat. Frau Spießer lässt sie ins Krankenhaus bringen. Dort wird ihr vom behandelnden Arzt in einem Gespräch, an dem auch Charlotta teilnimmt – nach eingehender Untersuchung – erklärt, Charlotta leide an einer akuten Blinddarmentzündung. Es drohe die Perforation. Eine sofortige Notoperation sei wegen der fehlenden Möglichkeit zur Ausnüchterung zwar recht gefährlich, aber unumgänglich. Charlotta äußert ebenfalls den Wunsch, operiert zu werden, obwohl sie weder Behandlung noch das Operationsrisiko genau verstanden hat. Frau Spießer stimmt der Operation daraufhin zu.

Bei einer Nachuntersuchung Ende November 2018 wird bei Charlotta Kindermann eine Schwangerschaft festgestellt. Frau Spießer hört sich um und erfährt von den Nachbarn, dass sich bei Charlotta häufig des Nachts irgendwelche unbekannten Männer aufhalten. Am nächsten Tag seien die dann jeweils wieder verschwunden. Nach einem eingehenden Gespräch mit Charlotta und ihrem Psychiater ergibt sich, dass Charlotta nicht in der Lage ist, für ein Kind ausreichend zu sorgen. Das Kind müsste ihr nach seiner Geburt weggenommen werden. Diese Trennung sei für Charlotta so schmerzhaft, dass dadurch die Gefahr einer Verschlimmerung ihrer Krankheit bestünde. Charlotta erklärt, dass sie zwar eigentlich ein Kind haben wolle, unter diesen Umständen aber dieses Kind lieber nicht bekommen wolle. Frau Spießer stimmt schließlich dem Abbruch der Schwangerschaft – der ein ungefährlicher Eingriff ist – zu.

Später überlegt sie, ob es nicht vielleicht sinnvoll wäre, bei Charlotta eine Sterilisation vornehmen zu lassen, damit künftige Schwangerschaften vermieden werden.

Fragen

Frage 1: War Frau Spießer berechtigt, der Blinddarmoperation zuzustimmen?

Frage 2: War Frau Spießer berechtigt, dem Schwangerschaftsabbruch zuzustimmen?

Frage 3: Liegen die materiellrechtlichen Voraussetzungen für eine Sterilisation Charlottas vor? Welche Entscheidung(en) des Betreuungsgerichts müsste(n) dazu vorher getroffen werden?

▶ *Die Lösungen finden Sie auf Seite 181 ff.*

Fall 11 – Larissa Schumacher

Themen

- Postkontrolle
- Aufenthaltsbestimmung/Herausgabe
- Umgangsbestimmung
- Vertretung des Opfers im Strafverfahren
- Entlassung des Betreuers

Sachverhalt

Larissa Schumacher ist 24 Jahre alt und durch eine frühkindlich durchgemachte Hirnhautentzündung mittelgradig geistig behindert. Ihr intellektueller Entwicklungsstand ist laut psychiatrischer Begutachtung dem eines etwa 8-jährigen Kindes gleichzusetzen.

Seit zwei Jahren ist Larissas ältere Schwester Tanja zu ihrer Betreuerin bestellt. Der zugewiesene Aufgabenkreis lautet: „sämtliche persönlichen und Vermögensangelegenheiten". Larissa Schumacher lebt bei ihrer 57 Jahre alten Mutter Elfriede, der das Amtsgericht die Betreuung jedoch nicht übertragen wollte, weil die Betreuungsstelle in ihrer Stellungnahme erklärt hatte, mit einer Rechtlichen Betreuung sei Elfriede Schumacher intellektuell überfordert. Bisher ging das alles ganz gut. Das familiäre Verhältnis war harmonisch. Tanja regelte alle geschäftlichen Angelegenheiten für Larissa und Elfriede betreute sie im Alltag.

Seit wenigen Wochen lebt jedoch Franz Brenner mit Elfriede zusammen. Er ist 60 Jahre alt, Frührentner und Alkoholiker. Bei Tanja verfestigt sich der Eindruck, dass Franz ihre Mutter ausnutzt. Auch ihre Schwester erlebt sie als zunehmend gehemmt. Daher kommt es immer öfter zu Streitigkeiten. Schließlich verbieten Franz und Elfriede Tanja jeden Zutritt zu ihrer Wohnung, so dass sie Larissa gar nicht mehr zu Gesicht bekommt. Ebenso wenig kommt sie an die an Larissa gerichtete Post, so dass sie deren Rechnungen nicht mehr pünktlich zahlen und den Kontostand nicht mehr kontrollieren kann.

Dann erfährt sie auch noch von der Staatsanwaltschaft, es gebe konkrete Hinweise dafür, dass Franz Brenner Larissa sexuell missbraucht. Tanja reicht es. Sie sucht noch ein letztes Mal die Wohnung ihrer Mutter auf und verlangt, dass sie Larissa mitnehmen darf. Ihr wird jedoch von Franz Brenner unter Androhung von Schlägen wieder der Zutritt verweigert.

Fragen

Frage 1: Kann Tanja Schumacher die an Larissa gerichtete Post auf sich umleiten oder was muss sie tun, damit das möglich wird?

Frage 2: Hat Tanja Schumacher das Recht, zu verlangen, dass sie Larissa aus der Wohnung ihrer Mutter mitnehmen darf? Falls ja: Wie kann sie dieses Recht durchsetzen?

Frage 3: Angenommen, Larissa selbst wehrt sich gegen den Umzug in eine andere Wohnung: Darf Tanja Schumacher sie unter Anwendung einfacher körperlicher Gewalt dort herausholen?

Frage 4: Falls sich Tanja Schumacher davon überfordert fühlt, gegen ihre eigene Mutter gerichtlich vorzugehen, kann sie dann verlangen, als Betreuerin entlassen zu werden?

Frage 5: Angenommen, es ist schließlich gelungen, Larissa Schumacher in einem Heim unterzubringen. Franz, der immer noch in dringendem Verdacht steht, sie missbraucht zu haben, besucht sie dort regelmäßig. Hat Tanja Schumacher (die immer noch Betreuerin ist) die Möglichkeit, ihm diese Besuche zu verbieten? Falls ja: Wie kann sie ein solches Verbot durchsetzen?

Frage 6: Kann Tanja Schumacher ihre Schwester in dem gegen Franz Brenner gerichteten Strafverfahren vertreten?

▶ *Die Lösungen finden Sie auf Seite 184 ff.*

Fall 12 – Alma Maier

Themen

- Betreuerwechsel
- Haftung des Betreuers
- Geschlossene Unterbringung
- Handlungsmaximen

Sachverhalt

Die heute 45-jährige vermögende Alma Maier leidet an einer schizophrenen Psychose mit paranoid-halluzinatorischen Symptomen. Vom 11. Mai 2015 bis zum 28. März 2019 war ihre Schwester Isa Konopka zu ihrer ehrenamtlichen Betreuerin bestellt. Der Aufgabenkreis hatte „Vermögensangelegenheiten, Aufenthaltsbestimmung, Beaufsichtigung der Betreuten" gelautet. Am 28. März 2019 wurde Isa Konopka als Betreuerin entlassen, was sie anlässlich der Geburt ihres dritten Kindes selbst beantragt hatte. Am gleichen Tag ist der Berufsbetreuer Martin Orland zu Almer Maiers Betreuer bestellt worden.

Martin Orland verlangt und erhält von Isa Konopka alle Betreuungsunterlagen und eine Aufstellung sämtlicher Einnahmen und Ausgaben, die sie aus dem Vermögen ihrer Schwester getätigt hat. Bei der Durchsicht dieser Unterlagen macht er folgende Feststellungen:

1. Alma Maier war vom 6. Juni bis zum 25. August 2018 auf Veranlassung von Isa Konopka – mit Genehmigung des Betreuungsgerichts – in der geschlossenen Psychiatrie untergebracht, damit dort ihre Krankheit medikamentös behandelt werden konnte. Die Unterbringungsgenehmigung war auf § 1906 Abs. 1 Nr. 2 BGB gestützt worden.

2. Isa Konopka befriedigte am 17. Februar 2017 aus dem Vermögen ihrer Schwester eine Schadensersatzforderung des Nachbarn Oliver Nachmann in Höhe von € 450. Dem lag ein Vorfall vom 1. Januar 2017 zugrunde, an dem Alma Maier in völliger Verwirrung mit einer Axt den Zaun des Nachbarn zerstört hatte. Sie hatte mit Isa Konopka Silvester gefeiert. Isa hatte reichlich getrunken und deshalb weder bemerkt, dass Alma Maier in einen solchen Verwirrtheitszustand geraten war noch dass sie das Haus verlassen hatte.

Aufgrund dieser Feststellungen verlangt Martin Orland von Isa Konopka im Namen seiner Klientin € 2.450, da er der Auffassung ist, dass Isa Konopka verpflichtet gewesen sei, den Schaden des Herrn Nachmann aus eigener Tasche zu ersetzen und sie ihrer Schwester wegen der unrechtmäßigen Unterbringung außerdem ein angemessenes Schmerzensgeld von € 2.000 schulde.

Fragen

Frage 1: Aufgrund welcher Vorschriften hat das Betreuungsgericht Isa Konopka als Betreuerin entlassen und dann einen anderen Betreuer bestellt?

Frage 2: War Isa Konopka dazu verpflichtet, Martin Orland die Betreuungsunterlagen herauszugeben und die im Sachverhalt geschilderte Aufstellung vorzulegen?

Frage 3: Hat Alma Maier gegen ihre Schwester die von Martin Orland behaupteten Ansprüche? Wenn ja, darf Martin Orland diese so ohne Weiteres geltend machen?

▶ *Die Lösungen finden Sie auf Seite 186 ff.*

Fall 13 – Friederike Dauner

Themen

- Freiheitsentziehende Unterbringung
- Geschäftsfähigkeit

Zusätzliche Hilfsmittel

Text des Psychisch-Kranken-Hilfe-Gesetzes von Baden-Württemberg (PsychKHG-BaWü)

Sachverhalt

Die 68-jährige Friederike Dauner, die allein in einer Wohnung in Stuttgart lebt, leidet an einer schizophrenen Psychose mit Wahnvorstellungen. Sie glaubt, dass ihre Wohnung vor allem nachts von zahllosen „Dämonen" bevölkert wird, die einen ungeheuren Lärm veranstalten. In letzter Zeit ist es immer wieder vorgekommen, dass sie wegen des Lärms nach draußen geflüchtet ist und teils im Freien, teils in Obdachlosenunterkünften übernachtet hat. Eine Zeit lang hat sie auch schon in einem Altersheim gelebt, zog dort aber wieder aus, da ihr die „Dämonen" schließlich dorthin gefolgt waren.

Frau Dauners Hausarzt hält es nun für dringend geboten, dass sie sich einer stationären psychiatrischen Behandlung unterzieht. Da Frau Dauner aufgrund ihrer Erkrankung nicht einsieht, dass sie Behandlung benötigt, teilt er den ganzen Sachverhalt der Betreuungsbehörde mit. Er stellt zugleich ein Attest über den Zustand von Frau Dauner und die Gründe, aus denen er eine Behandlung für dringend geboten hält, aus.

Die Betreuungsbehörde übersendet ihre Unterlagen dem Betreuungsgericht mit der Anregung, einen Betreuer für die Aufgabenkreise „Aufenthaltsbestimmung und Gesundheitsfürsorge" zu bestellen. Gleichzeitig regt sie an, dass Frau Dauner möglichst rasch für einige Wochen in die geschlossene Abteilung der psychiatrischen Klinik des Furtbachkrankenhauses eingewiesen wird. Das Betreuungsgericht ordnet – unter Beachtung der einschlägigen Verfahrensvorschriften – die Unterbringung für vier Wochen an. Nach gutem Zureden lässt sich Frau Dauner dort schließlich auch behandeln.

Wenig später wird Bernhard Pohl, Frau Dauners Neffe, zu ihrem Betreuer mit den Aufgabenkreisen Gesundheitsfürsorge und Aufenthaltsbestimmung bestellt. Bei der Durchsicht ihrer Unterlagen stellt er fest, dass seine Tante in den letzten Wochen vor der Klinikeinweisung fast € 8.000 an einen „Schwarzmagier" gezahlt hat, der ihr versprochen hatte, die Dämonen durch einen Zauber zu vertreiben. Bernhard Pohl schreibt dem „Magier" und verlangt – unter Hinweis auf die „Unzurechnungsfähigkeit" seiner Tante – das Geld zurück. Dieser weigert sich.

Fragen

Frage 1: Durfte das Betreuungsgericht die Unterbringung von Frau Dauner noch vor der Betreuerbestellung anordnen? Welche Verfahrensvorschriften hatte es hierbei ggf. zu beachten?

Frage 2: Kann Frau Dauner die € 8.000 zurückverlangen? Kann Herr Pohl sie in einem Prozess gegen den „Schwarzmagier" vertreten? Wenn nein: Was sollte er tun?

▶ *Die Lösungen finden Sie auf Seite 189 ff.*

Fall 14 – Miriam Stephans

Themen

- Geschlossene Unterbringung

Sachverhalt

Miriam Stephans ist 42 Jahre alt. Sie leidet an einer schwerwiegenden schizophrenen Psychose mit ausgeprägten Wahnvorstellungen. Sie fühlt sich pausenlos von „satanischen Trollen" umringt und bedroht. Da diese Trolle nur durch Rauch auf Abstand gehalten werden können, raucht sie ständig mehrere Zigaretten gleichzeitig, lässt dabei aber aus Ungeschicklichkeit immer wieder welche fallen. Bei einer Untersuchung wird festgestellt, dass sie am ganzen Körper Brandwunden unterschiedlichen Alters aufweist. Möbel und Teppiche in ihrer Wohnung sind ebenfalls von Brandspuren übersät.

Am 14. Dezember 2018 ist die Diplom-Sozialpädagogin Irma Möllers zur Betreuerin von Frau Stephans mit den Aufgabenkreisen „Gesundheitsfürsorge und Aufenthaltsbestimmung" bestellt worden. Sie hat versucht, Frau Stephans dazu zu überreden, gegen ihre Wahnvorstellungen Psychopharmaka einzunehmen, nachdem der niedergelassene Psychiater, den sie mit ihr zusammen aufgesucht hat, erklärt hat, es bestünden gute Aussichten, die Wahnvorstellungen durch solche Mittel immerhin stark zu verringern. Frau Stephans lehnt jedoch ab, weil sie der Überzeugung ist, nicht krank zu sein.

Als am 12. Februar 2019 bei einem Wohnungsbrand in der Wohnung von Frau Stephans – dessen Ursache nie geklärt werden kann – die halbe Einrichtung verbrannt ist, bringt Irma Möllers sie in die örtliche geschlossene Psychiatrie, wo sie sich – nach einigem Hin und Her – zunächst zum freiwilligen Bleiben entschließt.

Zwei Wochen später erhält Irma Möllers einen Anruf aus der Psychiatrie: Frau Stephans habe ihr Bett in Brand gesteckt und einen schweren Metallaschenbecher mit Ständer nach einer Mitpatientin geworfen. Man habe sie zur Sicherheit aller fixiert und sie bestehe nun darauf, die geschlossene Klinik sofort zu verlassen. In ihrem jetzigen Zustand könne das aber auf keinen Fall verantwortet werden. Irma Möllers weist die Klinik an, Miriam Stephans gegen ihren Willen dazubehalten. Noch am selben Tag beantragt sie beim Amtsgericht die Genehmigung der geschlossenen Unterbringung.

Inzwischen hat die Klinik festgestellt, dass Miriam Stephans die an sie gerichteten Privatrechnungen weder bezahlt noch bei der privaten Krankenkasse eingereicht hat. Sie will, dass Irma Möllers deswegen etwas unternimmt.

Fragen

Frage 1: Angenommen, Miriam Stephans wäre – trotz fehlender Krankheitseinsicht – mit der Einnahme von Psychopharmaka einverstanden gewesen: Hätte der Arzt sie ihr dann auch ohne Kenntnis von Irma Möllers geben dürfen?

Frage 2: War es korrekt, Miriam Stephans am 12. Februar zunächst mit ihrem Einverständnis ohne Gerichtsbeschluss in die geschlossene Psychiatrie aufzunehmen?

Frage 3: War es korrekt, sie am 26. Februar wiederum ohne Gerichtsbeschluss gegen ihren Willen vorläufig in der Klinik zu behalten?

Frage 4: Wird das Betreuungsgericht, Ihrer Meinung nach, die geschlossene Unterbringung genehmigen? Kann es auch ihre zwangsweise Behandlung genehmigen, wenn sie die Behandlung verweigert?

Frage 5: Was wird Irma Möllers wegen der unbezahlten Krankenhausrechnungen unternehmen?

▶ *Die Lösungen finden Sie auf Seite 192 ff.*

Fall 15 – Martha Schneider

Themen

Betreuerauswahl

* Betreuerpflichten/Handlungsmaximen
* Gesundheitsangelegenheiten/Eilfälle

Sachverhalt

Martha Schneider ist eine schwierige Persönlichkeit, die sich über alles, was in ihrer Umgebung passiert, entsetzlich aufregt. Mit zunehmendem Alter ist das immer schlimmer geworden, in letzter Zeit haben ihre Aufregungszustände oft gar keinen realen Hintergrund mehr. Außerdem ist sie immer vergesslicher geworden. Eines Tages wird sie mit schweren Herzrhythmusstörungen ins Krankenhaus eingeliefert. Dem Sozialdienst der Klinik gelingt es, sie dazu zu bewegen, in ein Altersheim umzuziehen. Zugleich regt er die Einrichtung einer Betreuung an.

Zur Vereinsbetreuerin wird Isolde Kurtz, eine ehrenamtliche Mitarbeiterin des örtlichen Betreuungsvereins, ernannt. Ihren Aufgabenkreis umschreibt die Betreuungsurkunde mit „Vermögens- einschließlich Wohnungsangelegenheiten, Aufenthaltsbestimmung".

Gleich beim ersten Gespräch erzählt Frau Schneider ihrer Betreuerin, dass sie nur vorübergehend im Altersheim bleiben werde, bis es ihr besser gehe. Dann wolle sie in ihre Wohnung zurück. Die müsse daher unbedingt erhalten werden. Schon als Frau Kurtz vorsichtig versucht, ihr zu erklären, dass das vielleicht nicht realistisch sei, regt sie sich fürchterlich auf. Der hinzugeeilte Arzt erklärt Frau Kurtz, man müsse Aufregungen dieser Art wegen der Herzkrankheit unbedingt vermeiden.

Die Rente von Frau Schneider, die nur geringfügige Rücklagen hat, beträgt etwa 1.000,00 €. Das Heim kostet aber 3.000,00 € im Monat, so dass auch die zusätzliche Leistung der Pflegeversicherung von 1.775,00 € die Kosten nicht deckt. Isolde Kurtz möchte daher die Wohnung von Frau Schneider für insgesamt 350,00 € an eine studentische Wohngemeinschaft vermieten.

Eines Tages eröffnet der Arzt von Martha Schneider der Betreuerin Isolde Kurtz außerdem, Frau Schneider müsse dringend operiert werden. Er habe versucht, es ihr zu erklären, das sei aber daran gescheitert, dass sie sich furchtbar aufgeregt habe, weil sie auch hinter ihrer Krankheit ein Komplott der Nachbarn vermutet, sie umzubringen. Seiner Einschätzung nach könne Frau Schneider nicht mehr wirksam in eine Operation einwilligen, auch wenn sie geäußert habe, es wohl machen zu lassen, wenn es denn sein müsse.

Fragen

Frage 1: Darf Frau Kurtz die Wohnung von Frau Schneider vermieten?

Frage 2: Muss sie dies vorher mit Frau Schneider besprechen? Was ist sonst noch notwendig?

Frage 3: Was ist wegen der bei Frau Schneider nötigen Operation zu unternehmen, wenn diese unbedingt

a) innerhalb der nächsten Stunden,

b) innerhalb einer Woche

vorgenommen werden muss?

▶ *Die Lösungen finden Sie auf Seite 195 ff.*

Fall 16 – Elvira Kortte

Themen

- Bestattungspflicht
- Bestattungskosten

Zusätzliche Hilfsmittel

Friedhofs- und Bestattungsgesetz des Landes Hessen (FBG); SGB X, SGB XII

Sachverhalt

Am 3. Oktober 2018 werden Kurt und Elvira Kortte auf Veranlassung des Chefarztes des von der Medici-GmbH betriebenen Kreiskrankenhauses in Korbach (Landkreis Waldeck-Frankenberg) entlassen. Kurt ist 87, Elvira 82 Jahre alt. Beide Eheleute weisen Anzeichen für eine schwere Altersdemenz auf. Ihnen ist vom Sozialdienst des Kreiskrankenhauses erklärt worden, dass sie durch ihren Zustand zu Hause erheblich gefährdet sind. Den Ratschlag, sich in ein Pflegeheim vermitteln zu lassen, haben sie jedoch abgelehnt. Der Chefarzt hätte erkennen können, dass sie krankheitsbedingt nicht mehr in der Lage waren, hierzu einen freien Willen zu bilden. Er wies den Sozialdienst an, eine ambulante Versorgungsstruktur zu organisieren.

Schon am 7. Oktober ließen die Eheleute Kortte die Mitarbeiter des Pflegedienstes, die vom Sozialdienst des Krankenhauses mit ihrer Versorgung beauftragt waren, nicht mehr in die Wohnung. Ab dem 10. Oktober tauchten beide Eheleute dann nicht mehr in der Umgebung auf. Am 18. Oktober veranlasste ein Nachbar, der Wimmern aus der Wohnung hörte, die Alarmierung eines Notarztes. Dieser fand beide Eheleute in stark geschwächtem Allgemeinzustand infolge von Dehydrierung und Unterernährung vor. Er ließ beide sofort ins Krankenhaus einweisen.

Schon kurz nach der erneuten Einweisung ins Krankenhaus regt der Kliniksozialdienst für Kurt und Elvira Kortte die Einrichtung einer Betreuung an. Schließlich wird die Dipl.-Sozialpädagogin Maria Karmann zur Berufsbetreuerin für „Vermögensangelegenheiten, Gesundheitssorge und Aufenthaltsbestimmung" bestellt.

Wenig später stirbt Kurt Kortte. Die Klinik tritt an Maria Karmann heran: Sie solle dessen Bestattung organisieren. Sie wird jedoch die hierfür anfallenden Kosten von € 3.500 weder aus Elvira Korttes vorhandenem Vermögen noch aus der spärlichen Hinterlassenschaft von Kurt Kortte – dessen Alleinerbin Elvira Kortte ist – zahlen können und benötigt dafür eine andere Geldquelle.

Fragen

Frage 1: Ist Maria Karmann überhaupt verpflichtet, die Bestattung von Kurt Kortte zu veranlassen? Was muss sie ggf. zuerst noch tun?

Frage 2: Welche Möglichkeiten sehen Sie, für die Bestattungskosten einen Träger zu finden?

▶ *Die Lösungen finden Sie auf Seite 197 ff.*

Fall 17 – Margit Pfründt

Themen

• Unterbringung/unterbringungsähnliche Maßnahmen

Sachverhalt

Die Berufsbetreuerin Antonia Maier macht sich Gedanken über die jüngsten Entwicklungen in fünf ihrer Betreuungsfälle:

Die 80-jährige Margit Pfründt ist seit einiger Zeit sehr verwirrt und stark weglaufgefährdet. Nachdem sie und einige andere Bewohner des Heims, in dem sie lebt, wiederholt von der Polizei in gefährlichen Situationen angetroffen worden waren, entschließt sich die Heimleitung, das Weglaufen einzudämmen: Sie bringt an der Eingangstür des Heims ein Schnappschloß an, das sich von innen nur durch Betätigung eines elektrischen Türöffners öffnen lässt. Der wiederum wird durch einen Schalter ausgelöst, der in 2 m Entfernung von der Tür an der Wand angebracht ist und die Aufschrift „Öffner Eingangstür" trägt. Stark verwirrte Heimbewohner – wie Margit Pfründt – sind nun nicht mehr in der Lage, das Heim zu verlassen. Der – ebenfalls von Antonia Maier betreute – Kurt Schneyder ist dagegen geistig noch rege genug, um den Türöffner zu finden und zu bedienen, und verlässt das Heim daher nach wie vor zu ausgedehnten Spaziergängen.

Die 84-jährige Birgit Findeisen ist in einem anderen Heim untergebracht. Auch dort ist es wiederholt zu gefährlichen Situationen für weggelaufene, verwirrte Heimbewohner gekommen. Die dortige Heimleitung hat jedoch eine andere Lösung: Sie stattet ihre verwirrten und gefährdeten Bewohner – so auch Birgit Findeisen – mit einem Sicherheitsarmband aus, das Alarm auslöst, wenn sie durch eine der Außentüren das Heim verlässt. Sie wird dann – ggf. mit „sanfter Gewalt" – ins Heim zurückgeführt.

Der 97-jährige Waldemar Obst ist seit einiger Zeit mit Genehmigung des Betreuungsgerichts auf der geschlossenen Station eines gerontopsychiatrischen Pflegeheims untergebracht. Nun ist er aber bettlägerig geworden, so dass das Betreuungsgericht – weil er sich ja nicht mehr gefährdet – die Unterbringungsgenehmigung aufgehoben hat. Waldemar Obst möchte aber auf keinen Fall die vertraute Station verlassen. Er fängt an zu weinen, wenn Antonia Maier das Thema Umzug auch nur anschneidet.

Der 18-jährige Florian Landmann befindet sich in einer stationären Einrichtung der Eingliederungshilfe. An dem Haus, in dem er untergebracht ist, wird jede Nacht von 21:00 Uhr bis 6:00 Uhr die Eingangstür verschlossen. Ein Pförtner ist nicht vor Ort. Florian Landmann fürchtet sich alleine draußen und hat daher bislang noch nie versucht, das Haus ohne Begleitung zu verlassen, doch wird er in letzter Zeit selbstbewusster und mutiger. Wollte er hinaus, könnte er lediglich über eine Sprechverbindung dem Pförtner Bescheid geben. Der ist für mehrere Häuser zuständig und würde bis zu 45 Minuten brauchen, ehe er Florian Landmann nach draußen lassen könnte.

Fragen

Frage 1: Ist für die jeweils geschilderte jetzige Situation bei

a) Margit Pfründt,

b) Kurt Schneyder,

c) Birgit Findeisen,

d) Waldemar Obst

e) Florian Landmann

eine Genehmigung des Betreuungsgerichts erforderlich?

Frage 2: Kann diese Ihrer Meinung nach erteilt werden? Welche Verfahrensschritte muss das Gericht dabei beachten?

▶ *Die Lösungen finden Sie auf Seite 199 ff.*

Fall 18 – Lieselotte Pfeffer

Themen

- Betreuungsverfügung
- Pflichtenkatalog/Handlungsmaximen
- Vermögensverwaltung/Immobiliengeschäfte
- Freiheitsentziehungen

Sachverhalt

Die verwitwete Lieselotte Pfeffer ist trotz ihres hohen Alters von 87 Jahren noch recht fidel und bewohnt eine Eigentumswohnung im fünften Stock eines Mehrfamilienhauses. Eines Morgens aber wird Lieselotte von ihrer Nachbarin, die alle paar Tage mal zum Putzen vorbeikommt und auch einen zweiten Wohnungsschlüssel hat, bewusstlos im Bett liegend aufgefunden. Der sofort herbeigerufene Notarzt bestätigt die Vermutung der Nachbarin: Frau Pfeffer hat einen Schlaganfall erlitten. Sie wird sich laut Prognose des behandelnden Arztes in Zukunft nur noch im Rollstuhl fortbewegen und ihre Umwelt nicht mehr in ausreichendem Maße wahrnehmen können. Aufgrund dessen regt der Sozialdienst des Krankenhauses beim Betreuungsgericht eine Betreuung für Lieselotte Pfeffer an. Das Gericht bestellt Eckehard Rallemann zum ehrenamtlichen Betreuer von Frau Pfeffer in den Aufgabenkreisen „Gesundheits- und Vermögenssorge".

Nach drei Wochen soll Frau Pfeffer, die sich auch im Rollstuhl nicht ohne fremde Hilfe fortbewegen kann, nach Hause entlassen werden. Eckehard Rallemann ist sich jedoch sicher, dass Frau Pfeffers Versorgung zu Hause nicht in ausreichendem Maße gewährleistet sein wird, außerdem verfügt das Haus, in dem sie bisher gelebt hat, über keinen Fahrstuhl, so dass sie schon gar nicht auf eine zumutbare Weise in ihre Wohnung oder von dort weg transportiert werden kann. Allerdings hat Eckehard bei einer ersten Besichtigung der Wohnung ein notariell beglaubigtes Schriftstück von Frau Pfeffer gefunden, in dem sie äußert, auch im Falle schwerer Pflegebedürftigkeit nicht in ein Altenheim gehen zu wollen.

Eckehard beschließt, Frau Pfeffer, mit der noch kein Gespräch möglich ist, doch in einem idyllisch gelegenen Altenheim unterzubringen. Er schließt dazu gleich am nächsten Tag einen Heimvertrag ab. Die Finanzierung soll durch den Verkauf der Eigentumswohnung, den er auch sogleich veranlasst, sichergestellt werden.

Schon in Frau Pfeffers erster Nacht im neuen Zuhause ist sie sehr unruhig. Da sie im Schlaf aus dem Bett zu fallen droht, bringt der Nachtdienst einen Bauchgurt an, durch den sie im Bett fixiert wird.

Fragen

Frage 1: Durfte Eckehard Rallemann Frau Pfeffer in dem Altenheim unterbringen? Hätte vorher etwas anderes veranlasst werden müssen?

Frage 2: Was musste Eckehard Rallemann wegen des Verkaufs der Wohnung beachten?

Frage 3: Wie beurteilen Sie die Maßnahmen des Nachtdienstes? Ist von Seiten des Betreuers deswegen etwas zu unternehmen?

▶ *Die Lösungen finden Sie auf Seite 202 ff.*

Fall 19 – Luisa Eff

Themen

- Postkontrolle

- Auslegung der Aufgabenkreise

- Pflichtenkatalog/Handlungsmaximen

- Betreuerwechsel

- Aufwendungsersatz

Zusätzliche Hilfsmittel

Texte der Strafprozessordnung (StPO) und des Justizvergütungs- und Justizent-schädigungsgesetzes (JVEG)

Sachverhalt

Der Lehrer in Elternzeit Henner Hollekusen ist am 16. November 2018 zum ehrenamtlichen Betreuer der heroinabhängigen Luisa Eff für den Aufgabenkreis „Gesundheits- und Sozial-angelegenheiten, verkehrsrechtliche Angelegenheiten, Vertretung gegenüber Behörden" bestellt worden.

Mehrfach findet Henner in Luisas Wohnung unter einem riesigen Stapel Pizzakartons gleich mehrere wichtige Schreiben, die zum Teil so mit Essens- und Getränkeresten durch-tränkt sind, dass sie kaum noch lesbar erscheinen. Auf seine Vorhaltungen erklärt Luisa, Briefe seien ihr „scheißegal". Da stehe doch „nur Mist" drin und er solle sie am besten wegwerfen.

Unter den Briefen findet sich ein Zustellungsauftrag, durch den Luisa Eff am 17. Juli 2019 ein Strafbefehl des Amtsgerichts wegen Diebstahls zugestellt wurde. Gegen diesen Straf-befehl legt Henner am 31. Juli 2019 Einspruch ein. Da er den Strafbefehl erst am letzten Tag der Frist gefunden hat, muss er mit dem Zug zu dem zuständigen Amtsgericht fahren. Das Fahrgeld von 64,00 € lässt er sich vom Betreuungsgericht erstatten.

Im September 2019 entdeckt Henner, dass Luisa, obwohl sie praktisch ständig unter Dro-geneinfluss steht, noch regelmäßig mit ihrem Auto fährt. Er stellt sie deswegen zur Rede und versucht ihr klarzumachen, dass sie dadurch sich selbst und andere gefährdet. Sie er-klärt, das sei ihr „scheißegal", sie wolle fahren, wann sie dazu Lust habe. Henner erklärt ihr, dass er das so oder so abzustellen beabsichtige. Er nimmt ihr deshalb den Kfz-Brief und die Kennzeichen heimlich weg und meldet das Fahrzeug beim Landratsamt ab. Als Luisa daraufhin trotzdem noch einmal fährt, wird sie sofort erwischt und der Pkw von der Polizei sichergestellt.

Da sich bei Familie Hollekusen im Dezember 2019 erneut Nachwuchs einstellt, beantragt Henner, von seinen Betreuerpflichten entbunden zu werden. Neben der Erziehung und Pflege eines weiteren Kindes sieht er sich nicht mehr in der Lage, die schwierige Betreuung von Luisa weiterzuführen. Mit einem ihm am 30. Januar 2020 zugestellten Beschluss wird er aus der Betreuung entlassen.

Fragen

Frage 1: Was hatte Henner zu unternehmen, als er merkte, dass wichtige, an Luisa gerichtete Post bei ihr verloren zu gehen drohte?

Frage 2: Ist der von Henner eingelegte Einspruch gegen den Strafbefehl wirksam?

Frage 3: Hat sich Henner in der Angelegenheit mit dem Pkw richtig verhalten?

Frage 4: Hatte Henner im Dezember 2019 einen Anspruch auf Entbindung von den Betreuerpflichten?

Frage 5: Hat Henner noch Ansprüche wegen der Auslagen, die er im Rahmen der Betreuung hatte und die er nicht näher belegen kann? Wenn ja, wo, auf welche Weise und bis wann spätestens muss er diese Ansprüche geltend machen, wenn Luisa mittellos ist?

▶ *Die Lösungen finden Sie auf Seite 204 ff.*

Fall 20 – Marin Konopka

Themen

- Vergütung des Berufsbetreuers
- Entschädigung des ehrenamtlichen Betreuers
- Betreuungsplan

Zusätzliche Hilfsmittel

§ 126a StPO, § 50 StVollzG, § 63 StGB

Sachverhalt

Miriam Sievers beschließt, sich mit ihrem Bachelor-Abschluss „Soziale Arbeit" der Universität Siegen selbständig zu machen. Sie eröffnet daher ein Betreuungsbüro.

Am 25. Februar 2020 wird ihr eine auf 15. Mai 2020 befristete einstweilige Anordnung zugestellt, mit der sie unter Anordnung der sofortigen Wirksamkeit zur vorläufigen beruflichen Betreuerin des geistig behinderten Marin Konopka bestellt wird. Der Beschluss trägt den Vermerk: „Der Geschäftsstelle zum Zwecke der Bekanntgabe übergeben am 22. Februar 2020, 10.00 Uhr."

Miriam Sievers wird in verschiedenen Angelegenheiten für Marin Konopka tätig. Dieser befindet sich im Februar 2020 unter dem Verdacht des sexuellen Missbrauchs von Kindern in Untersuchungshaft, ab dem 1. März 2020 aufgrund eines vorläufigen Unterbringungsbefehls des Untersuchungsrichters in einer forensischen Klinik.

Mit Beschluss vom 14. August 2020 richtet das Amtsgericht endgültig eine Betreuung ein und bestellt die Schwester des Betroffenen, Erna Koslowsky, zur (ehrenamtlichen) Betreuerin. Dieser Beschluss wird Erna Koslowsky am 18. August 2020 zugestellt.

Mit einem in ihrer Anwesenheit verkündeten Beschluss vom 19. November 2020 wird Erna Koslowsky auf ihre eigene Anregung hin wieder entlassen und die – nicht anwesende – Miriam Sievers erneut zur Betreuerin von Marin Konopka bestellt. Der Richter gibt Miriam Sievers dies noch am selben Tag telefonisch bekannt und ordnet zugleich die Erstellung eines Betreuungsplans an. Die schriftliche Zustellung des Beschlusses erfolgt an beide Betreuerinnen erst am 24. November 2020.

Marin Konopka ist inzwischen rechtskräftig von einer Strafkammer des Landgerichts zur Unterbringung in der psychiatrischen Klinik (§ 63 StGB) verurteilt.

Ende Februar 2021 beschließt Miriam Sievers, in der Sache Konopka mit dem Amtsgericht abzurechnen, nachdem sie inzwischen die Mittellosigkeit des Betreuten belegen kann.

Fragen

Frage 1: In welcher Höhe kann Miriam Sievers Vergütung verlangen?

Frage 2: Hat Erna Koslowsky Anspruch auf eine Aufwandsentschädigung? Wenn ja, in welcher Höhe?

Frage 3: Verlangt der Rechtspfleger zu Recht von Miriam Sievers die Vorlage eines Betreuungsplanes?

▶ *Die Lösungen finden Sie auf Seite 207 ff.*

Teil 3: Lösungen

Fall 1 – Wilhelm Siebenhühner

Lösung Frage 1

Da das „Schriftstück" in Antons Händen Wünsche für den Fall der Betreuungsbedürftigkeit enthielt, war es eine Betreuungsverfügung, zu deren Ablieferung an das Betreuungsgericht Anton nach § 1901c Satz 1 BGB verpflichtet war. Das Betreuungsgericht konnte Anton nach § 285 FamFG durch Beschluss zur Herausgabe verpflichten und sodann die in § 35 Abs. 1 und Abs. 4 FamFG vorgesehenen Zwangsmaßnahmen einleiten.

Lösung Frage 2

Eine Betreuung ist nach § 1896 Abs. 1 Satz 1 BGB erforderlich, wenn ein Mensch aufgrund psychischer Krankheit körperlicher, seelischer oder geistiger Behinderung einzelne oder alle seine Angelegenheiten nicht mehr selbst besorgen kann.

Herr Siebenhühner leidet an einer Altersdemenz. Das ist eine psychische Krankheit. Nach dem Sachverhalt bewirkt die Krankheit, dass räumliche, sowie zeitliche, Orientierung und Gedächtnis so stark beeinträchtigt sind, dass er weder seine persönlichen noch seine Vermögensangelegenheiten selbst zu ordnen imstande ist. Er ist umfassend betreuungsbedürftig.

Nach § 1896 Abs. 2 Satz 1 BGB darf sich die Betreuung aber nur auf die Angelegenheiten beziehen, für die auch ein Betreuungsbedarf besteht. Nach § 1896 Abs. 2 Satz 2 BGB besteht ein solcher nicht, soweit ein Bevollmächtigter die Angelegenheiten ebenso gut wahrnehmen kann. Eine solche Vollmacht könnte hier das mit „Patientenverfügung" überschriebene Schriftstück darstellen. Eine „Patientenverfügung" enthält nach der Definition in § 1901a Abs. 1 BGB eigentlich konkrete Behandlungswünsche. Doch ist bei einer von einem Laien verfassten Erklärung zu bedenken, dass dieser die juristischen Fachbegriffe nicht immer richtig verwenden wird. Bei der Auslegung der „Patientenverfügung" kommt es weniger auf den Wortlaut als darauf an, was ihr Verfasser mit ihr erreichen wollte (§ 133 BGB). Aus dem Inhalt der Erklärung geht eindeutig hervor, dass Herr Siebenhühner keine bestimmten Anordnungen treffen, sondern das Recht, in medizinischen Angelegenheiten für ihn zu entscheiden, direkt auf Marianne Kohlmeier übertragen wollte. Das Schriftstück ist folglich als eine die Gesundheitsangelegenheiten betreffende Vollmacht anzusehen. Hingegen enthält das bei Herrn Siebenhühners Bruder aufgetauchte Schriftstück keine solche Vollmacht, weil aus ihm nur ein Vorschlag folgt, wer für ihn tätig werden soll, nicht jedoch die direkte Übertragung irgendwelcher Aufgaben.

Im Übrigen besteht ein Betreuungsbedarf zumindest in den Vermögensangelegenheiten. Da Herr Siebenhühner ein umfangreiches Vermögen besitzt, bei dem schwer vorhersehbar ist, was alles zu tun sein wird, umfasst der Bedarf die gesamte Vermögensverwaltung. Dafür, dass außer den Entscheidungen, die die Gesundheit betreffen, noch weitere persönliche Angelegenheiten für Herrn Siebenhühner jetzt oder bald zu erledigen wären, gibt der Sachverhalt keine Anhaltspunkte.

Eine Betreuung ist folglich für alle Vermögensangelegenheiten anzuordnen.

Lösung Frage 3

Herr Siebenhühner hat vorgeschlagen, Frau Katlewski zur Betreuerin zu bestellen. Nach § 1897 Abs. 4 Satz 1 BGB hat das Betreuungsgericht diesem Vorschlag zu entsprechen, wenn dies nicht dem Wohl des Herrn Siebenhühner zuwiderläuft.

Andererseits ist Frau Kohlmeier bereit und in der Lage, die Betreuung ihres Vaters ehrenamtlich zu übernehmen. Frau Katlewski dagegen müsste als Berufsbetreuerin bestellt werden. Nach § 1897 Abs. 6 Satz 1 BGB soll ein Berufsbetreuer nur bestellt werden, wenn kein geeigneter ehrenamtlicher Betreuer zur Verfügung steht.

Offenbar können hier nicht beide Vorschriften anwendbar sein, weil dies zu verschiedenen Ergebnissen führen müsste. Es fragt sich also, in welchem Verhältnis der Vorrang des Ehrenamtes aus § 1897 Abs. 6 Satz 1 BGB zum Vorrang des vom Betroffenen Vorgeschlagenen aus § 1897 Abs. 4 Satz 1 BGB steht.

Der Wortlaut spricht eher für einen Vorrang des Vorgeschlagenen, da durch das unpersönliche Passiv „ist zu entsprechen" eine deutlichere Verpflichtung angeordnet wird als durch das „soll" in Abs. 6. Aus der Gesetzessystematik lässt sich kein Vorrang ableiten, insbesondere ist keine der Normen spezieller als die andere. So bleibt, nach Sinn und Zweck der Vorschriften zu fragen. Zweck von § 1897 Abs. 4 Satz 1 BGB ist es, im Zusammenspiel mit anderen Normen sicherzustellen, dass die Wünsche des Betreuten soweit Berücksichtigung finden, wie dies tunlich ist. Er steht im direkten Zusammenhang mit § 1901 Abs. 2 Satz 2 BGB, wonach der Betreute im Rahmen seiner Möglichkeiten ein autonomes Leben führen können soll. § 1897 Abs. 6 Satz 1 BGB ist zu dem Zweck in das Gesetz eingefügt worden, die durch die Betreuung verursachten Kosten möglichst gering zu halten, hier zugunsten von Herrn Siebenhühner, denn da er „beträchtliches Vermögen" besitzt, muss eine eventuelle Betreuervergütung aus seinem Vermögen gezahlt werden. Das aber wiederum hat er ja selbst mit seinem freien Willen in Kauf genommen, als er die Verfügung errichtete. Es war ihm ja schließlich bewusst, dass Heike Katlewski Berufsbetreuerin ist. Der Sparzweck kann in einem Fall wie diesem daher ausnahmsweise in den Hintergrund treten, denn der uneingeschränkt einsichtsfähige, vermögende Betreute hat das Recht, sein Geld zur Erfüllung seiner eigenen Wünsche auszugeben.

Das Gericht muss demnach Heike Katlewski zur Berufsbetreuerin für Herrn Siebenhühner bestellen.

Lösung Frage 4

Nach §§ 1908i Abs. 1 Satz 1, 1792 Abs. 2 BGB soll das Gericht außerdem einen Gegenbetreuer bestellen, denn nach dem mitgeteilten Sachverhalt sind für Herrn Siebenhühner umfangreiche Vermögensangelegenheiten zu besorgen.

Nachdenken könnte man noch darüber, ob ein Kontrollbetreuer i.S.v. § 1896 Abs. 3 BGB zu bestellen ist. Auch dafür müssten die Voraussetzungen des § 1896 Abs. 1 bis 2 BGB vorliegen, insbesondere müsste ein Kontrollbedarf erkennbar sein, der nicht allein darauf beruht, dass der Betroffene den Betreuer nicht mehr kontrollieren kann. Einen solchen Kontrollbedarf lässt der Sachverhalt nicht erkennen.

Lösung Frage 5

Ein Betreuer kann nur aus den in § 1908b BGB abschließend aufgezählten Gründen entlassen werden.

Die Entlassung von Marianne Kohlmeier auf ihren eigenen Antrag kommt nach § 1908b Abs. 2 BGB in Frage, wenn nach ihrer Bestellung Umstände eingetreten sind, auf Grund deren ihr die Führung der Betreuung nicht mehr zugemutet werden kann. Der Betreuer ist nicht verpflichtet, seine eigene Lebensplanung der Betreuung anzupassen. Von Marianne Kohlmeier konnte daher nicht verlangt werden, den Umzug in eine ferne Stadt zu unterlassen. Indessen ergibt sich aus dem Sachverhalt aber auch nicht, dass es für sie schlechtweg unzumutbar wäre, die Betreuung aus der Ferne zu führen.

Ein Betreuer ist nach § 1908b Abs. 1 Satz 1 BGB von Amts wegen zu entlassen, wenn seine Eignung nicht mehr gewährleistet ist. Nach § 1897 Abs. 1 Satz 1 BGB muss der Betreuer unter anderem dazu geeignet sein, die Betreuung in einer persönlichen Weise zu führen, nämlich durch regelmäßigen persönlichen Kontakt (vgl. auch §§ 1908i Abs. 1 Satz 1, 1840 Abs. 1 Satz 2 BGB). Die in § 1901 Abs. 3 Satz 3 BGB genannte Besprechung der wichtigen Angelegenheiten ist nur ein Aspekt dieser Pflicht. Wer sehr weit weg vom Betreuten wohnt, kann zur persönlichen Betreuung ungeeignet sein, wenn das die Kontaktaufnahme zu sehr erschwert. Je nach Umfang und Bedeutung der Aufgabenkreise kann es zwar genügen, wenn der Betreuer mit dem Betreuten telefonischen Kontakt hält. Angesichts des Umfangs der Vermögensverwaltung werden sich hier aber häufige Besprechungen nicht vermeiden lassen.

Das Betreuungsgericht muss Marianne Kohlmeier daher nach § 1908b Abs. 1 Satz 1 BGB entlassen und nach § 1908c BGB zugleich einen anderen Betreuer bestellen. Es wird den Aufgabenkreis außerdem nach § 1901d Abs. 3 BGB um die Gesundheitssorge erweitern müssen, denn aus der Ferne kann Marianne Kohlmeier auch die Gesundheitsangelegenheiten von Herrn Siebenhühner nicht mehr „ebenso gut" wie ein Betreuer erledigen.

Lösung Frage 6

Auswahl und Bestellung des Betreuers sind nach § 15 Abs. 1 Satz 1 Nr. 1 RPflG dem Richter vorbehalten.

Der Rechtspfleger ist nach § 15 Abs. 1 Satz 2 RPflG für die Entscheidung zuständig, ob ein Kontrollbetreuer i.S.v. § 1896 Abs. 3 BGB bestellt werden soll.

Für die Bestellung des Gegenbetreuers ist der Rechtspfleger zuständig. Darauf deutet schon der Wortlaut des § 15 Abs. 1 Nr. 1 RPflG hin, und es ist auch sachgerecht, weil der Gegenbetreuer nur Kontrollaufgaben und nicht unmittelbar Angelegenheiten des Betreuten wahrnimmt[180].

---

180 Wie hier LG Bonn Rpfleger 1993, 233; a.A. HK-BUR/*Rink* § 14 RPflG Rn. 3.

Die Entlassung von Frau Kohlmeier nach § 1908b Abs. 1 bzw. Abs. 2 BGB fällt unter § 15 Abs. 1 Satz 1 Nr. 1 RPflG, die anschließende Neubestellung eines anderen Betreuers fällt unter § 15 Abs. 1 Satz 1 Nr. 2 RPflG. Dafür ist also grundsätzlich der Richter zuständig. Nur in Rheinland-Pfalz ist beides auf den Rechtspfleger übertragen worden, was § 19 Abs. 1 Satz 1 Nr. 1 RPflG zulässt.

Die Erweiterung des Aufgabenkreises ist nach § 15 Abs. 1 Satz 1 Nr. 3 RPflG überall dem Richter vorbehalten.

Fall 2 – Hermann Neuninger

Lösung Frage 1

Die Erbauseinandersetzung würde bedeuten, dass Anton Neuninger einen Vertrag zwischen sich selbst einerseits und seinem Bruder, vertreten durch Anton, andererseits schließen müsste. Das kann er nach § 181 BGB mit der einfachen Vollmacht nicht. Da § 181 BGB Insichgeschäfte nur ausschließt, wenn dem Vertreter nicht „ein anderes gestattet ist", hätte die Vollmacht auch so formuliert werden können, dass sie Anton Neuninger eben dies gestattet, etwa:

> „Ich befreie meinen Bruder, soweit es um die Auseinandersetzung des Nachlasses unserer Eltern geht, vom Verbot des Selbstkontrahierens (§ 181 BGB)."

Lösung Frage 2

Bevor das Betreuungsgericht für Hermann Neuninger einen Betreuer bestellt, muss es folgende Verfahrenshandlungen vornehmen:

Nach § 278 Abs. 1 Satz 1 FamFG muss das Gericht sich einen unmittelbaren Eindruck von Hermann Neuninger verschaffen und ihn dabei persönlich anhören. Dabei wird die Anhörung daran scheitern, dass Hermann Neuninger seine Umwelt nicht mehr sinnvoll erfasst und nur noch ganz einfache Sätze sprechen kann. Das Gericht kann dann zwar gemäß § 34 Abs. 2 FamFG von der Anhörung absehen, doch bleibt es verpflichtet, sich von Herrmann Neuninger einen unmittelbaren Eindruck zu verschaffen.

Nach § 276 Abs. 1 Satz 1 FamFG muss das Gericht für Herrn Neuninger einen Verfahrenspfleger bestellen und anhören, wenn das erforderlich ist. Da der Betroffene hier nicht in der Lage ist, sein Recht auf rechtliches Gehör selbst wahrzunehmen, ist es erforderlich.

Das Gericht hat die Betreuungsbehörde zu den in § 279 Abs. 2 Satz 2 FamFG genannten Fragen anzuhören.

Nach § 280 Abs. 1 FamFG muss das Gericht ein ärztliches Sachverständigengutachten einholen. Der Sachverständige muss den Betroffenen persönlich untersuchen (§ 280 Abs. 2 Satz 1 FamFG) und hat die Stellungnahme der Betreuungsbehörde zu berücksichtigen, wenn sie ihm bei der Erstellung seines Gutachtens vorliegt (§ 280 Abs. 2 Satz 2 FamFG).

Lösung Frage 3

Nach dem Sachverhalt dürfte Hermann Neuninger außerstande sein, auch nur irgendeine Angelegenheit selbst zu regeln. Nach § 1896 Abs. 2 Satz 1 BGB darf die Betreuung aber nur für diejenigen Angelegenheiten angeordnet werden, für die sie erforderlich ist, und erforderlich ist sie nicht, soweit ein Bevollmächtigter ebenso gut handeln kann (§ 1896 Abs. 2 Satz 2 BGB). Da der Betreute seinen Bruder bevollmächtigt hat, seine Vermögensangelegenheiten zu besorgen, kommt folglich für die Vermögensangelegenheiten grundsätzlich keine Betreuerbestellung in Frage. Da in persönlichen Angelegenheiten ein Betreuungsbedarf jederzeit auftreten kann, sobald irgendeine persönliche Angelegenheit zu regeln ist, ist jedoch ein Betreuer für die persönlichen Angelegenheiten zu bestellen.

Aus der Antwort zu Frage 1 folgt, dass außerdem ein Betreuer für die Erbauseinandersetzung zwischen Hermann Neuninger und seinem bevollmächtigten Bruder erforderlich ist. Dabei kommt es nicht darauf an, ob Hermann Neuninger ein Interesse an der Auseinandersetzung hat, denn sein Bruder hat nach § 2042 BGB ein Recht auf sie und kann dieses Recht ohne Betreuerbestellung nicht durchsetzen.[181]

Zu erwägen ist schließlich, ob ein Betreuer mit dem Aufgabenkreis des § 1896 Abs. 3 BGB (sog. Kontrollbetreuer) bestellt wird. Ein Kontrollbedarf kann allerdings nicht allein damit begründet werden, dass der Vollmachtgeber aufgrund seiner Erkrankung nicht mehr selbst in der Lage ist, den Bevollmächtigten zu überwachen. Denn der Vollmachtgeber hat die Vorsorgevollmacht gerade für den Fall errichtet, dass er seine Angelegenheiten nicht mehr selbst regeln kann, um eine gerichtlich angeordnete Betreuung zu vermeiden. Dieser Wille ist auch bei der Frage der Errichtung einer Kontrollbetreuung zu beachten (vgl. § 1896 Abs. 1a BGB). Daher müssen weitere Umstände hinzutreten, die die Errichtung einer Kontrollbetreuung erforderlich machen. Notwendig ist mithin der konkrete, d.h. durch hinreichende tatsächliche Anhaltspunkte untermauerte Verdacht, dass mit der Vollmacht dem Betreuungsbedarf nicht Genüge getan wird. Dies kann der Fall sein, wenn nach den üblichen Maßstäben aus der Sicht eines vernünftigen Vollmachtgebers unter Berücksichtigung des in den Bevollmächtigten gesetzten Vertrauens eine ständige Kontrolle schon deshalb geboten ist, weil die zu besorgenden Geschäfte von besonderer Schwierigkeit und/oder besonderem Umfang sind oder wenn gegen die Redlichkeit oder die Tauglichkeit des Bevollmächtigten Bedenken bestehen. Auf einen Missbrauch der Vollmacht oder einen entsprechenden Verdacht kommt es nicht an. Ausreichend sind konkrete Anhaltspunkte dafür, dass der Bevollmächtigte nicht mehr entsprechend der Vereinbarung und dem Interesse des Vollmachtgebers handelt.[182] Anhaltspunkte dafür, dass Anton Neuninger nicht mehr im Interesse seines Bruders handelt, ergeben sich aus dem Sachverhalt nicht. Die Kontrollbetreuung könnte daher lediglich aufgrund von Umfang und Schwierigkeit der Vermögensgeschäfte erforderlich sein. Jedoch folgt aus der Größe des Vermögens noch nicht, dass auch seine Verwaltung besonders schwierig oder umfangreich sein müsste.

Folglich gibt der Sachverhalt zu wenige Anhaltspunkte für die Erforderlichkeit einer Kontrollbetreuung.

Lösung Frage 4

Als Betreuer für die Erbauseinandersetzung kommt Anton Neuninger natürlich nicht in Frage, weil dieser ja wegen des Ausschlusses seiner Vertretungsmacht gemäß § 181 BGB überhaupt erst erforderlich ist und er nach §§ 1908i Abs. 1 Satz 1, 1795 Abs. 2, 181 BGB auch als Betreuer von der Vertretung ausgeschlossen wäre. Aus dem gleichen Grund kommt er auch als Kontrollbetreuer i.S.v. § 1896 Abs. 3 BGB nicht in Frage, wenn man eine Kontrollbetreuung für erforderlich hält.

---

181 Theoretisch könnte er die Auseinandersetzung mit der Vollmacht genauso durchführen, wie § 2042 Abs. 2 BGB sie gesetzlich vorschreibt, denn das wäre ein Geschäft, das ausschließlich in der Erfüllung einer Verbindlichkeit besteht. Dann müsste aber nach § 753 BGB der Grundbesitz versteigert werden, was wiederum nicht im Interesse von Hermann Neuninger liegen kann.

182 BGH JZ 2011, 1068.

Ansonsten aber spricht nichts gegen seine Bestellung. Im Gegenteil: Nach § 1897 Abs. 5 BGB soll bei der Betreuerauswahl auf verwandtschaftliche Bindungen Rücksicht genommen werden. Dass Hermann Neuninger seinem Bruder prinzipiell vertraut, ergibt sich schon daraus, dass er ihm eine Vermögensverwaltungsvollmacht erteilt hat. Zum Betreuer für die persönlichen Angelegenheiten des Hermann Neuninger wird das Betreuungsgericht daher Anton Neuninger sogar bestellen müssen.

Lösung Frage 5

Der Heimleiter darf nach § 1897 Abs. 3 BGB nicht zum Betreuer bestellt werden.

Lösung Frage 6

Ein Gegenbetreuer soll gemäß §§ 1908i Abs. 1 Satz 1, 1792 Abs. 2 BGB dann bestellt werden, wenn mit der Betreuung eine umfangreiche Vermögensverwaltung verbunden ist. Dafür genügt es nicht schon, wenn das Vermögen umfangreich ist. Indessen liegen die Voraussetzungen hier ohnehin für keinen der vorgeschlagenen Aufgabenkreise vor:

Der Aufgabenkreis „Erbauseinandersetzung mit Anton Neuninger" umfasst nur den *Abschluss eines Vertrags*, die *Verwaltung* des geerbten Vermögens ist damit nicht verbunden.

Die persönlichen Angelegenheiten haben mit dem Vermögen nichts zu tun.

Ein eventueller Kontrollbetreuer würde das Vermögen ebenfalls nicht verwalten, sondern die Vermögensverwaltung nur kontrollieren.

Soweit Anton Neuninger das Vermögen seines Bruders verwaltet, tut er dies gerade nicht als sein Betreuer, sondern als sein Bevollmächtigter.

Fall 3 – Mauritius Worringer

Lösung Frage 1

Das Betreuungsgericht hat Sieglinde Gierig durch beschleunigte einstweilige Anordnung ohne vorherige Anhörung des Betroffenen bestellt und zugleich einen Einwilligungsvorbehalt für alle Vermögensangelegenheiten angeordnet. Die Voraussetzungen für den Erlass einer einstweiligen Anordnung sind in § 300 Abs. 1 FamFG näher geregelt.

Nach § 300 Abs. 1 Satz 1 Nr. 1 FamFG mussten dringende Gründe für die Annahme bestehen, dass bei Mauritius Worringer die Voraussetzungen des § 1896 BGB für die Anordnung einer Betreuung und des § 1903 Abs. 1 Satz 1 BGB für die Anordnung eines Einwilligungsvorbehalts vorlagen. Dem Gericht brauchten hierfür keine schlüssigen Beweise vorliegen. Es reichte dafür im Eilverfahren aus, dass sich aufgrund der vorhandenen Indizien eine überwiegende Wahrscheinlichkeit ergab. Wenn das Gericht der Schilderung der Gebrüder Gierig glaubte, konnte es von Betreuungsbedürftigkeit ausgehen, weil Mauritius Worringer zumindest in den geschilderten Verwirrtheitszuständen seine Angelegenheiten nicht selbst besorgen konnte und dies auf eine psychische Krankheit (hirnorganisches Psychosyndrom) zurückzuführen war (§ 1896 Abs. 1 Satz 1 BGB). Indessen gab es keinen dringenden Grund für die Annahme einer Gefahr für sein Vermögen (§ 1903 Abs. 1 Satz 1 BGB). Selbst wenn er unnütze Ausgaben tätigte, war doch bis jetzt nicht erkennbar, dass das sein beträchtliches Vermögen ernsthaft gefährden würde.

§ 300 Abs. 1 Satz 1 Nr. 1 FamFG verlangt zudem, dass ein dringendes Bedürfnis für das sofortige Tätigwerden des Gerichts vorliegt. Auch das ist nicht erkennbar.

Nach § 300 Abs. 1 Satz 1 Nr. 2 FamFG musste ein ärztliches Attest vorliegen. Das Gesetz schreibt zwar nur vor, dass das Attest von einem Arzt stammen muss. Indessen ist es zum Schutz des Betroffenen vor groben Fehleinschätzungen aber erforderlich, dass der Arzt, der das Attest ausstellt, eine gewisse Sachkenntnis hat. Seine Qualifikation muss der eines Sachverständigen i.S.v. § 280 Abs. 1 Satz 2 FamFG entsprechen[183]. Für die Diagnose psychischer Krankheiten ist daher zu verlangen, dass der Arzt entweder Facharzt für Psychiatrie ist oder sonst auf diesem Gebiet ausreichend sachkundig[184]. Diesen Erfordernissen genügte das Attest nicht. Da es unverzichtbar ist, durfte die einstweilige Anordnung überhaupt nicht ergehen.

Von den Erfordernissen, die § 300 Abs. 1 Satz 1 Nr. 3 und 4 FamFG nennen, darf gemäß § 301 Abs. 1 Satz 1 FamFG abgesehen werden, wenn „Gefahr im Verzug" ist, wenn also durch die dadurch entstehende zeitliche Verzögerung ein Schaden zu entstehen droht. Hier war nur bekannt, dass sich Mauritius Worringer „in den nächsten Tagen" einen Ferrari kaufen wollte. Das hätte eine vorherige Anhörung Mauritius Worringers zugelassen. Auch die Bestellung und Anhörung eines Verfahrenspflegers kann in ein bis zwei Tagen erfolgen. Beides war hier daher nicht entbehrlich.

---

183 *Jansen/Sonnenfeld* § 69f Rn. 9.
184 BayObLG BtPrax 1993, 30, 31.

Schließlich durfte das Gericht Sieglinde Gierig nicht zur Betreuerin bestellen, bevor sie sich dazu bereit erklärt hatte (§ 1898 Abs. 2 BGB).

Lösung Frage 2

Nach dem Sachverhalt gibt es keinerlei Anhaltspunkte dafür, dass Mauritius Worringer bei der Vornahme der genannten Geschäfte geschäftsunfähig war. Die Wirksamkeit dieser Geschäfte beurteilt sich daher allein danach, ob der vorläufige Einwilligungsvorbehalt sie erfasste.

1. Kauf des Ferrari

Der Einwilligungsvorbehalt bewirkt, dass ein Kaufvertrag, der während seiner Gültigkeit abgeschlossen wird, schwebend unwirksam ist (§§ 1903 Abs. 1 Satz 2, 108 Abs. 1 BGB). Es fragt sich aber, ob der Einwilligungsvorbehalt am 5. Juli 2018 schon wirksam war, denn auf vorher schon vorgenommene Geschäfte hat er keinen Einfluss.

Nach § 287 Abs. 1 FamFG werden einstweilige Anordnungen i.S.v. § 300 FamFG mit Bekanntgabe an den Betreuer wirksam. Das wäre hier am 11. Juli der Fall gewesen. Nach § 287 Abs. 2 FamFG gilt jedoch etwas anderes, wenn das Gericht, wie hier, die sofortige Wirksamkeit anordnet. Dann wird die Entscheidung schon wirksam, wenn das Gericht sie der Geschäftsstelle zum Zweck der Bekanntgabe übergibt. Das ist indessen auch erst am 6. Juli geschehen, so dass am 5. Juli 2018 noch kein Einwilligungsvorbehalt bestand. Der Kaufvertrag ist wirksam.

2. Lebensmittelkauf

Am 20. Juli war der Einwilligungsvorbehalt wirksam. Bei dem Einkauf von 200 g Schinken und drei Eiern handelt es sich aber um ein geringfügiges Geschäft des täglichen Lebens, so dass der Einwilligungsvorbehalt auf dessen Wirksamkeit keinen Einfluss hatte (§ 1903 Abs. 3 Satz 2 BGB).

3. Miete der Hochseeyacht

Der am 29. Oktober 2018 abgeschlossene Mietvertrag über die Hochseeyacht war nach §§ 1903 Abs. 1 Satz 2, 108 Abs. 1 BGB unwirksam. Dadurch, dass Sieglinde Gierig ihre Genehmigung verweigerte, ist er nichtig geworden.

Er könnte aber nach § 306 FamFG später wirksam geworden sein, wenn der Einwilligungsvorbehalt als von Anfang an unberechtigt aufgehoben wurde.

Förmlich aufgehoben worden ist der Einwilligungsvorbehalt nicht. Er ist vielmehr dadurch außer Kraft getreten, dass das Gericht in der Hauptsache „anderweitig" entschied (§ 56 Abs. 1 Satz 1 FamFG).

Es muss nun geprüft werden, ob § 306 FamFG nur gilt, wenn ein Einwilligungsvorbehalt mit der Feststellung aufgehoben wird, dass er von Anfang an nicht gerechtfertigt war, oder ob es auch genügt, wenn er kraft Gesetzes entfällt, weil eine Hauptsacheentscheidung ergeht, die den Einwilligungsvorbehalt wegen Fehlens der Voraussetzungen ablehnt. Hierzu ist zu prüfen, worin der Sinn der Vorschrift besteht.

Der Einwilligungsvorbehalt stellt einen massiven Eingriff in die Handlungsfreiheit dar, der nur zu rechtfertigen ist, wenn er zum Schutz des Betroffenen erforderlich ist. Das Interesse des Rechtsverkehrs an klaren Verhältnissen erfordert es, dass ein Einwilligungsvorbehalt auch dann greift, wenn er vom Gericht zu Unrecht angeordnet wird. § 306 FamFG soll sicherstellen, dass in einem solchen Fall die dem Betroffenen zu Unrecht entzogene Handlungsfreiheit wenigstens nachträglich wiederhergestellt wird. Entscheidend ist bei dieser Überlegung, dass eine Entscheidung ergeht, aus der sich klar ergibt, dass der Einwilligungsvorbehalt nie hätte angeordnet werden dürfen. Diese Voraussetzung erfüllte die Entscheidung des Gerichts vom 16. November 2018, auch wenn sie nicht direkt die Aufhebung des Einwilligungsvorbehalts beinhaltete, sondern dessen Wegfall zur indirekten zwingenden Folge hatte. Denn abgelehnt wurde die Betreuerbestellung ja, weil der Gutachter festgestellt hatte, dass Mauritius Worringer zu keiner Zeit betreuungsbedürftig war.

Folglich ist der Mietvertrag über die Hochseeyacht gemäß § 306 FamFG seit dem 16. November 2018 als von Anfang an wirksam anzusehen.

Lösung Frage 3

Die Verfahrensvollmacht als Verfahrenshandlung kann vom Betroffenen nach § 275 FamFG ungeachtet seines Zustandes wirksam erteilt werden.

Die Beauftragung eines Rechtsanwalts setzt außerdem den Abschluss eines Dienstvertrages mit ihm voraus. Dieser könnte nach §§ 1903 Abs. 1 Satz 2, 108 Abs. 1 BGB schwebend unwirksam gewesen sein. Das würde aber bedeuten, dass ein geschäftsunfähiger oder unter Einwilligungsvorbehalt gestellter Betreuter praktisch nicht die Möglichkeit hätte, einen Anwalt zu seiner Vertretung einzuschalten. Dies würde der Wertung des § 275 FamFG widersprechen, denn es gehört zu den durch das Rechtsstaatsprinzip geschützten fundamentalen Verfahrensrechten, sich vor Gericht anwaltlich vertreten zu lassen (vgl. § 3 Abs. 3 BRAO). Folglich muss die Handlungsfähigkeitsfiktion des § 275 FamFG auf den Abschluss des Anwaltsvertrages ausgedehnt werden. Der Einwilligungsvorbehalt erfasst diesen Vertrag daher nicht.

Fall 4 – Erna Bruckner

Lösung Frage 1

Die Bestellung eines weiteren Betreuers für den Fall der Verhinderung des Betreuers regelt § 1899 Abs. 4 BGB (sog. Ersatzbetreuer). Da hier eine längere Verhinderung von Herrn Maurer absehbar war, musste das Gericht seiner Anregung, einen Ersatzbetreuer zu bestellen, folgen.

Entscheidungen auf der Grundlage von § 1899 BGB sind nach § 15 Abs. 1 Satz 1 Nr. 1 RPflG dem Richter vorbehalten.

Lösung Frage 2

Nach § 1908b Abs. 3 BGB kann das Gericht den Betreuer entlassen, wenn der Betreute einen anderen, für die Führung des Amtes ebenso geeigneten Betreuer, vorschlägt. Hier hatte Frau Bruckner in ihrem Schreiben Frau Orth für die Betreuung vorgeschlagen. Da Frau Orth mindestens ebenso geeignet war, das Amt zu führen, wie Herr Maurer, hatte das Gericht nach pflichtgemäßem Ermessen über die Entlassung des Herrn Maurer zu entscheiden und hat sich für sie entschieden.

Nach § 1908c BGB musste das Gericht dann einen anderen Betreuer bestellen, was im Falle einer Entlassung nach § 1908b Abs. 3 BGB nur der Vorgeschlagene sein kann.

§ 15 Abs. 1 Satz 1 Nr. 1 RPflG behält nur Betreuerwechsel aufgrund von § 1908b Abs. 1, 2 und 5 BGB dem Richter vor, so dass für Betreuerwechsel aufgrund § 1908b Abs. 3 BGB der Rechtspfleger zuständig ist.

Lösung Frage 3

Zunächst müsste die Geltendmachung von Ansprüchen gegen den entlassenen Betreuer zu den „Vermögensangelegenheiten" gehören, da Frau Orth Frau Bruckner nur im Rahmen dieses Aufgabenkreises gesetzlich vertreten kann (§ 1902 BGB). Das ist hier allerdings problemlos der Fall, da der Schadensersatzanspruch an sich schon zu den Vermögenswerten gehört und überdies die Vermögensverwaltung durch den früheren Betreuer betrifft, also auch in der Sache Vermögensbezug aufweist.

Sodann fragt sich, ob überhaupt ein Schadensersatzanspruch besteht. Ein solcher könnte sich aus §§ 1908i Abs. 1 Satz 1, 1833 Abs. 1 Satz 1 BGB ergeben. Herr Maurer müsste dann pflichtwidrig gehandelt und durch diese Pflichtwidrigkeit Frau Bruckner Schaden zugefügt haben. Als Schaden kommt gemäß § 252 BGB auch ein Gewinn in Betracht, der Frau Bruckner aufgrund der Pflichtwidrigkeit entgangen ist.

Es fragt sich also, ob es von Herrn Maurer pflichtwidrig war, die Eigentumswohnung von Frau Bruckner nicht zu vermieten. Dies ist anhand der für Betreuer geltenden Verhaltenskriterien des § 1901 BGB zu beurteilen.

Nach § 1901 Abs. 2 Satz 1 BGB hat der Betreuer nach dem Wohl des Betreuten zu handeln. Nach § 1901 Abs. 3 Satz 1 BGB hat er außerdem Wünsche des Betreuten zu beachten, solange sie seinem Wohl nicht zuwiderlaufen.

Frau Bruckner hatte den Wunsch geäußert, dass die Wohnung nicht vermietet wird. Dabei handelte es sich nicht um ihren freien Willen, denn der Wunsch war entscheidend von dem – offensichtlich krankheitsbedingten – Wahn beeinflusst, das Haus sei verwünscht und jeder Bewohner müsse früh sterben. Aber auch ein nicht frei gebildeter Wille des Betreuten muss nach § 1901 Abs. 3 Satz 1 BGB beachtet werden, wenn er seinem Wohl nicht zuwiderläuft.

Es ist daher zu fragen, ob das Wohl von Frau Bruckner die Vermietung der Wohnung erfordert hätte. Aus Sicht ihrer reinen Vermögensinteressen wäre das zunächst zu bejahen. Denn sie gewann durch die Nichtvermietung in Wahrheit ja nichts, verlor aber – bei weiterlaufenden Kosten – die aus einer Vermietung zu erzielenden Einnahmen. Indessen ist das Vermögen kein Selbstzweck. Es dient der freien Entfaltung der Persönlichkeit seines Inhabers. Nur soweit es hierfür notwendig ist, ist sein Erhalt und seine Mehrung mit dem Wohl des Betreuten gleichzustellen. Vermögen, das für die freie Lebensgestaltung nicht benötigt wird, ist für das Wohl des Betreuten auch nicht erforderlich. Es gehört nicht zu den Pflichten des Betreuers, das Vermögen des Betreuten zum Wohl der Erben des Betreuten zu mehren und zu erhalten[185].

Daraus folgt aber auch noch nicht, dass der Betreuer jedem von dem Betreuten geäußerten Wunsch folgen muss, solange der Betreute sich dessen Erfüllung nur leisten kann. Vielmehr hat er stets zu prüfen, ob der Betreute hierbei von zutreffenden Tatsachen ausgeht, und ihn gegebenenfalls über die wirkliche Sachlage aufzuklären (falls dies möglich ist), und wenn er den Irrtum nicht ausräumen kann, muss er sich die Frage stellen, ob der Betreute auch in Kenntnis der wirklichen Sachlage so entscheiden würde[186].

Hier beruht der Wunsch, die Wohnung nicht zu vermieten, auf einer Verkennung der Realität, die – weil krankheitsbedingt – auch nicht ausgeräumt werden kann. Herr Maurer hätte sich demnach fragen müssen, ob sich Frau Bruckner auch so entscheiden würde, wenn sie erkennen könnte, dass in dem Haus keine „bösen Mächte" walten und den potentiellen Mietern gar kein Unheil droht. Das ist unwahrscheinlich. Folglich hätte er sich zur Wahrung von Frau Bruckners Vermögensinteressen hier über ihren Wunsch hinwegsetzen müssen. Er schuldet ihr Schadensersatz in Höhe der entgangenen Mieteinnahmen aus §§ 1908i Abs. 1 Satz 1, 1833 Abs. 1 Satz 1, 252 BGB.

---

185 OLG Schleswig BtPrax 2001, 211.
186 BGH BtPrax 2009, 290.

Fall 5 – Ilona Blank

Lösung Frage 1

Grundsätzlich stellt es verbotene Eigenmacht i.S.v. § 858 Abs. 1 BGB und außerdem einen Verstoß gegen das Recht an der Unverletzlichkeit der Wohnung (Art. 13 Abs. 1 GG) dar, die Wohnung eines Menschen gegen dessen Willen oder ohne dessen Wissen zu betreten. Maßgeblich ist hierfür der natürliche Wille des Wohnungsinhabers.

Hier liegt der Fall allerdings so, dass die Betreute im Koma lag und daher nicht mehr in der Lage war, einen Willen zu der Frage zu bilden, wer sich in ihrer Wohnung aufhalten darf. In diesem Fall steht dem Betreuer mit dem Aufgabenkreis „Wohnungsangelegenheiten" die Vertretung des Betreuten auch in dieser Frage zu, so dass Frau Packzu allein entscheiden konnte, wer die Wohnung von Frau Blank betreten darf. Unter diesen Umständen durfte sie sie auch selbst betreten.

Lösung Frage 2

Laut Sachverhalt beabsichtigt Frau Packzu dreierlei, nämlich

- die Wohnung aufzulösen,

- einen Platz in einer geeigneten Einrichtung zu suchen und

- die Wohnung zu verkaufen.

Bei allen drei geplanten Aktionen handelt es sich um wichtige Angelegenheiten, die sie zuvor mit Ilona Blank besprechen musste (§ 1901 Abs. 3 Satz 3 BGB).

Ilona Blank lehnt es ab, ihre Wohnung aufzugeben. Margarete Packzu darf dies daher nur tun, wenn dieser Wunsch dem Wohl von Ilona Blank widerspricht (§ 1901 Abs. 3 Satz 1 BGB). Das dürfte der Fall sein. Denn Ilona Blank wird in ihrem jetzigen Zustand in einer Dachgeschosswohnung nicht wieder wohnen können und ihr Einkommen ist zu gering, um eine andere Wohnung daraus zu finanzieren. Sozialhilfe kann sie wiederum nur erhalten, wenn sie vorher ihre Dachgeschosswohnung veräußert, denn da sie nicht mehr darin wohnen kann, stellt diese kein Schonvermögen i.S.v. § 90 Abs. 2 Nr. 8 SGB XII mehr dar. Um die Wohnung verwerten zu können, muss Margarete Packzu aber den Haushalt auflösen.

Die Auflösung des Haushalts muss Margarete Packzu gemäß § 1907 Abs. 2 Satz 2 BGB dem Betreuungsgericht rechtzeitig vorher anzeigen.

Für den Verkauf und die Veräußerung der Wohnung braucht sie dann eine betreuungsgerichtliche Genehmigung (§§ 1908i Abs. 1 Satz 1, 1821 Abs. 1 Nr. 1, 4 BGB).

Da Ilona Blank es ablehnt, in eine Pflegeeinrichtung zu ziehen, stellt sich die Frage, ob Margarete Packzu sie auch gegen ihren erklärten Willen dorthin bringen darf. Das ist wieder anhand von § 1901 Abs. 3 Satz 1 BGB zu prüfen. Nun hat Ilona Blank lediglich den Wunsch geäußert, ihre Eigentumswohnung weiter zu bewohnen, was nicht realistisch ist. Margarete Packzu muss daher die Entscheidung treffen, die Ilona Blank vermutlich treffen würde, würde sie dies erkennen (§ 1901 Abs. 2 BGB). Sie wird deshalb prüfen müssen, was hinter diesem Wunsch steckt. Hängt sie nur speziell an dieser Wohnung, oder will sie vor allem selbstbestimmt außerhalb einer Einrichtung leben? Ist Letzteres der Fall, muss Margarte Packzu prüfen, ob Alternativen in Frage kommen, z.B. eine Unterbringung in irgendeiner Form des Betreuten Wohnens oder in einer (anderen) eigenen Wohnung mit ambulanter Betreuung. Nur wenn das ausscheidet, darf sie sich für Frau Blank nach einer Pflegeeinrichtung umsehen.

Margarete Packzu muss dabei außerdem beachten, dass sie keine Handhabe hat, Ilona Blank mit körperlichem Zwang in eine offene Einrichtung zu bringen. Auch das kann ein Grund sein, eine Alternative zu wählen.

Lösung Frage 3

Um die Beitragsrückstände bezahlen zu können, muss Margarete Packzu über das Kontoguthaben verfügen. Das Kontoguthaben stellt eine Forderung gegen die Bank dar. Eigentlich wäre für die Verfügung darüber eine Genehmigung nach §§ 1908i Abs. 1 Satz 1, 1812 Abs. 1 Satz 1 erforderlich. Guthaben auf Girokonten sind jedoch Bargeldersatz und daher nach § 1813 Abs. 1 Nr. 3 BGB von dieser Genehmigungspflicht ausgenommen.

Das nicht „demnächst" benötigte Geld muss Margarte Packzu gemäß §§ 1908i Abs. 1 Satz 1, 1806 BGB verzinslich anlegen, und zwar in einer der in § 1807 BGB beschriebenen Formen. Sie benötigt auch hierfür die Genehmigung des Betreuungsgerichts (§§ 1908i Abs. 1 Satz 1, 1810 BGB).

Das Betreuungsgericht kann ihr aber auch eine andere Form der Geldanlage gestatten (§§ 1908i Abs. 1 Satz 1, 1811 BGB).

Da sie das Geld wird nach und nach verbrauchen müssen, ist wohl die Anlage auf einem gewöhnlichen Sparbuch (§ 1807 Abs. 1 Nr. 5 BGB) am sinnvollsten. Dabei ist dann weiter zu beachten, dass das Sparbuch mit einer sog. Mündelsperre versehen werden muss (§§ 1908i Abs. 1 Satz 1, 1809 BGB).

Lösung Frage 4

Wäre Margarete Packzu Vereinsbetreuerin, so wäre sie gemäß §§ 1908i Abs. 2 Satz 2, 1857a, 1852 Abs. 2 BGB von den in §§ 1809, 1810 BGB genannten Beschränkungen befreit. Sie bräuchte dann für die mündelsichere Anlage des restlichen Geldes keine Genehmigung und auch das Sparbuch müsste sie mit keiner Mündelsperre versehen lassen.

Fall 6 – Elvira Förster I

Lösung Frage 1

Vor der endgültigen Entscheidung muss der Betreuungsrichter gemäß § 278 Abs. 1 Satz 1 FamFG Frau Förster anhören und sich einen unmittelbaren Eindruck von ihr verschaffen. Das scheitert im Moment an ihrem Widerstand.

Außerdem muss das Gericht nach § 280 Abs. 1 FamFG vor der Betreuerbestellung ein Gutachten einholen. Der Gutachter muss gemäß § 280 Abs. 2 Satz 1 FamFG Frau Förster persönlich untersuchen. Auch dies scheitert im Moment am Widerstand von Frau Förster.

Lösung Frage 2

Wenn Frau Förster bei ihrer Weigerung bleibt, muss das Gericht ihre zwangsweise Vorführung sowohl vor das Gericht (§ 278 Abs. 5 FamFG) als auch vor den Gutachter (§ 283 FamFG) anordnen. Letztes ist entbehrlich, wenn Frau Förster die Betreuerbestellung selbst beantragt und auf das Gutachten verzichtet (§ 281 Abs. 1 Nr. 1 FamFG). Erstes kann ausnahmsweise unterbleiben, wenn die Vorführung unverhältnismäßig wäre. Dann kann das Gericht nach § 34 Abs. 3 FamFG auch ohne persönliche Anhörung entscheiden, wenn es den Betroffenen hierauf hingewiesen hat. Dafür, dass das der Fall sein könnte, fehlen hier aber Anhaltspunkte.

Lösung Frage 3

Die Bestellung eines Betreuers durch einstweilige Anordnung ist gemäß § 302 Satz 1 FamFG zunächst für höchstens sechs Monate möglich. Nach Anhörung eines Gutachters kann sie durch weitere einstweilige Anordnung auf bis zu ein Jahr verlängert werden (§ 302 Satz 2 FamFG).

Lösung Frage 4

Ein Einwilligungsvorbehalt ist gemäß § 1903 Abs. 1 Satz 1 BGB anzuordnen, wenn dies zur Abwendung einer erheblichen krankheitsbedingten Gefahr für die Person oder das Vermögen des Betreuten erforderlich ist.

Hier kommt nur eine Vermögensgefahr ernsthaft in Betracht. Diese besteht wirklich, da ja schon erhebliche Schulden aufgelaufen sind. Weitere Voraussetzung ist, dass diese Gefahr aus einer krankhaft bedingten Abgabe von unvernünftigen Willenserklärungen herrührt, denn nur für Willenserklärungen kann ein Einwilligungsvorbehalt angeordnet werden. Die Bestellung von neuen Kleidern jede Woche ist hier unvernünftig, da die Kleidung nicht bezahlt werden kann, und sie ist krankheitsbedingt, denn sie beruht auf dem Ausfall der Gedächtnisfunktionen.

Fraglich ist, ob der Einwilligungsvorbehalt zur Abwendung der Gefahr erforderlich ist. Dem könnte entgegenstehen, dass die Betreute im Sinne von § 104 Nr. 2 BGB geschäftsunfähig und die von ihr abgegebenen Willenserklärungen daher ohnehin nach § 105 Abs. 1 BGB nichtig sein könnten.

Frau Förster leidet an einem fast völligen Ausfall des Kurzzeitgedächtnisses. Das ist eine krankhafte Störung der Geistestätigkeit, die die freie Willensbestimmung ausschließt, da das Kurzzeitgedächtnis zur Abwägung des Für und Wider einer Entscheidung notwendig ist. Frau Förster ist daher gemäß § 104 Nr. 2 BGB geschäftsunfähig.

Da dies aber im Einzelfall dem Geschäftspartner gegenüber immer erst bewiesen werden muss, wobei Frau Förster die Gefahr der Nichterweislichkeit trägt, gefährdet sie ihr Vermögen durch die Bestellungen auch dann, wenn diese nichtig sind. Ihre Geschäftsunfähigkeit steht daher der Anordnung eines Einwilligungsvorbehalts nicht entgegen.

Fall 7 – Elvira Förster II

Lösung Frage 1

Die Wohnung des Betreuten darf der Betreuer wegen Art. 13 Abs. 1 GG nicht gegen den Willen oder ohne Wissen des Betroffenen betreten. Da es dabei um den Schutz des Besitzers der Wohnung geht, kommt es dafür auf den natürlichen Willen an. Frau Förster hatte sich mit dem Betreten und Durchsuchen der Wohnung auf Wertsachen einverstanden erklärt. Damit hat Herr Heinzelmann nicht gegen ihren natürlichen Willen und auch nicht ohne ihr Wissen gehandelt. Die Durchsuchung war rechtmäßig.

Auch die Inbesitznahme von Sachen, die der Betreute besitzt, ist nach § 858 Abs. 1 BGB verbotene Eigenmacht, wenn sie gegen seinen natürlichen Willen geschieht. Wenn Frau Förster damit einverstanden war, dass Herr Heinzelmann nach Wertsachen sucht, so schloss das aber die Erlaubnis ein, sie an sich zu nehmen, andernfalls die Suche ja gar keinen Sinn ergeben würde.

Lösung Frage 2

Frau Förster hat den Wunsch geäußert, ihre Ersparnisse unter der Matratze aufzubewahren. Diesen Wunsch musste Herr Heinzelmann beachten, es sei denn, das lief dem Wohl der Betreuten zuwider oder wäre für ihn nicht zumutbar (§ 1901 Abs. 3 Satz 1 BGB).

Nach §§ 1908i Abs. 1 Satz 1, 1806 BGB ist der Betreuer zwar verpflichtet, Geld des Betreuten, das nicht unmittelbar zur Bestreitung von Ausgaben benötigt wird, verzinslich anzulegen. Das gilt aber nur für Geld, das überhaupt seiner Verwaltung unterliegt. Er musste daher zuerst entscheiden, ob er das Geld Frau Förster nicht, ihrem Wunsch folgend, zur Eigenverwaltung überlassen musste. Das kommt bei dieser Summe allerdings nicht in Frage. Wenn Frau Förster davon ausgeht, dass eine solche Menge Bargeld in einer Demenz-WG unter der Matratze ebenso sicher sei wie im eigenen Haus, so verkennt sie krankheitsbedingt ihre Situation. Hinzu kommt, dass sie geschäftsunfähig ist und mit dem Geld wirksame Verträge ohnehin nur in dem durch § 105a BGB bestimmten Umfang abschließen könnte. Da das Geld weder zur Schuldentilgung noch für andere Ausgaben demnächst benötigt wird, ist Herr Heinzelmann nach §§ 1908i Abs. 1 Satz 1, 1806 BGB verpflichtet, es verzinslich anlegen, und zwar in einer der in §§ 1908i Abs. 1 Satz 1, 1807 BGB genannten Formen. Dabei muss er die besonderen Sicherungspflichten aus §§ 1908i Abs. 1 Satz 1, 1809 BGB („Mündelsperre") bzw. §§ 1814 bis 1816 BGB beachten.

Lösung Frage 3

Nachdem es sich ersichtlich um eine wichtige Angelegenheit handelt, muss Herr Heinzelmann sie gemäß § 1901 Abs. 3 Satz 3 BGB mit Frau Förster besprechen.

Da sein Plan auf die endgültige Auflösung der Wohnung von Frau Förster hinausläuft, ist Herr Heinzelmann gemäß § 1907 Abs. 2 Satz 2 BGB verpflichtet, ihn vorab dem Betreuungsgericht anzuzeigen.

Für die Abhebung des Geldes vom Sparbuch könnte eine Genehmigung des Betreuungsgerichts gemäß §§ 1908i Abs. 1 Satz 1, 1812 BGB erforderlich sein.

Ein Sparguthaben ist eine Forderung gegen die Bank. Die Abhebung ist eine Verfügung über die Forderung.[187] Der Vorgang unterfällt daher gemäß §§ 1908i Abs. 1 Satz 1, 1812 Abs. 1 Satz 1 BGB der Genehmigungspflicht durch den Gegenbetreuer. Da ein solcher nicht bestellt ist, ist gemäß §§ 1908i Abs. 1 Satz 1, 1812 Abs. 3 BGB die des Betreuungsgerichts nötig.

Fraglich ist, ob eine der in §§ 1908i Abs. 1 Satz 1, 1813 BGB genannten Ausnahmen greift. Hier ist an und für sich die Ausnahme in §§ 1908i Abs. 1 Satz 1, 1813 Abs. 1 Nr. 3 BGB einschlägig, denn es handelt sich ja um das Geld, das Herr Heinzelmann angelegt hat. Indessen bestimmt § 1813 Abs. 2 Satz 1 i.V.m. § 1908i Abs. 2 Satz 1 BGB, dass diese Ausnahme nicht gilt, wenn bei der Anlegung des Geldes etwas anderes bestimmt worden ist. Nach dem Sachverhalt hat Herr Heinzelmann das Geld „vorschriftsmäßig" angelegt, also auch die durch §§ 1908i Abs. 1 Satz 1, 1809 BGB vorgeschriebene Bestimmung getroffen. Folglich kann er es ohne Genehmigung des Betreuungsgerichts nicht abheben.

Da Herr Heinzelmann Wohnraum vermieten will, wird er am Ende zum Abschluss des Mietvertrags gemäß § 1907 Abs. 3 Alt. 2 BGB wiederum die Genehmigung des Betreuungsgerichts benötigen.

---

187 Aus § 1813 Abs. 1 BGB folgt, dass die Entgegennahme einer geschuldeten Leistung, die der BGH sonst nicht als Verfügung begreift („Theorie der realen Leistungsbewirkung"), hier als eine solche zu verstehen sein muss. Sonst wären die gesamten dort genannten Ausnahmen überflüssig.

Fall 8 – Heinrich Weingarten I

Lösung Frage 1

1. Verkauf der Apotheke

Die Apotheke ist ein dem Betreuten gehörendes Erwerbsgeschäft. Für den Verkauf eines solchen Erwerbsgeschäfts benötigt der Betreuer nach §§ 1908i Abs. 1 Satz 1, 1822 Nr. 3 BGB die Genehmigung des Betreuungsgerichts. Ein Kaufvertrag, der ohne diese Genehmigung geschlossen wird, ist nach §§ 1908i Abs. 1 Satz 1, 1829 Abs. 1 Satz 1 BGB schwebend unwirksam. Er wird – wegen § 184 Abs. 1 BGB rückwirkend – wirksam, wenn das Betreuungsgericht die Genehmigung nachträglich erteilt und der Betreuer dem Käufer mitteilt, dass die Genehmigung erteilt ist. Wird die Genehmigung rechtskräftig abgelehnt, ist der Vertrag nichtig.

Das Gericht wird die Genehmigung erteilen, denn Herr Weingarten kann die Apotheke nicht weiterführen und Herr Funke darf – da er nicht Apotheker ist – eine Apotheke ebenfalls nicht führen (§ 1 Abs. 2, 2 Abs. 1 Nr. 3 ApoG), so dass sie, wenn sie nicht verkauft wird, nur ganz geschlossen werden könnte. Es gibt daher keine wirtschaftlich sinnvollen Alternativen zum Verkauf.

2. Reinvestition des Verkaufserlöses

Den Verkaufserlös soll der Betreuer – wie alles dem Betreuten gehörende Geld – nach §§ 1908i Abs. 1 Satz 1, 1806 BGB verzinslich anlegen. Dabei soll er eine mündelsichere Anlage wählen (§§ 1908i Abs. 1 Satz 1, 1807 BGB).

Schuldverschreibungen des Bundes erfüllen diese Anforderungen (§§ 1908i Abs. 1 Satz 1, 1807 Abs. 1 Nr. 2 BGB). Björn Funke soll dafür nach §§ 1908i Abs. 1 Satz 1, 1810 Satz 2 BGB dennoch eine Genehmigung des Betreuungsgerichts einholen. Da gegen die Anlage nichts spricht, wird das Betreuungsgericht sie erteilen.

Aktien sind dagegen keine verzinslichen Anlagen, denn ein Anspruch auf Dividenden ist nicht festgelegt, sondern ergibt sich erst aus entsprechenden Beschlüssen der Hauptversammlung. Nach §§ 1908i Abs. 1 Satz 1, 1811 Satz 1 BGB kann das Betreuungsgericht dem Betreuer aber auch die andersartige Anlegung von Geld gestatten, wobei sich das – über den Wortlaut hinaus – nicht nur auf die Mündelsicherheit, sondern auch auf die Verzinsung beziehen kann.

Die Gestattung der andersartigen Anlegung darf nach §§ 1908i Abs. 1 Satz 1, 1811 Satz 2 BGB nur verweigert werden, wenn sie den Grundsätzen der Wirtschaftlichkeit zuwiderläuft. Hier kommt es nun auf die Größenordnungen an. Aktien haben gegenüber den mündelsicheren Anlagen den Vorteil der langfristigen Stabilität, da sie weniger anfällig gegen eine schleichende Entwertung durch die Inflation sind. Sie unterliegen aber kurzfristigen hohen Wertschwankungen, was nachteilig ist, wenn plötzlich Liquidität benötigt wird. Wirtschaftlich handelt der Betreuer, wenn er bei größerem Vermögen eine vernünftige Mischung aus verschiedenartigen Anlagen wählt. Das kann hier der Fall sein, wenn der Anteil der Summe, der in Aktien angelegt werden soll, nicht zu groß ist. Außerdem sollte ein Teil des Geldes auch noch als Liquiditätsreserve kurzfristig verfügbar bleiben. Auch wenn der Investitionsplan den Grundsätzen wirtschaftlicher Vermögensverwaltung entspricht, bleibt dem Betreuungsgericht ein Ermessensspielraum zur Entscheidung, ob es genau diesen Plan so genehmigt oder etwas anderes, das es für zweckmäßiger hält, verlangt.

Genehmigungen nach §§ 1810, 1811 BGB haben keine Außenwirkung. Entsprechende Aktien- oder Wertpapierkäufe sind auch wirksam, wenn der Betreuer sie ohne Genehmigung tätigt. Sie sind dann aber formell pflichtwidrig, so dass der Betreuer dem Betreuten einen eventuellen Verlust nach §§ 1908i Abs. 1 Satz 1, 1833 Abs. 1 Satz 1 BGB ersetzen muss.

Lösung Frage 2

Das Betreuungsgericht soll nach § 299 Satz 1 FamFG vor Erteilung einer betreuungsgerichtlichen Genehmigung der genannten Art den Betroffenen persönlich anhören. Hier kommt das allerdings schon wegen der offensichtlichen Anhörungsunfähigkeit des Betroffenen nicht wirklich in Frage (vgl. auch § 34 Abs. 2 Alt. 2 FamFG). Im Unterschied zu § 278 Abs. 1 Satz 1 FamFG ist hier nicht vorgesehen, dass das Gericht sich einen unmittelbaren Eindruck auch von dem nicht anhörungsfähigen Betroffenen verschafft.

Nach § 276 Abs. 1 Satz 1 FamFG muss das Betreuungsgericht Heinrich Weingarten einen Verfahrenspfleger zur Seite stellen, wenn das zur Wahrung seiner Interessen erforderlich ist. Erforderlich ist ein Verfahrenspfleger, wenn seine objektiven Interessen nicht von einem Betreuer ausreichend wahrgenommen werden oder wenn es zur Wahrung seiner Verfahrensrechte notwendig ist[188]. Hier kommt nur Letzteres in Frage, denn der Betreute wird hier in der Sache selbst von einem Betreuer vertreten, der erkennbar keine Eigeninteressen an dem Verkauf hat. Da sich Herr Weingarten zur Sache nicht sinnvoll äußern kann, kann ihm in der Tat ohne einen Verfahrenspfleger kein rechtliches Gehör gewährt werden. Daher ist die Bestellung eines Verfahrenspflegers notwendig.

---

188 BGH BtPrax 2009, 290.

Fall 9 – Heinrich Weingarten II

Lösung Frage 1

Die Schlafanzüge hat Björn Funke erst bestellt, als Heinrich Weingarten schon tot war. Er hat sie im Namen des Betreuten bestellt, der jedoch zu dieser Zeit nicht mehr lebte. Ramona Weingarten würde nach § 164 Abs. 1 BGB auf Erfüllung der Pflichten aus dem Vertrag haften, wenn das Geschäft ihr zugerechnet werden könnte. Das Versandhaus Brunnen könnte dann aus dem Kaufvertrag von ihr den Kaufpreis fordern (§ 433 Abs. 2 BGB).

Nach §§ 1908i Abs. 1 Satz 1, 1893 Abs. 1, 1698a Abs. 1 Satz 1 BGB gilt die Betreuung als fortbestehend, solange der Betreuer noch nicht weiß, dass sie geendet hat und dies auch noch nicht wissen konnte. Björn Funke konnte zu der Zeit, da er die Schlafanzüge bestellte, vom Tod des Heinrich Weingarten noch nichts wissen. Ein Betreuer braucht nicht dafür zu sorgen, dass ihn die Todesnachricht zu jeder Tages- und Nachtzeit auch erreicht.

Diese Fortbestehensfiktion bewirkt, dass Björn Funke Herrn Weingarten trotz dessen Todes noch immer wirksam vertreten konnte, denn insoweit wird auch dessen Weiterleben fingiert. Der Kaufvertrag ist daher noch mit Herrn Weingarten wirksam zustande gekommen. Als dessen Erbin ist Ramona Weingarten gemäß § 1922 BGB in alle vermögensrechtlichen Beziehungen ihres Vaters eingetreten, also auch in den Kaufvertrag. Sie muss die Schlafanzüge – als Nachlassverbindlichkeit i.S.v. § 1967 Abs. 2 Alt. 1 BGB – bezahlen.

Lösung Frage 2

Die Kosten für den Grabstein könnte Björn Funke zunächst unter dem Gesichtspunkt des Aufwendungsersatzes nach §§ 1908i Abs. 1 Satz 1, 1835 Abs. 1 Satz 1 BGB von Ramona Weingarten fordern. Dazu müsste er allerdings als Betreuer des Heinrich Weingarten noch berechtigt gewesen sein, den Grabstein zu bestellen. Hierfür kommt allenfalls §§ 1908i Abs. 1 Satz 1, 1893 Abs. 1, 1698b BGB als Ansatzpunkt in Frage. Es ist aber keine seiner Voraussetzungen gegeben. Die Bestellung eines Grabsteins ist kein unaufschiebbares Geschäft, und Ramona Weingarten war auch schon in der Lage, sich selbst um den Nachlass zu kümmern. Dass sie dies nicht wollte, ändert hieran nichts.

Ramona Weingarten kann aber nach § 1968 BGB zur Übernahme der Bestattungskosten verpflichtet sein. Diese Norm wird als Anspruchsgrundlage zugunsten desjenigen, der die Bestattung tatsächlich durchgeführt hat, betrachtet[189]. Björn Funke hat, soweit er die Kosten getragen hat, einen Anspruch gegen Ramona Weingarten auf Erstattung der Bestattungskosten, wenn sie notwendig und angemessen waren.

Ein Grabstein gehört grundsätzlich zu den gewöhnlichen Aufwendungen für eine angemessene Bestattung[190]. Fraglich kann hier nur sein, ob auch ein Grabstein für 8.000,00 € angemessen war. Hierbei ist die Lebensstellung des Verstorbenen von Bedeutung. Björn Funke war Apotheker und besaß Werte von über 1.000.000,00 €. Unter diesen Umstän-

---

189 Erman/*Horn* § 1968 BGB Rn. 3.
190 OLG Düsseldorf NJW-RR 1995, 1161.

den brauchte er nicht bescheiden bestattet zu werden. Ein Grabstein für 8.000,00 € ist zwar luxuriös, wohl aber doch der Lebensstellung des Verstorbenen angemessen. Ramona Weingarten muss ihn daher bezahlen.

Fall 10 – Charlotta Kindermann

Lösung Frage 1

Damit Frau Spießer zur Erteilung der Einwilligung berechtigt war, musste zunächst einmal die Betreuung wirksam geworden sein. Charlotta Kindermann ist nach § 1908a Satz 1 BGB schon als 17-jährige ein Betreuer bestellt worden. § 1908a Satz 2 BGB bestimmt, dass eine solche Betreuerbestellung mit Eintritt der Volljährigkeit des Betreuten wirksam wird. Der 4. November 2000 war der 18. Geburtstag von Charlotta Kindermann, also der Tag, an dem sie volljährig wurde (§ 2 BGB). Wegen § 187 Abs. 2 Satz 2 BGB ist das um 00:00 Uhr geschehen. Als der Anruf kam, war Frau Spießer daher schon seit drei Stunden ihre Betreuerin.

Die Einwilligung in eine Heilbehandlung wird vom Aufgabenkreis Gesundheitsangelegenheiten umfasst. Der Betreuer kann sie nach § 630d Abs. 1 Satz 2 BGB aber nur erteilen, wenn der Patient nicht einwilligungsfähig ist. Da Charlotta weder den Sinn noch die Gefahren der Operation durchschauen konnte, war sie nicht einwilligungsfähig. Der Betreuer darf dann nach Maßgabe von § 1901a Abs. 2 BGB einwilligen, wenn die Behandlung dem Wunsch des Betreuten entspricht und dessen Wohl ihr nicht entgegensteht. Ein Behandlungswunsch setzt Einwilligungsfähigkeit nicht voraus. Die Einwilligung war daher rechtens.

Es könnte jedoch eine Genehmigung des Betreuungsgerichts nach § 1904 Abs. 1 Satz 1 BGB erforderlich gewesen sein. Der Sachverhalt schildert die Operation als „recht gefährlich", ohne auf die Gefahren näher einzugehen. Indessen ergibt sich aus dem Sachverhalt, dass mit einem Aufschub der Operation große Gefahren verbunden wären, so dass Gefahr im Verzug bestand. Daher war die Genehmigung des Betreuungsgerichts schon nach § 1904 Abs. 1 Satz 2 BGB entbehrlich. Sie war außerdem auch nach § 1904 Abs. 3 BGB entbehrlich, da sich Arzt und Betreuerin darüber einig waren, dass sie damit dem Behandlungswunsch von Charlotta Kindermann entsprachen.

Lösung Frage 2

Hier kam ein Schwangerschaftsabbruch aus medizinischer Indikation (§ 218a Abs. 2 StGB) in Betracht, denn Charlotta drohte für den Fall, dass sie das Kind zur Welt brachte, ein erheblicher gesundheitlicher Schaden in Form der erneuten Verschlimmerung ihrer Psychose. Andere Mittel, diesen Erfolg abzuwenden, sind zumindest nicht ersichtlich. Auch sind während einer Schwangerschaft die Möglichkeiten zur Behandlung einer Psychose stark eingeschränkt.

Der aus medizinischer Indikation vorgenommene Schwangerschaftsabbruch folgt rechtlich keinen anderen Regeln als jeder andere medizinische Heileingriff. Die von Charlotta erteilte Einwilligung war daher nur wirksam, wenn Charlotta einwilligungsfähig war (§ 630d Abs. 1 Satz 1 BGB). Da sie krankheitsbedingt nicht in der Lage ist, vorausschauend planende Entscheidungen zu treffen, war sie das nicht, denn die Abwägung zwischen den Vorteilen und Nachteilen des Eingriffs war ja nur unter planender Vorhersicht der Situation nach der Geburt des Kindes möglich. Frau Spießer konnte die Einwilligung jedoch für

Charlotte erteilen (§ 630d Abs. 1 Satz 2 BGB). Da der Abbruch der Schwangerschaft sowohl Charlottas Wunsch, als auch ihrem Wohl entsprach, durfte sie nach § 1901a Abs. 2 BGB einwilligen.

Eine betreuungsgerichtliche Genehmigung war nicht erforderlich, denn der Abbruch ist für die Schwangere ungefährlich, und die Interessen des ungeborenen Kindes hat der Betreuer nicht zu berücksichtigen.

Lösung Frage 3

1. Materiellrechtliche Voraussetzungen

Die Voraussetzungen, unter denen an einer Betreuten eine Sterilisation durchgeführt werden darf, sind in § 1905 Abs. 1 BGB näher geregelt. Hiervon sind die in § 1905 Abs. 1 Satz 1 Nr. 1 bis 3 BGB genannten Voraussetzungen nicht weiter problematisch. Dass eine Schwangerschaft droht, zeigt sich schon daran, dass bereits eine eingetreten war. Die Einwilligungsunfähigkeit Charlottas wurde bereits oben begründet, und laut Sachverhalt ist eine wesentliche Besserung ihrer Krankheit ausgeschlossen, so dass dies ein Dauerzustand sein dürfte. Über einen etwaigen Widerspruch Charlottas gegen die Sterilisation teilt der Sachverhalt nichts mit.

Die Schwangerschaft, die durch die Sterilisation verhindert werden soll, muss schließlich eine Gefahr für die körperliche oder seelische Gesundheit bedeuten (§ 1905 Abs. 1 Satz 1 Nr. 4 BGB). Hier nennt § 1905 Abs. 1 Satz 2 BGB den Fall, der Charlotta betrifft, als Beispiel: Eine solche Gefahr ist anzunehmen, wenn, wie hier, eine Trennung der Frau von dem Kind notwendig wäre und für die Frau ein „schweres und nachhaltiges Leid" mit sich brächte. Dies ist im Fall von Charlotta so.

Außerdem droht von einem solchen seelischen Trauma die weitere Verschlimmerung ihrer Psychose, was ebenfalls als schwerwiegende gesundheitliche Beeinträchtigung i.S.v. § 1905 Abs. 1 Satz 1 Nr. 4 BGB gelten kann.

Problematisch ist, ob die Schwangerschaft auf andere zumutbare Weise verhütet werden kann (§ 1905 Abs. 1 Satz 1 Nr. 5 BGB), denn zur regelmäßigen Einnahme von Kontrazeptiva ist Charlotta nach der Schilderung nicht fähig. Noch weniger ist ihr die Anwendung von Verhütungsmethoden zuzutrauen, an die in der jeweiligen Situation gedacht werden muss. Das Legen einer Spirale ist zu gefährlich, wenn die Frau – wie hier – psychisch nicht in der Lage ist, Symptome, die auf eine Entzündung hinweisen, richtig zu deuten.

Denkbar hingegen wäre die Anwendung eines Etonogestrel-Implantats. Diese Verhütungsmethode ist zum einen sowohl hinsichtlich ihrer Zuverlässigkeit als auch in Bezug auf die Nebenwirkungen mit der „Anti-Baby-Pille" vergleichbar. Zum anderen ist die Anwendung relativ unproblematisch, da lediglich ein hormonhaltiges Stäbchen in den Unterarm implantiert und nach zwei bis drei Jahren erneuert werden muss. Der Rückgriff auf das Implantat trägt darüber hinaus dem Umstand Rechnung, dass Charlotta grundsätzlich gerne ein Kind haben möchte und der Krankheitsverlauf trotz der ungünstigen Prognose nicht abschließend beurteilt werden kann.

Da sich aus dem Sachverhalt kein Hinweis darauf ergibt, dass diese Methode ausscheiden würde, liegen die materiellrechtlichen Voraussetzungen für die Sterilisation nicht vor.

2. Entscheidungen des Betreuungsgerichts

Das Betreuungsgericht müsste vor einer eventuellen Sterilisation zunächst einen zweiten Betreuer mit dem Aufgabenkreis „Einwilligung in die Sterilisation" bestellen, denn nach § 1899 Abs. 2 BGB ist hierfür stets ein besonderer Betreuer notwendig.

Zusätzlich benötigte dieser Betreuer dann nach § 1905 Abs. 2 Satz 1 BGB die Genehmigung des Betreuungsgerichts, um in die Sterilisation einwilligen zu können.

Fall 11 – Larissa Schumacher

Lösung Frage 1

Da das Anhalten und Öffnen der Post nicht ausdrücklich zu den Aufgabenkreisen gehört, die Tanja zugewiesen sind, darf sie es gemäß § 1896 Abs. 4 BGB nicht tun. Nach § 1901 Abs. 5 Satz 2 BGB muss sie zunächst beim Betreuungsgericht die entsprechende Erweiterung ihres Aufgabenkreises anregen.

Lösung Frage 2

Da Tanja das Aufenthaltsbestimmungsrecht für Larissa hat, kann sie gemäß §§ 1908i Abs. 1 Satz 1, 1632 Abs. 1 BGB von Elfriede und Franz die Larissas Herausgabe fordern. Wenn Franz und Elfriede hierzu nicht freiwillig bereit sind, kann Tanja gemäß §§ 1908i Abs. 1 Satz 1, 1632 Abs. 3 BGB das Betreuungsgericht anrufen, das wiederum eine von ihm erlassene Herausgabeanordnung mit Ordnungsmitteln nach § 89 FamFG durchzusetzen versuchen oder nach § 90 FamFG die Anwendung von unmittelbarem Zwang gegen Elfriede und Franz anordnen kann.

Lösung Frage 3

Die Anwendung von Gewalt gegen den Betreuten erfordert eine gesetzliche Ermächtigungsgrundlage. Eine solche existiert zugunsten des Betreuers nicht. Wenn es Tanja nicht gelingt, ihre Schwester irgendwie – z.B. unter einem Vorwand – aus der Wohnung zu locken, ist sie auf die Unterstützung anderer Stellen angewiesen. Im vorliegenden Falle gibt es im Wesentlichen zwei Möglichkeiten:

Wenn sich ihre Schwester in akuter Gefahr befindet, kann sie versuchen, die Polizei dazu zu bewegen, dass diese sie aus eigener Zuständigkeit aus der Wohnung herausholt und als hilflose Person in Gewahrsam nimmt (vgl. z.B § 28 Abs. 1 Nr. 2 b BW-PolG).

Wenn eine Herausgabeanordnung gegen Elfriede und Franz existiert, kann das Gericht die Anwendung unmittelbaren Zwangs auch gegen die herauszugebende Person – hier also Larissa – anordnen. Dies folgt aus § 90 Abs. 2 FamFG. Obwohl die dort für Kinder genannten Einschränkungen für Erwachsene nicht gelten, setzt eine solche Anordnung dennoch die strikte Beachtung des Verhältnismäßigkeitsprinzips voraus.[191] Sie dürfte hier nur in Frage kommen, wenn andernfalls die begründete Gefahr besteht, dass Larissa durch fortgesetzten sexuellen Missbrauch erhebliche Schäden erleidet.

Lösung Frage 4

Nach § 1908b Abs. 2 BGB kann der Betreuer seine Entlassung verlangen, wenn ihm die Weiterführung der Betreuung aufgrund eines nachträglich eingetretenen Umstands nicht mehr zugemutet werden kann. Das ist hier der Fall. Als Tanja die Betreuung übernahm, konnte sie noch nicht ahnen, dass sie diese in Konfrontation zu ihrer eigenen Mutter würde führen müssen. Das nunmehr notwendige Vorgehen gegen die Mutter ist geeignet,

---

191 Bahrenfuss/*Hentschel* § 90 FamFG Rn. 12.

Tanja in Loyalitätskonflikte zu stürzen, die ihr nicht gegen ihren Willen zugemutet werden dürfen.

Durch §§ 1908i Abs. 1 Satz 1, 1795 Abs. 1 Nr. 3 BGB wird das Problem nicht gelöst, denn das Herausgabeverfahren des §§ 1908i Abs. 1 Satz 1, 1632 Abs. 3 BGB ist überhaupt kein Fall der gesetzlichen Vertretung des Betreuten. Der Betreuer macht mit seinem Antrag vielmehr einen *eigenen* Anspruch geltend.

Lösung Frage 5

Da Tanja für „alle persönlichen Angelegenheiten" zuständig ist, bestimmt sie gemäß §§ 1908i Abs. 1 Satz 1, 1632 Abs. 2 BGB auch den Umgang von Larissa. Sie hat daher das Recht, Franz den Umgang mit Larissa zu verbieten. Falls sich Franz nicht an das Verbot hält, kann sie auch insoweit gemäß §§ 1908i Abs. 1 Satz 1, 1632 Abs. 3 BGB das Betreuungsgericht gegen ihn anrufen. Ein gerichtliches Umgangsverbot kann dann wieder mit den Ordnungsmitteln des § 89 FamFG vollstreckt werden.

Lösung Frage 6

Die Stellung des Betreuers in einem Strafverfahren ist nur für den Strafantrag besonders geregelt. Das ist hier nicht wichtig, denn Antragsdelikte kommen nicht in Betracht.

Im Übrigen folgt die Vertretung des Opfers den allgemeinen Regeln. Die Straftat betrifft den Bereich der sexuellen Selbstbestimmung und gehört damit zu den persönlichen Angelegenheiten. Die Bestimmung über die eigene Sexualität gehört eigentlich zu den höchstpersönlichen Angelegenheiten, die der Übertragung auf einen Betreuer unzugänglich sind. Das kann aber für den Schutz vor sexuellen Übergriffen nicht gelten, andernfalls die besonders schutzbedürftigen, nämlich diejenigen Betreuten, die in diesem Bereich zur Selbstbestimmung nicht mehr in der Lage sind, schutzlos blieben. Der Betreuung unzugänglich ist folglich nur die positive Seite des sexuellen Selbstbestimmungsrechtes (die Einwilligung in sexuelle Handlungen), nicht aber die negative (die Abwehr sexueller Übergriffe), die hier betroffen ist. Tanja Schumacher kann ihre Schwester nach § 1902 BGB in dem Strafverfahren vertreten.

Fall 12 – Alma Maier

Lösung Frage 1

Die Entlassung eines Betreuers auf eigenen Antrag ist in § 1908b Abs. 2 BGB geregelt. Das Betreuungsgericht musste Isa Konopka entlassen, wenn ihr die Betreuung nicht mehr zugemutet werden konnte, was wohl wegen des dritten Kindes der Fall war. Dass das Gericht zugleich einen neuen Betreuer bestellen musste, ergibt sich aus § 1908c BGB.

Lösung Frage 2

Da sie entlassen worden war, musste Isa Konopka nach §§ 1908i Abs. 1 Satz 1, 1890 Satz 1 BGB alles herausgeben, was Alma Maier gehörte – also auch ihre Unterlagen – und über die Betreuung Rechnung legen. Das bedeutet, dass sie eine geordnete Übersicht aller Einnahmen und Ausgaben zu erstellen hatte (§ 259 Abs. 1 BGB). Hierfür war Martin Orland – als neuer gesetzlicher Vertreter von Alma Maier – der richtige Empfänger.

Lösung Frage 3

1. Unterbringung

Durch die Unterbringung von Alma in der Psychiatrie könnte sich Isa Konopka sowohl nach § 823 Abs. 1 BGB als auch nach §§ 1908i Abs. 1 Satz 1, 1833 Abs. 1 Satz 1 BGB schadensersatzpflichtig gemacht haben. Die geschlossene Unterbringung verletzt die Freiheit des Untergebrachten, die Zuführung von Medikamenten die körperliche Integrität. Beides gehört zu den in § 823 Abs. 1 BGB ausdrücklich erwähnten Rechtsgütern. Isa Konopka müsste, um sich schadensersatzpflichtig gemacht zu haben, allerdings rechtswidrig und schuldhaft gehandelt haben.

Rechtswidrig konnte die Unterbringung deshalb sein, weil Alma Maier der notwendige Aufgabenkreis gefehlt hat. Zwar war ihr die Aufenthaltsbestimmung übertragen und die Genehmigung für die Unterbringung auch erteilt worden. Die Unterbringung sollte aber zu dem Zweck der Durchführung einer medizinischen Behandlung erfolgen. Die Behandlung ihrerseits war zudem rechtswidrig, weil Alma Maier mangels Einwilligungsfähigkeit nicht wirksam in sie einwilligen konnte und Isa Konopka den dafür erforderlichen Aufgabenkreis „Gesundheitsfürsorge" nicht hatte, also auch nicht im Namen von Alma Maier einwilligen konnte. Da eine rechtmäßige Behandlung mithin nicht durchgeführt werden konnte, stand fest, dass das Ziel der Unterbringung mit rechtmäßigen Mitteln nicht erreichbar war. Unter diesen Umständen durfte auch die Unterbringung nicht durchgeführt werden, da sie dann nicht dem Wohl der Betreuten diente. Hieran ändert auch die gerichtliche Genehmigung der Unterbringung nichts, denn auch die genehmigte Unterbringung darf der Betreuer nur durchführen, wenn und soweit sie zum Wohl des Betreuten erforderlich ist.

Dass ihr der notwendige Aufgabenkreis für die Einwilligung in eine Behandlung fehlte, hätte Isa Konopka leicht erkennen können. Sie hat daher zumindest fahrlässig – und somit schuldhaft – gehandelt.

Da die Unterbringung rechtswidrig war, war sie zugleich auch pflichtwidrig im Sinne von §§ 1908i Abs. 1 Satz 1, 1833 BGB. Das auch für diese Vorschrift erforderliche Verschulden ist oben schon geprüft worden.

Isa Konopka schuldet also aus beiden rechtlichen Gesichtspunkten Schadensersatz. Da die Freiheit und die körperliche Integrität von Alma Maier verletzt worden sind, umfasst der Anspruch nach § 253 Abs. 2 BGB auch eine billige Entschädigung für den Schaden, der nicht Vermögensschaden ist. Folglich muss Isa Konopka für den erlittenen Freiheitsentzug „Schmerzensgeld" leisten. 2.000,00 € dürften nicht überzogen sein.

2. Zerstörung des Zauns

Da Alma Maier den Zaun des Nachbarn Nachmann „im Zustand völliger Verwirrtheit" zerstörte, war sie nach § 827 Satz 1 BGB für diesen Schaden nicht verantwortlich. Aus ihrem Vermögen durfte Isa Konopka daher auf keinen Fall Schadensersatz leisten.

Möglicherweise war Isa Konopka dem Herrn Nachman gegenüber aber aus § 832 Abs. 1 Satz 1 BGB selbst schadensersatzpflichtig. Dazu müsste sie zur Aufsicht über ihre Schwester verpflichtet gewesen sein. Ob und unter welchen Voraussetzungen der Betreuer zur Aufsicht über den Betreuten verpflichtet sein kann, ist umstritten. Aus § 832 Abs. 1 Satz 1 BGB folgt jedoch, dass dies grundsätzlich möglich sein muss, denn sonst würde die Norm nur Minderjährige erwähnen. Fraglich kann folglich nur sein, welcher Aufgabenkreis eingerichtet sein muss, damit die Aufsichtspflicht entsteht. Wenn – wie hier – ausdrücklich der Aufgabenkreis „Beaufsichtigung der Betreuten" eingerichtet ist, ist das allerdings keine Frage mehr. Isa Konopka war dadurch zur Beaufsichtigung ihrer Schwester verpflichtet.

Ihre Schadensersatzpflicht würde nach § 832 Abs. 1 Satz 2 BGB entfallen, wenn sie ihre Schwester ausreichend beaufsichtigt hätte. Das ist aber nicht der Fall. Denn sie hätte dazu auf keinen Fall so viel trinken dürfen, dass sie gar nicht mehr mitbekam, wie es ihrer Schwester ging und was sie tat. Sie wäre auch frei, wenn der Schaden bei gehöriger Aufsicht ebenfalls entstanden wäre. Das lässt sich aber hier nicht mit ausreichender Sicherheit feststellen.

Isa Konopka hätte den Schaden des Herrn Nachmann folglich aus eigener Tasche begleichen müssen. Dass sie ihn mit Alma Maiers Mitteln beglichen hat, war pflichtwidrig, so dass sie ihrer Schwester den Betrag nach §§ 1908i Abs. 1 Satz 1, 1833 Abs. 1 Satz 1 BGB erstatten muss.

3. Geltendmachung der Ansprüche

Die Erhebung von Forderungen von über 2.000,00 € gegen die eigene Schwester stellt eine aus Sicht der Betreuten wichtige Angelegenheit dar. Martin Orland musste daher, bevor er solche Forderungen geltend macht, nach § 1901 Abs. 3 Satz 3 BGB mit Alma Maier darüber sprechen.

Im Übrigen ist er auch bei der Geltendmachung von Forderungen an § 1901 Abs. 2 und 3 BGB gebunden. Er darf nach § 1901 Abs. 3 Satz 1 BGB von Isa Konopka nichts verlangen, wenn Alma Maier dies nicht möchte und sie auf das Geld auch nicht angewiesen ist. Selbst wenn Alma Maier dazu keine expliziten Wünsche haben sollte, muss Martin Orland nach § 1901 Abs. 2 BGB zum Wohl von Alma Maier entscheiden. Dabei ist nicht allein der finanzielle Vor- oder Nachteil ausschlaggebend. Es könnte eventuell zu ihrem Wohl auch erforderlich sein, auf die Durchsetzung der Forderungen zu verzichten, um das familiäre Verhältnis nicht zu belasten. All das kann freilich nicht entschieden werden, solange Martin Orland nicht wenigstens seiner Besprechungspflicht aus § 1901 Abs. 3 Satz 3 BGB nachkommt.

Fall 13 – Friederike Dauner

Lösung Frage 1

1. Unterbringung nach Betreuungsrecht

Das Betreuungsgericht kann in einer Situation, in der ein Betreuer erforderlich, aber noch nicht bestellt ist, eine dringend erforderliche Maßnahme nach §§ 1908i Abs. 1 Satz 1, 1846 BGB an Stelle des Betreuers anordnen. Das gilt, wie sich aus § 334 FamFG ergibt, grundsätzlich auch für die freiheitsentziehende Unterbringung des Betroffenen. Allerdings gelten hierfür dieselben Bestimmungen, die auch für eine Genehmigung der Unterbringung durch einstweilige Anordnung gelten würden.

Das bedeutet in **materieller** Hinsicht, dass nach §§ 334, 331 Satz 1 Nr. 1 FamFG dringende Gründe für die Annahme sprechen müssen, dass

- ein Betreuer bestellt werden,

- dieser eine Unterbringung veranlassen und

- ihm die Unterbringung genehmigt werden wird.

Es muss überwiegend wahrscheinlich sein, dass sowohl die Voraussetzungen des § 1896 Abs. 1 bis 2 BGB für die Betreuerbestellung als auch diejenigen des § 1906 Abs. 1 BGB für die Genehmigung einer Unterbringung vorliegen.

Frau Dauner konnte aufgrund ihrer Erkrankung die Notwendigkeit einer medizinischen Behandlung nicht einsehen. Ihre Krankheit blieb deshalb unbehandelt, obwohl ein dringender Behandlungsbedarf bestand. Frau Dauner war folglich außerstande, zumindest eine ihrer regelungsbedürftigen Angelegenheiten zweckgerecht zu besorgen, so dass die Voraussetzungen des § 1896 Abs. 1 Satz 1, Abs. 2 Satz 1 BGB für eine Betreuerbestellung vorlagen.

Die Unterbringung von Frau Dauner könnte nach § 1906 Abs. 1 Nr. 2 BGB zu genehmigen gewesen sein.

Dazu müsste Frau Dauner zunächst an einer **psychischen Krankheit** gelitten haben. Das war laut Sachverhalt so.

Es müsste außerdem eine medizinische Behandlung notwendig sein, die ohne die Unterbringung **nicht durchführbar** ist. Da Frau Dauner ihre Behandlungsbedürftigkeit nicht einsah, gab es keine Möglichkeit, sie ambulant zu behandeln. Wenn überhaupt, konnte sie nur stationär behandelt werden. Weil sie andererseits von überall die Flucht vor den „Dämonen" ergriff, war zu erwarten, dass die Behandlung nicht in einer offenen Station möglich sein würde.

Frau Dauner müsste drittens aufgrund ihrer psychischen Krankheit außerstande gewesen sein, die Notwendigkeit der stationären Behandlung **einzusehen**. Auch das war nach dem Sachverhalt so.

Außerdem musste die Unterbringung mit Blick auf die Beeinträchtigung, die die Erkrankung bedeutet, **verhältnismäßig**, also geeignet, erforderlich und angemessen gewesen sein.

Die Unterbringung zur Behandlung ist allerdings nicht allein deshalb eine ungeeignete Maßnahme, weil der Patient einer Behandlung zunächst nicht zustimmt. Sie kann auch zu dem Zweck erfolgen, ihn dazu zu bewegen, dass er sich freiwillig behandeln lässt.[192] Das ist auch mit Blick auf § 1906a Abs. 1 Nr. 4 BGB wichtig, denn danach kann eine Zwangsbehandlung ihrerseits erst genehmigt werden, wenn zuvor versucht wurde, den Patienten ernsthaft, mit dem nötigen Zeitaufwand und ohne Ausübung unzulässigen Drucks von der Notwendigkeit der ärztlichen Zwangsmaßnahme zu überzeugen. Tatsächlich ist es hier ja schließlich auch gelungen, Frau Dauner von der Notwendigkeit der Behandlung zu überzeugen.

Die Unterbringung war angemessen, wenn die mit ihr verbundene Belastung weniger schwer wiegt als die Belastungen, denen Frau Dauner ohne Behandlung ausgesetzt war. Die Folgen einer unterlassenen Behandlung hätten sich hier nicht allein auf das Fortbestehen der Halluzinationen beschränkt. Frau Dauner war durch ihre Krankheit zusätzlichen Gefahren ausgesetzt. Für eine Frau ihres Alters ist es gefährlich, in der Großstadt im Freien zu übernachten. Dabei handelte es sich auch nicht etwa um eine Gefahr, für die sie sich freiwillig entschieden hatte, was respektiert werden müsste. Hätte sie sich nicht krankheitsbedingt von Dämonen vertrieben gewähnt, hätte sie mit Sicherheit die Übernachtung in ihrer Wohnung vorgezogen. Diese Gefahren wiegen schwerer als der zeitweilige Freiheitsentzug.

Demzufolge lagen auch die Voraussetzungen für eine Genehmigung der Unterbringung nach § 1906 Abs. 1 Nr. 2 BGB vor.

Die Anordnung setzt außerdem ein besonderes **Eilbedürfnis** voraus, nämlich ein dringendes Bedürfnis für das sofortige Tätigwerden (§§ 334, 331 Satz 1 Nr. 1, FamFG). Maßnahmen, die aufgeschoben werden können, bis ein Betreuer bestellt ist, dürfen nicht angeordnet werden. Das ist hier problematisch. Nimmt man aber an, dass Frau Dauner täglich in der Gefahr stand, erneut im Freien zu übernachten, wird man auch das Eilbedürfnis bejahen können.

Gemäß § 334 FamFG sind auch die sich aus § 331 bis 333 FamFG ergebenden Verfahrensvorschriften einzuhalten. Das Betreuungsgericht musste also

- einen **Verfahrenspfleger** bestellen (§ 331 Satz 1 Nr. 3 FamFG),
- Frau Dauner **persönlich anhören** (§ 331 Satz 1 Nr. 4 FamFG).

Wenn das Gericht davon ausging, dass die Entscheidung nicht bis zur Bestellung eines Betreuers aufgeschoben werden konnte, musste es allerdings unterstellen, dass auch für diese Maßnahmen keine Zeit blieb. Es bestand dann Gefahr im Verzug, so dass es sie zunächst unterlassen und später nachholen konnte (§ 332 FamFG).

---

192 BGH BtPrax 2012, 253.

Das nach § 331 Satz 1 Nr. 2 FamFG zwingend vorgeschriebene **ärztliche Attest** hat laut Sachverhalt schon vorgelegen.

Auch die **Höchstfrist** von sechs Wochen aus § 333 Satz 1 FamFG hat das Gericht eingehalten.

2. Unterbringung nach öffentlichem Recht

In Frage kam auch die geschlossene Unterbringung nach § 13 Abs. 1 PsychKHG-BaWü. Auch hierfür ist nach § 312 Nr. 3 FamFG das Betreuungsgericht zuständig.

Die **materiellrechtlichen Voraussetzungen** lagen vor. Frau Dauner war psychisch krank i.S.v. § 1 Nr. 1 PsychKHG-BaWü, und weil durch die Übernachtungen im Freien ihre Gesundheit *erheblich* gefährdet war, war sie auch unterbringungsbedürftig i.S.v. § 13 Abs. 3 UBG-BaWü. *Gegenwärtig* braucht die Gefahr in Baden-Württemberg nur bei Fremdgefährdung zu sein.

Es fehlte jedoch an der **formellen Voraussetzung** des schriftlichen Antrags der unteren Verwaltungsbehörde, der nach § 15 Abs. 1 UBG-BaWü auch schon für eine einstweilige Anordnung nach § 331 FamFG zwingend erforderlich ist.

Lösung Frage 2

Frau Dauner hat 8.000,00 € aufgrund eines Dienstvertrags an den Schwarzmagier bezahlt. Sie kann das Geld gemäß § 812 Abs. 1 Satz 1 Alt. 1 BGB zurückverlangen, wenn dieser Vertrag nichtig ist.

Als Nichtigkeitsgrund kommt § 105 Abs. 1 BGB in Frage. Frau Dauner müsste dann bei Vertragsschluss geschäftsunfähig i.S.v. § 104 Nr. 2 BGB gewesen sein. Sie litt jedenfalls an einer psychischen Krankheit mit Wahnvorstellungen. Die Wahnvorstellungen waren von solchem Gewicht, dass sie ihr Handeln bestimmten. Soweit sie ihr Handeln beeinflussten, befand sie sich demnach in einem Zustand, der ihre freie Willensbestimmung ausschloss. Das gilt auch, wenn sie in anderen Bereichen ihres Denkens zur freien Willensbestimmung in der Lage war (partielle Geschäftsunfähigkeit). Da es bei dem Vertrag um die Bekämpfung der eingebildeten „Dämonen" ging, war sie zumindest hierfür nicht geschäftsfähig. Der Vertrag ist also nach §§ 105 Abs. 1, 104 Nr. 2 BGB nichtig. Eine ausnahmsweise Wirksamkeit nach § 105a Satz 1 BGB scheitert schon daran, dass die Angelegenheit angesichts des Honorars in Höhe von 8.000,00 € nicht geringfügig war.

Herr Pohl vertritt Frau Dauner nach § 1902 BGB „im Rahmen seiner Aufgabenkreise". Als Aufgabenkreise sind ihm die Gesundheitsfürsorge und die Aufenthaltsbestimmung übertragen. Zu diesen Aufgabenkreisen gehört die Geltendmachung von Rückforderungsansprüchen wegen Erfüllung nichtiger Verträge nicht. Daher kann Herr Pohl Frau Dauner nicht vertreten.

Da auch Frau Dauner – wegen Prozessunfähigkeit – keine Klage gegen den Schwarzmagier einreichen kann, sollte Herr Pohl die Erweiterung seiner Aufgabenkreise auch auf „Vermögensangelegenheiten" anregen (§ 1901 Abs. 5 Satz 2 BGB).

Fall 14 – Miriam Stephans

Lösung Frage 1

Die Vergabe von Medikamenten stellt eine Körperverletzung dar, die der Rechtfertigung bedarf. Gerechtfertigt sein kann sie durch die Einwilligung des umfassend aufgeklärten Patienten (§ 630d Abs. 1 Satz 1 und Abs. 2 Satz 1 i.V.m. § 630e BGB). Der Patient muss außerdem einwilligungsfähig sein, andernfalls muss die Einwilligung durch einen „hierzu Berechtigten" erklärt werden (§ 630d Abs. 1 Satz 2 BGB).

Die Einwilligungsfähigkeit von Miriam Stephans steht hier in Frage, denn sie leidet an einer Psychose mit Wahnvorstellungen. Sie ist einwilligungsunfähig, soweit der Wahn ihre Entscheidungen maßgeblich beeinflusst. Hier ist zu bedenken, dass sie unter anderem in dem Wahn lebt, nicht krank zu sein. Sie vermag ihre Wahnkrankheit als solche nicht zu erkennen. Es fehlt an der Einsichtsfähigkeit in die Notwendigkeit der Behandlung. Ihre Einwilligung in die Medikamentengabe rechtfertigt die Behandlung daher nicht.

Der Arzt benötigte daher eine Einwilligung von Irma Möllers als gesetzlicher Vertreterin der Patientin im Bereich der „Gesundheitsfürsorge".

Lösung Frage 2

Die Aufnahme in die geschlossene Psychiatrie bedurfte einer gerichtlichen Genehmigung nach § 1906 Abs. 2 Satz 1 BGB, wenn Miriam Stephans dort die Freiheit entzogen werden sollte. Hier ist die körperliche Bewegungsfreiheit gemeint, das ist die Freiheit, den augenblicklichen Aufenthaltsort zu verlassen, wenn man dies wünscht. Maßgeblich ist dabei der rein tatsächliche Fortbewegungswille, es ist nicht entscheidend, ob der Patient zur Frage seines Aufenthaltsortes einsichts- und steuerungsfähig ist.

Solange Miriam Stephans mit ihrer Aufnahme in die geschlossene Psychiatrie einverstanden war, hatte sie keinen Fortbewegungswillen, sondern sie *wollte* sich dort aufhalten. Ihr Aufenthalt bedurfte folglich auch keiner gerichtlichen Genehmigung. Es gilt hier spiegelbildlich: Das von dem rein tatsächlichen Willen des Patienten getragene Einverständnis mit der geschlossenen Unterbringung (sog. Selbstunterbringung) schließt die Freiheitsentziehung begrifflich aus, so dass eine Genehmigung nach § 1906 Abs. 2 Satz 1 BGB nicht erforderlich ist.

Lösung Frage 3

Nachdem Miriam Stephans am 26. Februar 2018 anderen Sinnes geworden war, fehlte ihr Einverständnis mit der geschlossenen Unterbringung. Sie hatte nun den natürlichen Willen, die Klinik zu verlassen, und wurde daran gehindert. Ab jetzt lag daher eine Freiheitsentziehung vor.

Nach § 1906 Abs. 2 Satz 1 BGB darf der Betreuer eine freiheitsentziehende Unterbringung grundsätzlich nur mit Genehmigung des Betreuungsgerichts veranlassen. Davon macht § 1906 Abs. 2 Satz 2 BGB jedoch eine Ausnahme: Besteht Gefahr im Verzug, kann er sie zunächst ohne Genehmigung veranlassen und muss dies dann unverzüglich nachträglich genehmigen lassen. Gefahr im Verzug besteht, wenn eine gerichtliche Entscheidung nicht ohne zusätzliche erhebliche Gefährdung der Betreuten abgewartet werden kann. Das ist nach dem Sachverhalt hier anzunehmen, denn Miriam Stephans befand sich in einem hochgradig eigengefährdenden Zustand, wenn sie es sogar in der geschlossenen Psychiatrie schaffte, ihr Bett in Brand zu setzen. Sie durfte daher auf Veranlassung ihrer Betreuerin zunächst festgehalten werden. Irma Möllers hat wieder korrekterweise noch am selben Tag die nachträgliche Genehmigung der freiheitsentziehenden Unterbringung beantragt. Hierbei bedarf auch die Fixierung einer – zusätzlichen – Genehmigung, soll sie fortgesetzt werden.

Lösung Frage 4

Das Gericht wird die Unterbringung genehmigen, wenn die Voraussetzungen des § 1906 Abs. 1 BGB vorliegen.

In Frage kommt hier eine Unterbringung wegen Eigengefährdung nach § 1906 Abs. 1 Nr. 1 BGB oder zur Behandlung nach § 1906 Abs. 1 Nr. 2 BGB. Die psychische Krankheit hat durch die Art und Weise, wie Miriam Stephans mit ihren Halluzinationen umgeht, eine erhebliche Gefährdung von Leben und Gesundheit zur Folge. Auch wenn nicht klar ist, ob sie den Wohnungsbrand ausgelöst hat, so folgt doch schon aus den vielen Brandflecken in ihrer Wohnung und den Brandwunden an ihrem Körper, dass sie sich einer hohen Gefahr der Selbstverbrennung aussetzt. Möglichkeiten, diese Gefahr ohne Unterbringung abzuwenden, sind nicht ersichtlich. Für die Abwendung einer Brandgefahr ist die Unterbringung in jedem Falle auch verhältnismäßig.

Durch eine Behandlung mit Psychopharmaka besteht nach dem Sachverhalt die Aussicht, die Halluzinationen erheblich abzumildern. Miriam Stephans ist nicht in der Lage, dies einzusehen. Da sich Miriam Stephans ambulant nicht behandeln lassen wird, ist die Unterbringung für die Durchführung der Behandlung auch erforderlich. Da Frau Stephans jede Behandlung ablehnt, müssten hierfür die Voraussetzungen des § 1906a Abs. 1 BGB für eine Zwangsbehandlung vorliegen. Auch die muss vom Betreuungsgericht genehmigt werden (§ 1906a Abs. 2 BGB).

Vorrangig muss dann aber erst nach § 1906a Abs. 1 Satz 1 Nr. 4 versucht werden, Miriam Stephans ohne Ausübung unzulässigen Drucks davon zu überzeugen, die Medikamente zu nehmen. Lässt sie sich überzeugen, liegt keine Zwangsbehandlung vor, die genehmigt werden müsste.

Andernfalls sind die Voraussetzungen von § 1906a Abs. 1 Nr. 1 bis 4 BGB unproblematisch gegeben. Fraglich ist, ob der gesundheitliche Schaden nicht durch ein milderes Mittel abgewendet werden kann (§ 1906a Abs. 1 Nr. 5 BGB). Eine Unterbringung nach § 1906 Abs. 1 Nr. 1 mit einer konstanten Überwachung der Patientin ohne Medikation könnte ein solches milderes Mittel darstellen. Allerdings wird die Unterbringung aller Voraussicht nach nur in absehbarer Zeit beendet werden können, wenn die Behandlung der Psychose gelingt. Außerdem zeigt der bisherige Verlauf der Unterbringung, dass Miriam Stephans zumindest zeitweise womöglich zusätzlich fixiert werden müsste, um die Brandgefahren sicher abzuwenden. Die Behandlung bietet andererseits gute Aussichten, die Symptome soweit abzumildern, dass Frau Stephans wieder in Freiheit leben kann. Unter diesen Umständen ist die Dauerunterbringung kein milderes Mittel zur Gefahrenabwehr. Bei den gegebenen guten Erfolgsaussichten überwiegt der Nutzen der Zwangsbehandlung auch die Beeinträchtigungen, denen Frau Stephans durch sie ausgesetzt ist, deutlich (§ 1906a Abs. 1 Nr. 6 BGB).

Lösung Frage 5

Irma Möllers könnte im Namen von Miriam Stephans die Rechnungen bei der privaten Krankenkasse einreichen und sie dann von den Erstattungsbeträgen zahlen, wenn das von ihrem Aufgabenkreis umfasst wäre. Es stellt sich hier die Frage, wie weit der Aufgabenkreis der „Gesundheitsfürsorge" reicht, genauer, ob er auch die Erledigung der mit der Gesundheit in Zusammenhang stehenden finanziellen Geschäfte umfasst.

Dies ist durch Auslegung des Beschlusses festzustellen. Danach liegt es zwar nahe, die mit der Gesundheitsfürsorge unmittelbar zusammenhängenden Rechtsgeschäfte – also den Abschluss des Behandlungs- und Krankenhausvertrags – von dem Aufgabenkreis als umfasst anzusehen, jedoch ist das für die den Vermögensgeschäften zuzurechnenden Folgegeschäfte – wie z.B. die Abrechnung mit der Versicherung – eher nicht anzunehmen.

Es zeigt sich hier folglich, dass eine Erweiterung des Aufgabenkreises (z.B. auf „Geltendmachung, Entgegennahme und zweckentsprechende Verwendung von Versicherungsleistungen") nach § 1908d Abs. 3 BGB erforderlich ist. Irma Möllers ist verpflichtet, dies dem Betreuungsgericht mitzuteilen (§ 1901 Abs. 5 Satz 2 BGB).

Fall 15 – Martha Schneider

Lösung Frage 1

Ob Frau Kurtz die Wohnung von Frau Schneider vermieten darf, hängt zunächst einmal davon ob, ob sie überhaupt wirksam zur Betreuerin bestellt wurde. Sie ist zur Vereinsbetreuerin bestellt worden, was nach § 1897 Abs. 2 Satz 1 BGB voraussetzt, dass sie Mitarbeiterin eines anerkannten Betreuungsvereins ist. „Mitarbeiter" ist nur, wer in einem Arbeitsverhältnis zum Betreuungsverein steht. Diese Voraussetzung erfüllt Frau Schneider nicht.

Es fragt sich, ob dieser Fehler ihre Bestellung unwirksam macht. Für Gerichtsentscheidungen gilt, dass sie grundsätzlich auch wirksam sind, wenn sie unrichtig sind. Fehler müssen im Rechtsmittelweg beseitigt werden oder durch Abänderung (§ 48 Abs. 1 FamFG). Für die Bestellung des Mitarbeiters eines nicht als Betreuungsverein anerkannten Vereins zum Vereinsbetreuer hat die Rechtsprechung entschieden, dass dies trotz des Fehlers wirksam sei[193]. Für den vorliegenden Fall dürfte nichts anderes gelten.

Frau Kurtz kann die Wohnung vermieten, da die Wohnungsangelegenheiten und die Vermögenssorge zu den zugewiesenen Aufgabenkreisen gehören. Ob sie es auch darf, bestimmt sich nach § 1901 Abs. 2 bis 4 BGB.

Frau Schneider hat den Wunsch geäußert, ihr die Wohnung zu erhalten. Daran ist Frau Kurtz nur dann nicht gebunden, wenn es dem Wohl von Frau Schneider zuwiderliefe, die Wohnung nicht zu vermieten (§ 1901 Abs. 3 Satz 1 BGB). Das kann hier deshalb der Fall sein, weil dieser Wunsch auf einer krankheitsbedingten Verkennung der Umstände beruht und Frau Schneider ihn nicht äußern würde, könnte sie die Realität richtig einschätzen. Frau Schneider leidet an irrealen Angstzuständen, die sie selbst nicht mehr richtig einschätzen kann. Sie verkennt ihre jetzige Lage, wenn sie die Rückkehr in die Umgebung fordert, obwohl sie sich dort alsbald wieder über die „bösen Nachbarn" aufregen würde. Zugleich sind solche Aufregungen bei ihr aber lebensgefährlich, was sie ebenfalls nicht erkennt. Der Wunsch, unbedingt in die Wohnung zurückzukehren, beruht daher auf einer Verkennung der Realität.

Frau Kurtz darf sich über diesen Wunsch hinwegsetzen, wenn dies zu ihrem Wohl erforderlich ist. Auch hier ist wieder zu beachten, dass es zum Wohl des Betreuten gehört, sein Leben nach eigenen – auch unvernünftigen – Wünschen und Vorstellungen zu gestalten (§ 1901 Abs. 2 Satz 2 BGB). Das gilt jedoch nur „im Rahmen seiner Möglichkeiten". Es ist hier deshalb zu beachten, dass Frau Schneider sich das Altersheim ohne zusätzliches Einkommen nicht wird leisten können und eine Rückkehr in die Wohnung unrealistisch ist. Ihre finanziellen Verhältnisse lassen es daher gar nicht zu, die Wohnung dauerhaft als Einkommensquelle nicht zu nutzen. Damit entspricht die Nichtvermietung nicht ihrem Wohl. Frau Kurtz darf vermieten.

---

193 KG BtPrax 2006, 118 (LS).

Lösung Frage 2

Nach § 1901 Abs. 3 Satz 3 BGB muss der Betreuer wichtige Angelegenheiten mit dem Betreuten besprechen, soweit nicht gerade die Besprechung dem Wohl des Betreuten widerspricht. Zum Wohl des Betreuten gehört dessen Gesundheit. Bei Frau Schneiders Herzkrankheit sind Aufregungen unbedingt zu vermeiden. Andererseits ist zu erwarten, dass sich Frau Schneider über die Vermietung ihrer Wohnung sehr aufregen würde. Daher widerspräche die Besprechung hier dem Wohl der Betreuten und kann folglich unterbleiben.

Für die Vermietung ist, weil es sich um Wohnraum handelt, gemäß § 1907 Abs. 3 BGB eine betreuungsgerichtliche Genehmigung erforderlich.

Lösung Frage 3

Eine Operation stellt eine Körperverletzung dar, die der Rechtfertigung bedarf, normalerweise durch die Einwilligung des Patienten (§ 630d Abs. 1 Satz 1 BGB). Hier ist die Patientin aber, wie der Arzt festgestellt hat, nicht einwilligungsfähig, weil sie aufgrund einer wahnhaft veränderten Wahrnehmung die Krankheit gar nicht als Krankheit erkennt, sondern ein Komplott ihrer „bösen Nachbarn" vermutet.

Frau Kurtz kann auch nicht an Stelle von Frau Schneider in die Operation einwilligen, denn die „Gesundheitsangelegenheiten" gehören nicht zu dem vom Gericht bestimmten Aufgabenkreis. Nur innerhalb des Aufgabenkreises ist der Betreuer aber gesetzlicher Vertreter des Betreuten (§ 1902 BGB), sie ist also keine „Berechtigte" i.S.v. § 630d Abs. 1 Satz 2 BGB. Hier muss daher eine andere Lösung gefunden werden. Drei Lösungen sind denkbar, je nachdem, wie viel Zeit zur Verfügung steht:

Wenn die Operation in wenigen Stunden stattfinden muss und in dieser Zeit das Betreuungsgericht nicht erreichbar ist, kann der Arzt ohne eine Einwilligung operieren. Sein Handeln ist dann durch eine so genannte mutmaßliche Einwilligung gedeckt, denn die Operation entspricht dem objektiven Interesse von Frau Schneider, und es ist anzunehmen, dass sie einwilligen würde, wenn sie einen freien Willen bilden – hier: ihre Krankheit als solche erkennen – könnte (§ 630d Abs. 1 Satz 4 BGB).

Kann das Betreuungsgericht dagegen noch rechtzeitig erreicht werden, so kommt die Erteilung der Einwilligung durch das Betreuungsgericht gemäß §§ 1908i Abs. 1 Satz 1, 1846 BGB in Frage. Der fehlenden Betreuerbestellung steht es gleich, wenn ein Betreuer zwar bestellt ist, die fragliche Angelegenheit aber nicht zu seinem Aufgabenkreis gehört.

Schließlich kommt eine Erweiterung des Aufgabenkreises von Frau Kurtz auf die „Gesundheitsangelegenheiten" in Frage. Für die Erweiterung des Aufgabenkreises gelten gemäß § 293 Abs. 1 FamFG die Vorschriften über das Verfahren bei Anordnung der Betreuung entsprechend. Das schließt die Möglichkeit ein, die Aufgabenkreise durch einstweilige Anordnung nach § 300 Abs. 1 FamFG vorläufig zu erweitern.

Fall 16 – Elvira Kortte

Lösung Frage 1

Wer für eine Bestattung zu sorgen hat, bestimmt Landesrecht. Die Bestattungspflicht ergibt sich hier aus §§ 9, 13 Abs. 1 FBG. § 13 Abs. 2 FBG listet die zur Bestattung verpflichteten Personen auf. Der gesetzliche Vertreter des Verstorbenen gehört nicht dazu. Als Betreuerin von Herrn Kortte muss Frau Karmann die Bestattung also nicht veranlassen.

Nach § 13 Abs. 2 FBG könnte Frau Kortte als Ehefrau des Verstorbenen verpflichtet sein, die Bestattung zu veranlassen. Da das hessische Recht die Bestattungspflicht nicht als höchstpersönliche Pflicht ausgestaltet, muss Frau Karmann die Bestattung im Namen von Frau Kortte veranlassen, wenn es zu ihren Aufgabenkreisen gehört. Das ist allerdings hier nicht der Fall, denn die Bestattung eines Angehörigen gehört weder zu den Vermögensangelegenheiten noch lässt sie sich unter „Gesundheitsfürsorge" subsumieren. Es handelt sich demnach um eine Angelegenheit der Frau Kortte, die zu besorgen ist und von ihr aufgrund ihrer Krankheit nicht besorgt werden kann, so dass Frau Karmann nach § 1901 Abs. 5 Satz 2 BGB gehalten ist, eine entsprechende Erweiterung ihrer Aufgabenkreise anzuregen.

Lösung Frage 2

Frau Kortte kann als Bestattungspflichtige die Kosten der Bestattung nicht nach § 1968 BGB von dem Erben wiedererlangen, weil sie das selbst ist und außerdem der Nachlass dafür nicht ausreicht, so dass auch eine Ausschlagung nicht helfen würde.

Dass es (außer Frau Kortte selbst) einen ihrem Ehemann Unterhaltspflichtigen gibt, der nach § 1615 Abs. 2 BGB zur Zahlung der Bestattungskosten verpflichtet wäre, ist aus dem Sachverhalt nicht ersichtlich.

Zu denken ist aber an einen Schadensersatzanspruch von Elvira Kortte gegen die Medici-GmbH wegen Verletzung von Obhuts- und Rücksichtnahmepflichten aus dem Behandlungsvertrag (§§ 630a, 280 Abs. 1, 241 Abs. 2 BGB). Da es aber nicht Gegenstand des von ihr abgeschlossenen Behandlungsvertrages war, für ihren Mann zu sorgen, kommt dafür nur der Behandlungsvertrag mit Kurt Korrte in Frage, in dessen Rechte und Pflichten Elvira Kortte durch Erbfall (§ 1922 BGB) eingetreten ist. Einen solchen Vertrag hat Kurt Kortte mit der Medici-GmbH zumindest konkludent abgeschlossen, als er sich dort zur Behandlung hat aufnehmen lassen.

Damit ein Anspruch gegeben ist, müsste es pflichtwidrig gewesen sein, Kurt Kortte nach Hause zu entlassen. Aus § 241 Abs. 2 BGB folgt, dass der Behandler auch nach Behandlungsabschluss noch verpflichtet ist, die gebotene Rücksicht auf die Rechtsgüter des Patienten zu nehmen. Der Chefarzt, dessen Verhalten sich die Medici-GmbH nach § 278 Satz 1 BGB sich zurechnen lassen muss, hätte erkennen müssen, dass das Verlangen von Kurt Kortte, nach Hause entlassen zu werden, nicht seinem freien Willen entsprach und mit seinem Wohl nicht vereinbar war. Er war daher verpflichtet, die sich aus dem Zustand von Herrn Kortte ergebende Selbstgefährdung zu verhindern. Dazu hätte er zumindest schon damals die Einrichtung einer Betreuung anregen müssen.

Die Pflichtverletzung hat zum Tod von Kurt Kortte geführt. Entsprechend § 844 Abs. 1 BGB muss, wer für den Tod eines Menschen schadensrechtlich verantwortlich ist, demjenigen, der die Bestattungskosten zahlen muss, diese ersetzen.

Schadensersatzansprüche gehören – jedenfalls soweit sie materielle Schäden betreffen – immer zu den Vermögensrechten, so dass Maria Karmann diesen Anspruch im Namen von Elvira Kortte geltend machen kann.

Außerdem kommt ein Anspruch gegen das Sozialamt aus § 74 SGB XII in Frage. Danach kann der Bestattungspflichtige beim Sozialamt Antrag auf Übernahme der Bestattungskosten stellen, wenn ihm die Tragung der Kosten nicht zugemutet werden kann. Da Elvira Kortte die Bestattung weder aus eigenen noch aus Mitteln des Nachlasses zahlen kann, liegen die Voraussetzungen hierfür an sich vor.

Maria Karmann kann Elvira Kortte hierbei vertreten, soweit die Beantragung von Leistungen der Sozialhilfe zu den Vermögensangelegenheiten gehört, jedenfalls wenn es – wie hier – nur um einen reinen Geldanspruch (auf Kostenübernahme) geht.[194]

Das Sozialamt tritt nach § 74 SGB XII nur ein, wenn dem Bestattungspflichtigen nicht zugemutet werden kann, die Kosten zu tragen. Nach § 90 Abs. 1 SGB XII hat der Bedürftige sein gesamtes verwertbares Vermögen einzusetzen, zu dem auch ein Schadensersatzanspruch gegen Dritte gehören kann. Allerdings kann Elvira Kortte nicht zugemutet werden, deswegen einen langen Rechtsstreit mit der Medici-GmbH zu führen. Zahlt diese nicht alsbald freiwillig, muss daher das Sozialamt leisten. Nach § 116 Abs. 1 Satz 1 SGB X geht der Anspruch von Elvira Kortte gegen die Medici-GmbH dadurch auf das Sozialamt über.

---

194 Anders für den Antrag auf persönliche Hilfe, vgl. OVG Münster NJW 2001, 91.

Fall 17 – Margit Pfründt

Lösung Frage 1a

Für den geschilderten Türöffnungsmechanismus könnte eine betreuungsgerichtliche Genehmigung nach § 1906 Abs. 2 Satz 1 BGB oder § 1906 Abs. 4, Abs. 2 Satz 1 BGB erforderlich sein, wenn dadurch Margit Pfründt die Freiheit entzogen wird.

Mit Freiheit ist in § 1906 BGB die körperliche Bewegungsfreiheit gemeint. Der Türöffnungsmechanismus hat in der Tat den Zweck, Margit Pfründt an dem Verlassen der Station zu hindern, nimmt ihr also zum größten Teil ihre körperliche Bewegungsfreiheit.

Zu prüfen ist nunmehr, ob dies „durch Unterbringung" oder auf andere Weise geschieht.

Die Frage der Abgrenzung der Anwendungsbereiche der Absätze 1 und 4 des § 1906 BGB voneinander ist nicht abschließend geklärt. Sinnvollerweise wird man darauf abstellen, ob das Mittel, durch das dem Bewohner die Freiheit entzogen wird, die Station oder Anstalt als solche kennzeichnet oder ob es nur an dem betroffenen Heimbewohner individuell angewendet wird. Hier ist der Türöffnungsmechanismus keine individuell auf Frau Pfründt angewandte Maßnahme. Er hindert zwar auch nicht alle Bewohner der Station, auf der sie lebt, sie zu verlassen, aber doch immerhin jeden, der zu verwirrt ist, um ihn zu verstehen, ohne dass er auf seine individuellen Bedürfnisse eingestellt werden könnte. Es ist folglich eine institutionalisierte Maßnahme, die nur unter § 1906 Abs. 1 BGB, nicht unter § 1906 Abs. 4 BGB fallen kann.

Zwar machen nicht Barrieren jedweder Art eine Einrichtung zur geschlossenen. Wenn der Verlust der Freiheit auf dem Krankheitszustand beruht, wird in sie nicht von außen eingegriffen. Deshalb fällt es von vornherein nicht unter § 1906 BGB, wenn sich für einen Heimbewohner eine allgemein übliche Barriere als Freiheitsentziehung auswirkt. Allgemein üblich ist die Verwendung von elektrischen Türöffnern, die in einiger Entfernung von der betreffenden Tür angebracht sind, aber nicht. Es ist folglich primär der Türöffnungsmechanismus, nicht ihre Krankheit, der für Frau Pfründt freiheitsentziehend wirkt.

Für Frau Pfründt ist daher eine Genehmigung nach § 1906 Abs. 2 Satz 1 BGB notwendig.

Lösung Frage 1b

Kurt Schneyder kann die Station jederzeit verlassen. Ihm wird die Freiheit durch den Türöffnungsmechanismus nicht entzogen. Er kann daher auch ohne Genehmigung auf der Station bleiben.

Lösung Frage 1c

Im Falle von Birgit Findeisen liegt keine institutionalisierte Maßnahme vor. Zwar muss die Eingangstür als solche mit einer technischen Vorrichtung versehen worden sein, diese bleibt jedoch für alle Bewohner, die das dazu korrespondierende Sicherheitsarmband nicht tragen, ohne jede Bedeutung (während bei Frage 1a auch die nicht verwirrten Bewohner den elektrischen Türöffner betätigen müssen). Es könnte sich hier demnach um eine sonstige freiheitsentziehende Maßnahme i.S.v. § 1906 Abs. 4 BGB handeln.

Entscheidend ist für die Anwendung des Abs. 4, dass es sich um eine Maßnahme handelt, die den Zweck hat, die freie Fortbewegung zu verhindern. Das Sicherheitsarmbad als solches tut dies nicht. Birgit Findeisen kann die Anstalt ja trotz des Armbandes verlassen. Das Armband sorgt nur dafür, dass dies bemerkt wird, und ist für sich genommen daher keine freiheitsentziehende Maßnahme[195]. Es darf aber nicht losgelöst davon betrachtet werden, dass Frau Findeisen, wenn es Alarm schlägt, notfalls unter Zwang ins Heim zurückgeführt wird. Diese *gesamte* Maßnahme ist folglich freiheitsentziehend und bedarf der Genehmigung nach § 1906 Abs. 4 BGB[196].

Lösung Frage 1d

Für Waldemar Obst war bisher eine betreuungsgerichtliche Genehmigung nach § 1906 Abs. 2 Satz 1 BGB erteilt worden, da er ja auf einer geschlossenen Station untergebracht war. Fraglich ist, ob eine Freiheitsentziehung noch vorliegt.

Entscheidend dafür ist, ob Waldemar Obst durch die Unterbringung an der freien Fortbewegung gehindert wird. Das ist hier nicht der Fall, denn er könnte sich auch von keinem anderen Ort mehr *ohne* fremde Hilfe fortbewegen. *Mit* Hilfe des Personals kann er ja aber auch die geschlossene Station verlassen. Das völlige Angewiesensein auf fremde Hilfe bei der Fortbewegung macht die Geschlossenheit der Station für ihn irrelevant. Er ist folglich nicht mehr freiheitsentziehend untergebracht und kann auch ohne gerichtliche Genehmigung auf der Station bleiben.

Lösung Frage 1e

Florian Landmann befindet sich nicht in einer geschlossenen Einrichtung, weil den Bewohnern die Freiheit nicht dauerhaft entzogen wird. Täglich von 6:00 Uhr bis 21:00 Uhr wird der Ausgang nicht weiter überwacht und es können alle Bewohner die Station verlassen. Es kann sich aber um eine freiheitsentziehende Maßnahme nach § 1906 Abs. 4 BGB handeln, weil es dafür auch genügt, wenn dem Betroffenen die Freiheit regelmäßig entzogen wird.

Ob die abgeschlossene Tür eine Freiheitsentziehung bedeutet, ist zunächst anhand der damit verbundenen Intentionen zu entscheiden. Indessen ist eine Tür, die weder von innen noch von außen geöffnet werden kann, jedenfalls nicht allein dazu da, Fremde am Eindringen zu hindern, sondern dient zumindest auch dazu, ein unkontrolliertes Verlassen des Hauses durch die Bewohner sicherzustellen.

An einem Freiheitsentzug könnte es schon deshalb fehlen, weil die abgeschlossene Tür für Florian Landmann irrelevant ist, da er zu keiner Zeit die Station tatsächlich verlassen wollen würde. Nicht nur wird die Freiheit niemandem entzogen, der sich nicht fortbewegen kann, sondern auch dem nicht, der das nicht will. Freilich ist niemand zugegen, dem er seine Wünsche mitteilen könnte und ein erklärtes Einverständnis mit der verschlossenen Tür existiert auch nicht. Zudem ist er erst 18 Jahre alt und entwickelt zunehmendes Selbstvertrauen, so dass auch keine sichere Prognose dahin besteht, dass er auch in Zukunft nachts keine Anstalten machen wird, das Haus zu verlassen.

---

195 OLG Brandenburg FamRZ 2006, 1481.

196 S. auch LG Ulm NJW-RR 2009, 225.

An einem Freiheitsentzug könnte es ferner fehlen, weil die Tür auf Anfordern schließlich geöffnet wird. Florian Landmann wird also nur für einen begrenzten Zeitraum – bis der Pförtner kommt – am Verlassen des Hauses gehindert. Wie lange ein solcher Zeitraum sein darf, bevor er einen Freiheitsentzug bildet, ist nicht abschließend geklärt. Die Obergrenze dürfte aber jedenfalls bei 30 Minuten liegen. Einem Bewohner, von dem bislang keine Absicht bekannt ist, die Einrichtung zu verlassen, wird die Freiheit demnach entzogen, wenn es vom Erkennen einer solchen Absicht bis zur Beseitigung der Barriere mehr als 30 Minuten dauern kann.

Folglich stellt das Abschließen der Tür eine freiheitsentziehende Maßnahme nach § 1906 Abs. 4 BGB dar.

Lösung Frage 2

Im Falle von Margit Pfründt ist die geschlossene Unterbringung nach § 1906 Abs. 1 Nr. 1 BGB gerechtfertigt, denn sie gefährdet sich durch ihre Weglauftendenz bei gleichzeitiger fehlender Orientierung erheblich an Leib und Leben. Mildere Maßnahmen sind jedenfalls aus dem Sachverhalt nicht erkennbar. Der Türöffnungsmechanismus beschränkt ihre Fortbewegung auf das Heim. Es ist keine Maßnahme ersichtlich, die ihr eine größere Freiheit lassen würde und die geschilderten Gefahren dennoch beseitigt.

Der Fall der Birgit Findeisen liegt ähnlich. Hier könnte man allenfalls einwenden, das Tragen des Sicherheitsarmbandes habe eine zusätzlich stigmatisierende Wirkung, die durch Einrichtung eines Türschließmechanismus wie bei Birgit Pfründt vermieden werden könnte. Doch braucht das Sicherheitsarmband ja nicht sichtbar getragen zu werden und hat den Vorteil, wesentlich gezielter eingesetzt werden zu können. In den konkreten Auswirkungen für den betroffenen Heimbewohner gleichen sich beide Lösungen. Die Bewegungsfreiheit wird so weit belassen, wie das eben möglich ist.

Folglich sind beide Maßnahmen genehmigungsfähig.

Vor Erteilen der Genehmigung muss das Gericht beide Betroffenen persönlich anhören, jedenfalls, falls sich das als nicht möglich erweisen sollte, sich einen unmittelbaren Eindruck von ihnen verschaffen (§ 319 Abs. 1 Satz 1 FamFG), und zwar in dem Heim, in dem sie sich befinden (§ 319 Abs. 1 Satz 2 FamFG). Es soll die Betreuungsbehörde anhören (§ 320 Satz 2 FamFG). Im Fall Margit Pfründt muss es nach § 321 Abs. 1 FamFG ein Sachverständigengutachten zur Notwendigkeit der Maßnahme einholen. Im Falle Birgit Findeisen genügt dagegen wegen § 321 Abs. 2 FamFG die Einholung eines ärztlichen Zeugnisses. Schließlich ist den beiden Betroffenen nach § 317 Abs. 1 Satz 1 FamFG ein Verfahrenspfleger zu bestellen, da sie erkennbar nicht mehr in der Lage sind, ihren Anspruch auf rechtliches Gehör ausreichend selbst wahrzunehmen.

Im Fall von Florian Landmann gibt der Sachverhalt keine Anhaltspunkte dafür, dass er sich im Falle des Verlassens des Hauses gefährden würde. Die Maßnahme ist daher nicht genehmigungsfähig. Entweder wird er woanders untergebracht oder die Einrichtung ändert ihre Praxis und sei es nur dahin, dass nachts mehr Personal zur Verfügung steht und dadurch ein rascheres Öffnen der Eingangstür gewährleistet wird.

Fall 18 – Lieselotte Pfeffer

Lösung Frage 1

Frau Pfeffer hatte in einer Urkunde festgelegt, im Falle einer Betreuung auf keinen Fall in ein Heim gebracht werden zu wollen. Es handelte sich hierbei um eine Betreuungsverfügung i.S.v. § 1901c Satz 1 BGB, so dass Eckehard Rallemann zunächst einmal verpflichtet war, das Schriftstück beim Betreuungsgericht abzuliefern.

Im Übrigen musste er nach § 1901 Abs. 3 Satz 2 BGB dem Wunsch von Frau Pfeffer folgen, falls die Heimunterbringung nicht für ihr Wohl unbedingt erforderlich war. Nach § 1901 Abs. 2 Satz 2 BGB entspricht es wiederum dem Wohl eines Betreuten, sein Leben nach seinen eigenen Wünschen und Vorstellungen gestalten zu können. Wäre es für Frau Pfeffer nur gefährlich, in ihre Wohnung zurückzukehren, müsste das in Kauf genommen werden, da sie durch die Betreuungsverfügung klargestellt hat, für den Verbleib in der eigenen Wohnung einige Einschränkungen – auch Gefahren – in Kauf nehmen zu wollen. Indessen ist die Rückkehr in die Wohnung objektiv unmöglich, denn sie würde sie nicht einmal mehr mit fremder Hilfe betreten oder verlassen können. Selbst wenn eine 24-Stunden-Betreuung in der Wohnung sichergestellt werden könnte, bliebe das Problem der fehlenden behindertengerechten Einrichtung des Hauses. Eckehard Rallemann konnte daher davon ausgehen, dass die Heimunterbringung – trotz des entgegenstehenden Wunsches – zum Wohl der Betreuten erforderlich war.

Es stellt sich aber die weitere Frage, ob die Unterbringung von Frau Pfeffer in dem Altenheim vom Aufgabenkreis des Eckehard Rallemann umfasst war. Andernfalls hätte er auch den Heimvertrag als Vertreter ohne Vertretungsmacht abgeschlossen, da er Frau Pfeffer nach § 1902 BGB nur insoweit vertreten kann, als es um Angelegenheiten geht, die vom Aufgabenkreis umfasst sind.

Eckehard Rallemann ist laut Sachverhalt die Vermögens- und Gesundheitssorge übertragen. Zur Vermögenssorge gehört die Bestimmung, wo Frau Pfeffer wohnen soll, nicht. Fraglich ist, ob sie von der Gesundheitssorge umfasst wird. Dafür könnte sprechen, dass Eckehard Rallemann bei der Entscheidung, Frau Pfeffer nicht in ihre Wohnung zurückkehren zu lassen, ihre Gesundheit schützen wollte. Das kann jedoch für Entscheidungen aus allen möglichen Bereichen gelten. Würde die Gesundheitssorge eine so weitgehende Befugnis begründen sollen, müsste das aus dem Beschluss des Betreuungsgerichts hervorgehen.

Folglich musste Eckehard Rallemann zunächst nach § 1901 Abs. 5 Satz 2 BGB dem Betreuungsgericht mitteilen, dass eine Erweiterung des Aufgabenkreises auf die Aufenthaltsbestimmung erforderlich ist. Erst nach einer solchen Erweiterung konnte er den Heimvertrag wirksam abschließen (bzw. den nach § 177 Abs. 1 BGB schwebend unwirksamen Vertrag genehmigen).

Lösung Frage 2

Der Verkauf der Wohnung bedeutete zugleich deren Aufgabe. Eckehard Rallemann war daher nach § 1907 Abs. 2 Satz 2 BGB verpflichtet, die Verkaufsabsicht dem Betreuungsgericht mitzuteilen.

Die Veräußerung der Wohnung bedurfte außerdem nach §§ 1908i Abs. 1 Satz 1, 1821 Abs. 1 Nr. 1 BGB, der Kaufvertrag nach §§ 1908i Abs. 1 Satz 1, 1821 Abs. 1 Nr. 4 BGB der betreuungsgerichtlichen Genehmigung.

Die Besprechungspflicht nach § 1901 Abs. 3 Satz 3 BGB entfiel, da mit Frau Pfeffer ja nach dem Sachverhalt ein Gespräch gar nicht möglich war. *Impossibilium nulla est obligatio.*

Lösung Frage 3

Hier stellt sich die Frage, ob die Anbringung des Bauchgurts eine nach § 1906 BGB genehmigungspflichtige freiheitsentziehende Maßnahme ist. Da es sich um eine individuelle Maßnahme handelt, käme nur eine Freiheitsentziehung in sonstiger Weise nach § 1906 Abs. 4 BGB in Frage. Diese bedarf nach § 1906 Abs. 2 Satz 1 BGB der betreuungsgerichtlichen Genehmigung.

Freiheitsentziehend i.S.v. § 1906 Abs. 4 BGB ist eine Maßnahme jedoch nur, wenn sie dem Zweck dient, die Fortbewegung des Betreuten zu verhindern bzw. auf einen begrenzten Raum einzuschränken. Wie sich aus dem Sachverhalt ergibt, ist Frau Pfeffer aber nicht in der Lage, sich ohne fremde Hilfe fortzubewegen. Der Bauchgurt verhindert ihre Fortbewegung nicht und soll dies auch nicht, er dient ausschließlich der Verhinderung von Stürzen. Auch wenn man – mit der strengeren Auffassung – davon ausgeht, dass schon die Verhinderung irgendwelcher willentlicher Bewegungsversuche unter § 1906 Abs. 4 BGB fallen kann, ergibt dies kein anderes Ergebnis, denn es soll nur das Herausfallen im Schlaf – also aufgrund unwillkürlicher Bewegungen – verhindert werden.

Daher fehlt der Maßnahme der freiheitsentziehende Charakter. Eine betreuungsgerichtliche Genehmigung ist nicht notwendig.

Fall 19 – Luisa Eff

Lösung Frage 1

Da Luisa ihre Post nicht beachtete und sie überdies so aufbewahrte, dass eine Kenntnisnahme ihres Betreuers von der Post auch nicht gewährleistet war, musste Henner befürchten, dass er seine Aufgaben nicht vollständig würde erfüllen können. Er war daher nach § 1901 Abs. 5 Satz 2 BGB verpflichtet, beim Betreuungsgericht die Erweiterung seiner Aufgabenkreise auf die „Entscheidungen über die Entgegennahme und das Öffnen der Post" anzuregen. Denn nach § 1896 Abs. 4 BGB war er zu einer Umleitung der Post auf sich ohne die Einrichtung eines solchen besonderen Aufgabenkreises nicht berechtigt.

Lösung Frage 2

Nach § 410 Abs. 1 Satz 1 StPO konnte Luisa gegen den Strafbefehl innerhalb von zwei Wochen nach Zustellung Einspruch einlegen. Nach §§ 410 Abs. 1 Satz 2, 298 Abs. 1 StPO stand dieses Recht unabhängig von ihr auch ihrem gesetzlichen Vertreter zu. Fraglich ist, ob Henner als ihr gesetzlicher Vertreter anzusehen ist.

Nach § 1902 BGB ist der Betreuer im Rahmen der ihm übertragenen Aufgabenkreise gesetzlicher Vertreter des Betreuten.

Henners Einspruch ist folglich dann wirksam, wenn er von den ihm übertragenen Aufgabenkreisen erfasst wird. Zu den Gesundheitsangelegenheiten oder verkehrsrechtlichen Angelegenheiten gehört der Einspruch gegen den Strafbefehl nicht. Er könnte höchstens von der „Vertretung gegenüber Behörden" erfasst sein. Die „Vertretung" – wem gegenüber auch immer – ist jedoch kein eigenständiger Aufgabenkreis, sondern gemäß § 1902 BGB automatische Folge eines angeordneten Aufgabenkreises. Sie ermächtigte Henner Hollerkusen daher nicht dazu, Luisa Eff in anderen als verkehrsrechtlichen Angelegenheiten und Gesundheitsangelegenheiten zu vertreten[197].

Damit ist der von Henner Hollerkusen eingelegte Einspruch unzulässig und wird ohne Verhandlung verworfen werden (vgl. § 411 Abs. 1 Satz 1 StPO).

Lösung Frage 3

Zunächst ist festzuhalten, dass die Abmeldung des Autos von dem Aufgabenkreis „verkehrsrechtliche Angelegenheiten" erfasst ist.

Ob Henner sich korrekt verhalten hat, ist nach § 1901 Abs. 2 bis 4 BGB zu beurteilen. Da die Abmeldung des Pkw eine wichtige Angelegenheit war, musste Henner sie nach § 1901 Abs. 3 Satz 3 BGB mit Luisa besprechen. In dem mit ihr über das Autofahren geführten Gespräch hat er zwar nicht erwähnt, dass er das Auto abmelden wolle. Er hat Luisa aber unmissverständlich zu verstehen gegeben, dass er die Absicht habe, ihre Autofahrten zu verhindern. Daraus konnte sie selbst den Schluss ziehen, dass er ihr das Auto wegnehmen wollte. Der Besprechungspflicht ist also genügt.

---

197 KG BtPrax 2009, 128.

Luisa hatte den Wunsch geäußert, auch weiterhin Auto zu fahren. Über diesen Wunsch durfte sich Henner nach § 1901 Abs. 3 Satz 1 BGB nur hinwegsetzen, wenn seine Abmeldeaktion für Luisas Wohl erforderlich war. Dazu musste er das Für und Wider abwägen:

Gegen die Aktion sprach zunächst, dass es nach § 1901 Abs. 2 Satz 2 BGB zum Wohl eines Menschen gehört, sein Leben nach eigenen Wünschen zu gestalten. Indessen gilt dies nur „im Rahmen seiner Möglichkeiten". Dazu gehören auch die rechtlichen Möglichkeiten, also die Frage, ob die Lebensgestaltung den gesetzlichen Vorgaben entspricht. Nach dem Gesetz ist es nicht erlaubt, unter Drogeneinfluss Auto zu fahren. Der Wunsch, trotz Drogenkonsums weiter am Straßenverkehr teilzunehmen, sprengte daher den Rahmen von Luisas „Möglichkeiten".

Gegen die Aktion sprach weiter, dass Henner hätte vorhersehen können, dass Luisa durch die Teilnahme mit einem kennzeichenlosen Fahrzeug auffallen und erwischt werden musste. Indessen sind die Unbilden, die ihr hierdurch drohten, geringfügig im Vergleich zu den Gefahren, die ihr durch einen Unfall unter Drogeneinfluss gedroht hätten. Denn nicht nur hätte sie hierdurch weit mehr Ärger auf sich gezogen, als es so der Fall war. Sie wäre im Fall eines Unfalls auch selbst an Leib und Leben gefährdet worden.

Im Ergebnis spricht daher mehr dafür, dass die Wegnahme des Fahrzeugs auf die eine oder andere Weise notwendig war.

Fraglich kann allenfalls sein, ob Henner das Auto nicht hätte verkaufen sollen, statt es abzumelden. Indessen fehlte ihm dazu der Aufgabenkreis. Er hätte dann erst wieder die Erweiterung seiner Aufgabenkreise anregen müssen, auf die Gefahr hin, dass Luisa in der Zwischenzeit einen Unfall haben würde.

Lösung Frage 4

Nach § 1908b Abs. 2 BGB kann der Betreuer seine Entlassung verlangen, wenn ihm die Weiterführung der Betreuung aufgrund von nach seiner Bestellung eingetretenen Umständen nicht mehr zugemutet werden kann.

Die Geburt eines weiteren Kindes ist ein solcher nachträglicher Umstand. Dass Henner neben der Versorgung eines Säuglings (neben dem schon vorhandenen Nachwuchs) die schon von Haus aus schwierige Betreuung einer Suchtkranken nicht gegen seinen Willen zugemutet werden kann, leuchtet ein.

Henner hatte also einen Anspruch auf Entlassung.

Lösung Frage 5

Henner kann nach §§ 1908i Abs. 1 Satz 1, 1836 Abs. 2 BGB wegen der Mittellosigkeit von Luisa keine Vergütung erhalten. Er führt die Betreuung also unentgeltlich (§§ 1908i Abs. 1 Satz 1, 1836 Abs. 1 Satz 1 BGB). Demnach steht ihm nach §§ 1908i Abs. 1 Satz 1, 1835a Abs. 1 Satz 1 BGB eine jährliche pauschale Aufwandsentschädigung in Höhe des 19fachen Stundenhöchstsatzes für die Zeugenentschädigung zu. Dieser wiederum beträgt nach § 22 Satz 1 JVEG 21,00 €. Die Pauschale beträgt folglich 19 × 21,00 € = 399,00 € pro Jahr.

Nach §§ 1908i Abs. 1 Satz 1, 1835a Abs. 2 BGB entsteht der Anspruch jeweils mit der Beendigung eines Betreuungsjahres. Henner erhält also 399,00 € für die Zeit vom 17. November 2018 bis 16. November 2019. Nach §§ 1908i Abs.1 Satz 1, 1835a Abs. 1 Satz 2 BGB sind jedoch die 64,00 €, die er schon als Aufwendungsersatz erhalten hat, abzuziehen, so dass er noch einen Restanspruch von 335,00 € hat.

Gesetzlich nicht geregelt ist, wie es sich mit angefangenen Jahren (hier: die 75 Tage vom 17. November 2019 bis 30. Januar 2020) verhält. Allgemein wird davon ausgegangen, dass bei Beendigung der Betreuung eine entsprechend anteilige Pauschale verlangt werden kann. Entsprechend der Regelung für Berufsbetreuer in § 5 Abs. 2 Satz 2 HS. 2 VBVG i.V.m. § 191 BGB dürfte auch hier der volle Monat mit 30 und das Jahr mit 360 Tagen zu rechnen sein. Die anteilige Pauschale beträgt also 74/360 von 399,00 €, also 82,02 €.

Da Luisa mittellos ist, erhält Henner die Aufwandsentschädigung aus der Staatskasse (§§ 1908i Abs. 1 Satz 1, 1835 Abs. 4 Satz 1 BGB). Er hat zwei Möglichkeiten, diese geltend zu machen, nämlich:

*   durch Antrag auf gerichtliche Festsetzung nach §§ 292 Abs. 1, 168 Abs. 1 Satz 1 Nr. 1 FamFG

    oder

*   durch Antrag auf Zahlbarmachung nach §§ 292 Abs. 1, 168 Abs. 1 Satz 4 FamFG.

Nach §§ 1908i Abs. 1 Satz 1, 1835a Abs. 4 Hs. 1 BGB hat er hierfür drei Monate Zeit vom Ende des Jahres an, in dem der Anspruch entstand. Gemeint ist nach der Rechtsprechung hier das Kalenderjahr[198], so dass er die Zahlung der 335,00 € bis zum 31. März 2020, die Zahlung der 81,99 € bis zum 31. März 2021 beantragen muss.

---

198 OLG Frankfurt BtPrax 2004, 243.

Fall 20 – Marin Konopka

Lösung Frage 1

Als selbständige Berufsbetreuerin hat Miriam Sievers Anspruch auf eine Vergütung (§§ 1908i Abs. 1 Satz 1, 1836 Abs. 1 Satz 2 BGB). Alle näheren Einzelheiten ergeben sich aus dem VBVG (§§ 1908i Abs. 1 Satz 1, 1836 Abs. 1 Satz 3 BGB).

Da Marin Konopka mittellos ist, ist Miriam Sievers nach § 1 Abs. 2 VBVG eine Vergütung aus der Staatskasse zu bewilligen.

Die Vergütung für Berufsbetreuer wird nach §§ 4, 5 VBVG als Pauschale bewilligt. Diese monatlichen Fallpauschalen sind in den Vergütungstabellen A bis C in der Anlage festgelegt. Die anzuwendende Tabelle richtet sich nach den nutzbaren Fachkenntnissen des Betreuers. Die Höhe der Fallpauschalen bestimmt such nach der Dauer der Betreuung, dem gewöhnlichen Aufenthalt des Betreuten und dem Vermögensstatus des Betreuten (§ 5 Abs. 1 VBVG).

1. Maßgebliche Tabelle

Für Miriam Sievers ergibt ist nach § 4 Abs. 3 Nr. 2 VBVG € die Vergütungstabelle C anzuwenden, wenn sie über besondere Kenntnisse verfügt, die für die Betreuung nutzbar sind und auf einer abgeschlossenen Hochschulausbildung oder vergleichbarer abgeschlossener Ausbildung beruhen. Dass die Kenntnisse, die ein Studium der Sozialen Arbeit vermittelt, für Betreuungen nutzbar sind, steht außer Frage. Da der B.A. berufsqualifizierenden Charakter hat, stellt er einen Hochschulabschluss. i.s.v. § 4 Abs. 3 Nr. 2 VBVG dar, andernfalls würden die mit dem B.A./M.A.-Studienmodell erklärtermaßen verfolgten Ziele verfehlt.[199]

2. Fallpauschale

Die Höhe der Fallpauschale richtet sich nach den in § 5 Abs. 1 Nr. 1 bis 3 VBVG genannten drei Faktoren, nämlich

- der Vermögenssituation des Betreuten,
- dessen Wohnsituation und
- der Dauer der Betreuung.

Der Sachverhalt gibt vor, dass der Betreute mittellos ist.

Bei der Wohnsituation ist entscheidend, wo der Betreute seinen gewöhnlichen Aufenthalt hat. Infrage kommt hier entweder, dass der Betreute in einer stationären Einrichtung (§ 5 Abs. 3 Satz 2 Nr. 1 VBVG), in einer ambulant betreuten Wohnform (§ 5 Abs. 3 Satz 2 Nr. 2 VBVG) oder in einer anderen Wohnform (§ 5 Abs. 3 Satz 1 VBVG) lebt.

Marin Konopka hielt sich während der Betreuung zunächst in einer Justizvollzugsanstalt, dann in einem forensischen Krankenhaus auf. Es ist zunächst zu klären, ob es sich hierbei

---

199 So andeutungsweise auch BGH FGPrax 2012, 107 in Rn. 17.

um eine Form des gewöhnlichen Aufenthaltes in einer stationären Einrichtung nach § 5 Abs. 3 Satz 2 Nr. 1 VBVG handelt. Für die Justizvollzugsanstalt ist anzunehmen, dass es sich um eine stationäre Einrichtung gem. § 5 Abs. 3 Nr. 1 VBVG handelt, denn sie entspricht der dort gegebenen Definition[200]. Die Gefangenen erhalten Wohnraum, Verpflegung und Betreuung im Alltag, der Bestand der Anstalt ist von Zahl und Person der Insassen unabhängig und die Anstalt wird insofern entgeltlich betrieben, als die Gefangenen kraft Gesetzes einen Haftkostenbeitrag schulden (§ 50 StVollzG). Die forensische Klinik erfüllt diese Voraussetzungen erst recht. Bei ihr folgt die Entgeltlichkeit schon daraus, dass jedenfalls ein Dritter – Landeskasse oder Krankenkasse – dem Klinikträger den Pflegesatz schuldet[201].

Seinen gewöhnlichen Aufenthalt hat ein Mensch dort, wo sich der Mittelpunkt seiner Lebensbeziehungen befindet. Dazu ist Voraussetzung, dass er sich an einem Ort befindet, an dem er nicht nur vorübergehend verweilt (vgl. § 30 Abs. 3 Satz 2 SGB I). Untersuchungshaft ist aber – ebenso wie die einstweilige Unterbringung nach § 126a StPO – schon per definitionem eine nur vorläufige Maßnahme. Die Unschuldsvermutung verbietet Überlegungen dahin, ob voraussichtlich eine Verurteilung erfolgen wird oder nicht.[202] Anders ist das bei einer Unterbringung nach § 63 StGB, denn sie ist auf unabsehbare Zeit angelegt, so dass der Untergebrachte das Zentrum seiner Lebensbeziehungen in der Anstalt hat.

Marin Konopka hat sich also während der Dauer der vorläufigen Betreuung nicht gewöhnlich in der JVA aufgehalten, er hat demnach in einer anderen Wohnform gelebt (§ 5 Abs. 3 Satz 1 VBVG). Seit der Wiederbestellung von Miriam Sievers hält er sich jedoch gewöhnlich in einer stationären Einrichtung auf (§ 5 Abs. 3 Satz 2 Nr. 1 VBVG).

Die degressive Staffelung der monatlichen Pauschale hebt auf die Dauer der Betreuung ab. Sie tritt daher unabhängig von etwaigen Betreuerwechseln ein. Miriam Sievers muss sich auf die Betreuungsdauer die Zeit anrechnen lassen, in der Erna Koslowsky Betreuerin war. Durch deren Abberufung ist die Betreuung nicht beendet worden[203]. Die Zeit einer vorläufigen Betreuerbestellung durch einstweilige Anordnung ist dagegen nicht anzurechnen, denn durch Ablauf der einstweiligen Anordnung am 15. Mai 2020 ist nicht nur die Bestellung von Miriam Sievers, sondern auch die Betreuung als solche zunächst wieder beendet worden[204].

Vergütungstechnisch liegen also zwei getrennte Betreuungen vor. Die eine beginnt mit dem Wirksamwerden der einstweiligen Anordnung vom Februar 2020, die andere mit dem Wirksamwerden der Bestellung von Erna Koslowsky zur ehrenamtlichen Betreuerin.

Die einstweilige Anordnung ist nach § 287 Abs. 2 Nr. 2 FamFG mit der Übergabe an die Geschäftsstelle – also am 22. Februar 2020 – wirksam geworden. Sie hat noch während

---

200 BGH BtPrax 2012, 65.
201 OLG Köln NJOZ 2006, 4741.
202 OLG Köln FGPrax 2007, 23 – anders, wenn die vorläufige Unterbringung länger als sechs Monate dauert und eine alsbaldige Entlassung auch dann noch nicht bevorsteht.
203 BGH BtPrax 2013, 110; BtPrax 2012, 162.
204 LG Koblenz FamRZ 2006, 1066 (LS).

der ersten drei Monate wieder geendet. Die monatliche Pauschale ergibt sich dementsprechend aus der Vergütungstabelle Nr. C1.2.1 und beträgt 339,00 €.

Die Bestellung von Erna Koslowsky ist nach § 287 Abs. 1 FamFG durch die Bekanntgabe an diese am 18. August 2020 wirksam geworden. Als Miriam Sievers im November wieder Betreuerin wurde, befand sich Marin daher im vierten bis sechsten Monat der Betreuung. Die Pauschale richtet sich also nach Vergütungstabelle Nr. C2.1.1 und beträgt 208,00 €. Mit dem 19. Februar begann dann der siebte Monat der Betreuung, der nach Vergütungstabelle Nr. C3.1.1 mit einer Monatspauschale von 202,00 € maßgebend ist.

.

3. Abrechnungszeiträume

Miriam Sievers kann nach § 9 Satz 1 VBVG nur jeweils nach drei Monaten abrechnen. Es handelt sich dabei um feste Abrechnungszeiträume, die weder zur Disposition des Betreuers noch des Gerichts stehen. Sie beginnen mit der Bestellung des Betreuers, der vergütet werden soll,[205] laufen also nicht notwendigerweise parallel zu den Quartalen des § 5 Abs. 2 VBVG. Da Frau Sievers zweimal bestellt wurde, ist erneut nach den beiden Bestellungen getrennt zu rechnen:

Nach § 5 Abs. 2 Satz 3 VBVG i.V.m. § 187 Abs. 1 BGB wird Miriam Sievers ab dem 23. Februar 2020 vergütet. Sie kann bis einschließlich 22. April 2020 zwei volle Monate zu je € 339 ansetzen. Der dritte Betreuungsmonat begann am 23. April 2020. Bis einschließlich 15. Mai 2020 sind davon 23 Tage vergangen. Nach § 5 Abs. 2 VBVG ist die Pauschale zeitanteilig nach Tagen zu berechnen, wenn sie die Umstände, die sich auf die Vergütung auswirken, vor Ablauf des vollen Monats ändern. Hierbei beträgt die Tagespauschale wegen § 5 Abs. 2 Satz 3 VBVG i.V.m. § 191 BGB immer 1/30 der Monatspauschale. Für den angefangenen dritten Betreuungsmonat kann Miriam Sievers daher noch einmal 23/30 von 339,00 € = 259,90 € ansetzen. Sie erhält für die **vorläufige Betreuung:**

2 x 339,00 € + 259,90 € = 937,90 €

Nach § 5 Abs. 2 VBVG i.V.m. § 187 Abs. 1 BGB wird Miriam Sievers dann wieder ab dem Tag vergütet, der auf den Tag folgt, an dem ihre Wiederbestellung wirksam geworden ist. Das ist sie nach § 287 Abs. 2 Nr. 2 FamFG mit der Bekanntgabe des Beschlusses an sie. Dafür genügte die telefonische Mitteilung nicht, denn sie ist nicht als Form der Bekanntgabe in § 15 Abs. 2 FamFG vorgesehen. Folglich wird Miriam Sievers erst ab dem auf den 24. November 2020 folgenden Tag wieder vergütet. Sie kann für die ersten beiden Monate ihrer neuerlichen Bestellung vom 25. November 2020 bis 24. Januar 2021 jeweils die volle Monatspauschale in Höhe von 208,00 € ansetzen. Der dritte Monat ist aufzuteilen, weil ja ab dem 18. Februar insgesamt der siebte Monat der Betreuungsführung beginnt : Für die Zeit vom 25. Januar bis 17. Februar stehen ihr 24/30 von 208,00 € = 166,40 € zu, für die Zeit

---

205 BGH BtPrax 2011, 218.

vom 18. bis 24. Februar 7/30 von 202,00 € = 47,13 €. Das ergibt für den dritten Monat insgesamt 213,53 €.[206] Insgesamt kann sie also für die endgültige Betreuung abrechnen:

2 x 208,00 € + 213,53 € = ca. 629,53 €

4. Zusatzpauschale

Da Miriam Sievers die Betreuung im November 2020 von einer ehrenamtlichen Betreuerin übernommen hat, erhält sie außerdem noch eine einmalige Übernahmepauschale nach § 5a Abs. 2 VBVG in Höhe von 200,00 €. Die Abgabepauschale nach § 5a Abs. 3 VBVG erhält sie dagegen nicht, denn die vorläufige Betreuung ist nicht von einer ehrenamtlichen Betreuerin weitergeführt worden, sondern war ganz beendet.

5. Endergebnis

Miriam Sievers hat derzeit einen Anspruch auf Betreuervergütung in Höhe von 1.767,43 €. Für die Zeit nach dem 24. Februar 2021 kann sie eine Vergütung erst verlangen, wenn erneut drei Monate vergangen sind, also erst nach dem 24. Mai 2021.

Lösung Frage 2

Erna Koslowsky hat nach §§ 1908i Abs. 1 Satz 1, 1835a Abs. 1 bis 3 BGB als Betreuerin, die keine Vergütung erhält, Anspruch auf Zahlung einer jährlichen Aufwandsentschädigung aus der Staatskasse.

Erna Koslowsky ist – wie oben schon festgestellt wurde – ab dem 18. August 2018 Betreuerin gewesen. Die Aufwandsentschädigung hätte ihr erstmals am 19. August 2019 für den Zeitraum vom 19. August 2018 bis 18. August 2019 zugestanden.

Es ist allgemein anerkannt, dass der ehrenamtliche Betreuer die Aufwandsentschädigung anteilig verlangen kann, wenn sein Amt endet, bevor das Jahr abgelaufen ist. Die Betreuung der Erna Koslowsky hat durch Bekanntgabe der Entlassung geendet. Die mündliche Verkündung einer Entscheidung stellt bei Endentscheidungen gegenüber den bei der Verkündung anwesenden Beteiligten eine wirksame Bekanntgabe dar (§ 41 Abs. 2 Satz 1 FamFG). Frau Koslowsky war also bis zum 19. November Betreuerin. Entsprechend § 5 Abs. 2 Satz 3 FamFG ist für die anteilige Aufwandsentschädigung der volle Monat mit 30, das Jahr mit 360 Tagen zu rechnen. Frau Koslowsky war genau drei Monate und einen Tag lang Betreuerin, so dass ihr 91/360 der vollen Aufwandsentschädigung zustehen. Diese beträgt nach §§ 1908i Abs. 1 Satz 1, 1835a Abs. 1 Satz 1 BGB i.V.m. § 22 Satz 1 JVEG 19 × 21,00 € = 399,00 €. Erna Koslowsky erhält daher:

91/360 von 399,00 € = 100,85 €

---

206 So jedenfalls folgt dies aus den gesetzlichen Vorschriften. Man kann sich freilich fragen, ob es richtig sein kann, dass Miriam Sievers insgesamt mehr erhält als sie ohne die Absenkung der Monatspauschale ab 18. Februar erhalten hätte. Indessen ist das eben die Folge der durch das Gesetz angeordneten Berechnung der Tagespauschalen ohne Rücksicht auf die tatsächliche Monatslänge, die der Gesetzgeber bewusst so angeordnet hat (vgl. BT-Drucks. 19/8694 S. 28).

Lösung Frage 3

Der Betreuer ist nach § 1901 Abs. 4 Satz 2 BGB verpflichtet, auf Anordnung des Gerichts zu Beginn der Betreuung einen Betreuungsplan zu erstellen, wenn sich die Betreuung hierfür eignet. Mangels Erwähnung in § 15 RPflG ist für die Anordnung der Rechtspfleger zuständig.

Es ist allerdings fraglich, ob diese Anordnung zu Recht ergangen ist, und zwar aus zwei Gründen:

Die Pflicht zur Betreuungsplanung kann nach dem Gesetz nur „zu Beginn der Betreuung" entstehen. Wenn damit hier dasselbe gemeint ist wie in § 5 Abs. 1 und 2 VBVG, muss Miriam Sievers keinen Betreuungsplan erstellen, weil sie die Betreuung ja von einem anderen Betreuer übernommen hat. Der Zweck der Vorschrift, den Berufsbetreuer zu einer professionellen Reflexion der vorgefundenen Ausgangslage zu zwingen, spricht jedoch für eine andere Auslegung: Mit „Beginn der Betreuung" ist hier der Beginn des Amtes gemeint[207]. Mit dieser ist die Anordnung unmittelbar verbunden worden.

Die Betreuungsplanung setzt einen „geeigneten Fall" voraus. Zur Planung der Betreuung eignet sich ein Fall nur, wenn dem Betreuer auch ein gewisser Gestaltungsspielraum eröffnet ist[208]. Das ist hier zumindest sehr zweifelhaft. Der Betreute ist auf längere Sicht in einer psychiatrischen Anstalt geschlossen untergebracht. Für den Betreuer gibt es unter diesen Umständen nur sehr wenig Handlungsspielraum. Allenfalls können die behandelnden Ärzte seine Zukunft näher planen. Der Betreuer kann hieran beteiligt werden, aber kaum selbständig planen. Der Fall dürfte sich daher für die Planung nicht eignen.

---

207 Dazu ausführlich *Fröschle*, BtPrax 2006, 43, 46.
208 *Bienwald* § 1901 BGB Rn. 88.

Stichwortverzeichnis

Die mit einem „F/L" bezeichneten Verweise beziehen sich auf Teil 2 (Fälle) und Teil 3 (Lösungen).